# 编委会

# 我们的大学

易佐永题

## 大学生文化素质发展日志年编（2017）

顾问◎屈哨兵　魏明海　主编◎吴开俊　副主编◎郑美玲

暨南大學出版社
JINAN UNIVERSITY PRESS

中国·广州

图书在版编目（CIP）数据

我们的大学：大学生文化素质发展日志年编．2017／吴开俊主编；郑美玲副主编．—广州：暨南大学出版社，2018.12
ISBN 978－7－5668－2553－7

Ⅰ．①我…　Ⅱ．①吴…②郑…　Ⅲ．①大学生—学生生活—广州—2017
Ⅳ．①G645.5

中国版本图书馆CIP数据核字（2018）第301280号

我们的大学：大学生文化素质发展日志年编（2017）
WOMEN DE DAXUE：DAXUESHENG WENHUA SUZHI FAZHAN RIZHI NIANBIAN（2017）
主编：吴开俊　副主编：郑美玲

出 版 人：徐义雄
策划编辑：黄圣英
责任编辑：颜　彦　黄佳娜
责任校对：黄晓佳　苏　洁
责任印制：汤慧君　周一丹

出版发行：暨南大学出版社（510630）
电　　话：总编室（8620）85221601
　　　　　营销部（8620）85225284　85228291　85228292（邮购）
传　　真：（8620）85221583（办公室）　85223774（营销部）
网　　址：http://www.jnupress.com
排　　版：广州市天河星辰文化发展部照排中心
印　　刷：佛山市浩文彩色印刷有限公司
开　　本：787mm×960mm　1/16
印　　张：21.5
字　　数：388千
版　　次：2018年12月第1版
印　　次：2018年12月第1次
定　　价：78.00元

# 前　言

2009年我们开始编写《我们的大学——大学生文化素质发展日志年编》，试图将在大学生素质教育理念引导下，我校在大学生素质教育教学和实践育人、环境育人方面发生的故事以及追求、塑造大学精神的实践点滴记录下来，成为今后谈论大学各种言说行为的一个样本，讲好我们的大学故事。目前已推出七本日志年编，受到学校师生的广泛好评，这套丛书也成为检视我校人才培养目标达成度的有效样本。2017年，广州大学各方面取得了长足的进步，召开了高水平大学建设人才培养专题工作会议，进一步确定了“德才兼备、家国情怀、视野开阔，爱体育、懂艺术，能力发展性强”的人才培养目标，学校新增四个本科专业，“经典百书”推荐书目出炉，“千千工程”正式启动，学生党员“先锋行动”蔚然成风，“名师第一课”给新生带来惊喜……这一年，学校科研成果丰硕，两个项目获国家科学技术进步奖二等奖，三项科技成果获广东省科学技术奖，首次主持国家重点研发计划项目。广州大学正在向具有国际影响力的高水平大学迈进。

因此，我们赓续前书，编纂出本丛书的第八本，编纂体例一仍其旧。日志素材来自于各学院及相关部门，在此深表谢意。由于篇幅有限，我们只能收录部分日志，仍有许多精彩的日志未能采撷其中，难免有遗珠之憾。

由于编者水平有限和时间限制，书中难免有疏漏和不妥之处，恳请广大读者不吝批评指正。

编　者

2018年12月

# 精彩导读

**五月**



**六月**

## 七月



## 八月



## 九月



## 十月

## 十一月



## 十二月

# 我们的大学

## January 一月

## 1月6日　“校园细节补缺随手拍”活动火热进行

近日，“广州大学”微信公众号成了师生们的关注热点。一条条信息推送、一张张实景图片以提供维修指引之名传递到职能部门管理人员手中，提升、美化校园环境的“精细化、品质化”行动为冬日校园增添了浓浓暖意。

据了解，“校园细节补缺随手拍”活动邀请学校师生将平日上班、上课、散步路上看到的学校建筑或相关设备设施等破损、残缺的情况随手拍下，通过“广州大学”微信公众号报送，为学校进行检查、维修、改造提供可靠的场景线索。

该活动一经推出，就得到了师生们的积极响应。不少教师第一时间发送了图片、文字，并写下了自己的心得感受。外国语学院教师梁凤娟表示，学校有心改善本校教职工的工作环境，作为教职工，最近观察到校园产生种种变化，觉得非常暖心，工作热情大大提高，很感谢学校对教职工的人文关怀。马克思主义学院姚倩婷、土木工程学院王然登等不少教师为“随手拍”点赞，感谢学校提供沟通平台，希望校园越来越美丽。同学们也纷纷转发活动信息，反馈查漏补缺的需求。“校园细节补缺随手拍”作为爱护校园、共筑美好家园的最直接体现，期待更多师生的参与，以共同营造更加安全、舒适、干净、整洁的工作环境和生活环境。

（广大新闻网）

## 1月12日　经济与统计学院开展广州南站春运志愿工作

2017年1月12日上午9点，广州大学经济与统计学院联合广州南站志愿服务队在广州南站正式开展春运志愿工作。

在为期60天的春运阶段中，广州大学学子热情高涨，积极参与广州南站春运志愿活动。面对出行旅客所提出的问题及需求，志愿者们尽心尽力地解答，为其提供帮助。公交站、东西广场、汽车客运站、南北停车场，几乎在春运中的每一天，都能看见身穿青色亮丽志愿服装的广州大学学子在自己的岗位上全心全意地为保卫春运平安贡献力量。他们为南站春运送来暖阳，温暖了每一位归心似箭的乘客。

本次春运志愿活动中，广州大学学子无私奉献的精神和在活动中所展现的尽心尽职、不辞辛苦的形象给广州南站工作人员以及乘客们留下了深刻的印象。

（经济与统计学院　王芳颖）

## 1月17日　广州大学受助学生代表探望刘鹤翘将军

1月17日，广州大学学生处相关负责人带领7名刘鹤翘将军助学金受助学生代表，登门探访刘鹤翘将军，表达感恩之情。刘将军及其夫人亲切接待了师生代表。

据了解，刘将军于2009年举办了个人书法慈善专场助学拍卖会，用拍卖所得善款设立了“广州大学广东文化基金刘鹤翘将军助学金”，资助广州大学2009级共40名经济困难学生。2013年这40名学生毕业后，刘鹤翘将军助学金又继续资助2013级的39名同学。

一转眼，刘将军资助的2013级学生已经大四了。学生代表向刘将军汇报了自己获得励志奖学金、保研、创业、就业的情况，刘将军对学生们在大学期间的成长感到非常高兴。他还饶有兴致地跟大家回忆起他当年打下美军侦察机，获得毛主席、周总理接见的往事，并以自己从一个吃不饱饭的农村孩子成为空军将领的经历，鼓励学生们在人生道路上自强不息、艰苦奋斗。

（学生处　郭洁）

## 1月18日　校党委书记屈哨兵与寒假留校学生代表共话新年

1月18日上午，由学生处主办、美术与设计学院承办的“迎春送福　祝福广大——广州大学2017年春节留校学生代表联谊活动”在美术与设计学院“五室一站”党团活动室举办，校党委书记屈哨兵、学生处处长郑美玲和副处长陈爱平、美术与设计学院党委副书记刘向晖等相关职能部门负责人出席联谊活动，慰问春节留校的家庭经济困难学生，为他们送去新春祝福和学校关怀，师生欢聚一堂，喜迎新年。

联谊活动现场，学生即兴挥毫，或书写“福”字，或题写春联，党团活动室内墨香四溢，年味十足。

在祝福留言板前，郑处长介绍广州大学长期以来坚持在家庭经济困难学生中开展感恩教育和公益积分活动，让学生懂得珍惜社会和学校所提供的资助及实习实践等提升机会，用实际行动回馈学校，助力学校的高水平大学建设。近年广州大学资助工作也取得长足进步，获广东省2015年度学生资助工作绩效考评“优秀”，实现了勤工工资和岗位的“双倍增”计划。同学们纷纷在心形卡片上写下自己的新年心愿及对学校的祝福语，感恩学校的栽培与关爱，为学校送上美好的祝福。屈书记认真阅读了同学们的祝福语并表示赞许。

屈书记亲切询问留校同学的学习、生活及家庭情况并向他们致以新春的问候。在同美术与设计学院师范生代表交流时，屈书记深有感触地说“教育要有一颗柔软的心”，希望美术与设计学院学生的艺术素质在成就自己的同时影响同学；在同教育学院新疆学生代表交流时，屈书记对“亚运”期间表现突出的新疆学生记忆犹新，叮嘱他们常和家人联系并向其家人问好；在得知外国语学院一位留校学生同时做“五室一站”助理时，屈书记详细向其了解了同学们平时对“五室一站”各功能室的使用情况，希望同学们充分利用好“五室一站”；在同数学与信息科学学院学生代表交流时，屈书记勉励其继续深造，提升未来职业竞争力。屈书记表示，希望同学们寒假期间要保重身体，注意安全，学校是个大家庭，会尽最大努力安排好大家的学习生活。

在热烈的气氛中，屈书记向“五室一站”赠送一副春联。上联为：懂艺术多读书视野开阔，下联为：爱体育勤实践家国情怀，横批为：德才兼备。

屈书记向大家介绍了这副春联的创作由来，他指出，“德才兼备、家国情怀、视野开阔，爱体育、懂艺术，能力发展性强”是广大的人才培养目标和广大学生精神底色的标配。“博学笃行，与时俱进”是广大的校训，“博学”要求同学们“多读书”，读书是为了了解世界，开阔视野；“笃行”要求同学们“勤实践”，在实践中了解国情、民情，培养起家国情怀。而艺术素养令人终身受益，体育则是个人生存发展中的重要需求。屈书记借此春联表达对大家的期许和祝福，期望大家淬炼道德，增长才干，成长为具有广大底色的、符合党和国家期望的人才。

随后，屈书记代表学校向同学们派发贺年礼品及新年红包，按传统习俗迎接新年的到来。

同学们纷纷表示，在学校感受到了家的温暖，感受到了学校领导和老师的关爱，生活得很充实、很快乐，对学校的关心深表感谢，将努力学习，争做具有广大底色的现代大学生，为广大高水平大学建设添砖加瓦。整场联谊活动其乐融融，在愉快和谐的气氛中圆满结束。

（学生处　杜亚辉）

## 1 月 23 日　屈哨兵、张强慰问寒假留校新疆少数民族学生

1 月 23 日上午，校党委书记屈哨兵，党委副书记、纪委书记张强及相关职能部门负责人一行来到少数民族学生工作办公室，慰问寒假留校新疆少数民族学生，为他们送去新春祝福和学校关怀。

少数民族学生工作办公室李敏老师向各位领导介绍了留校学生的基本情

况，屈书记首先代表学校对远离家乡留校学习生活的各位同学表示节日的慰问，预祝大家度过一个愉快的春节。他亲切询问了同学们寒假留校期间的饮食、住宿、勤工助学等情况，叮嘱同学们多和家人通电话，保持联系，始终将自身安全放在第一位。他期望同学们在留校期间安排好学习和生活，和其他同学和睦相处，坚持多读书、多学习。屈书记对优秀的新疆毕业生十分重视，结合自己在新疆的经历表达了与同学们建立深情厚谊的愿望，希望大家通过在广州大学的几年学习，培养与学校和老师、同学的感情，培养广大人的家国情怀。

活动中，大家一起品尝新疆的馕等特色食品，交流新疆的节日风俗和地理人文。屈书记还和同学们一一交谈，饶有兴致地和同学们探讨他们的名字在其民族语中的具体含义，并期望他们如名字所蕴含的意义那样做一个博学、美丽、善良的人。现场气氛活跃，充满了欢声笑语。屈书记希望大家多读书、多实践，品味岭南文化，了解传统习俗，开阔视野，增长见闻，做中华优秀传统文化的守护者和传承者。

同学们纷纷表示，在学校深切感受到领导和老师的关爱，在广大的大家庭中感觉很温暖、很快乐，并将自己精心制作的手工鼓赠送给老师们作为纪念，以表感谢。

按照传统习俗，学校领导为每位同学派发了新年红包，送上节日祝福。

长期以来，少数民族学生工作办公室坚持“爱严相济平等融合，德才兼备全面发展”的人才培养理念，扎实做好新疆少数民族学生的教育管理服务工作。广州大学少数民族学生管理工作也成为在省内乃至全国都有一定影响力的学生工作品牌。

（学生处　杜亚辉）

## 1 月 25 日　外国语学院开展天河花市志愿服务活动

1 月 25 日，广州市天河区 2017 年迎春花市正式拉开帷幕。外国语学院党委书记李暖均、党委副书记鄢智青、团委书记逄淑军、团委副书记黄顺婷以及辅导员季美含来到天河花市慰问学生志愿者，与他们进行交谈并送上节日的问候。

天河花市“护花行动”是共青团天河区委与外国语学院合作了十多年的活动，一直以来是学院学生寒假期间的一项重要志愿服务活动。李暖均书记表示对今年的天河花市活动非常有信心，叮嘱志愿者们不仅要注意安全，还要以细心、真诚的态度与不减的热情圆满完成本次“护花行动”，树立广大青年志愿者的良好形象，给市民留下深刻印象。

据悉，2017 年，学院两百多名学生志愿者将一如既往地积极投入天河花市志愿服务活动中，希望通过外院人的力量让更多的人感到幸福和快乐。

（外国语学院　团委实践部）

# 我们的大学

February 二月

## 2月14日　卫斯理安学院孔子学院举办文化活动庆祝元宵佳节

2月14日晚，卫斯理安学院学子、教职工和部分华侨华人共百余人参加了卫斯理安学院孔子学院在卫斯理安学院本森屋（Benson Room）举办的元宵节文化活动，来自兄弟院校——美国肯尼索州立大学孔子学院梅肯地区教学点的志愿者、老师们也到场共庆元宵佳节。

本次文化活动涵盖音乐开场、元宵节视频介绍、动手包汤圆、品美食、赏花灯、猜灯谜6个环节，各环节交叉互动，共同营造出元宵佳节的欢乐氛围。广州大学访问学者——音乐舞蹈学院副院长刘瑾博士以葫芦丝演奏了一曲悠扬的《月光下的凤尾竹》，拉开了活动序幕，中国留学生献上了轻快的钢琴曲。在轻松美好的音乐伴奏下，来宾们赏花灯、猜灯谜、包汤圆、品汤圆，共度美好夜晚。在气氛最为热烈的包汤圆环节，留学生兴致勃勃地跟着孔院老师学包品种丰富、颜色多彩的各式汤圆，美国学生 Ashley 还现场当起小老师，教新加入的人包汤圆。不少来宾都特意将亲手制作的汤圆带回家，并表示本次体验活动妙趣横生，加深了他们对中国传统佳节和中国文化的了解。

（广大新闻网）

## 2 月 28 日　经济与统计学院召开易班培训动员大会



2 月 28 日，经济与统计学院团委学生会新闻网络部部委及易班学生工作站成员于广州大学大学城校区文新楼 218 室举行经济与统计学院易班动员大会。此次活动特别邀请了经济与统计学院易班工作指导老师刘源。通过这次大会，学院新闻网络工作者们不仅确立了严谨踏实的态度、提升了工作技能，也对学院易班的建设树立起高度的信心，并立志共同打造“阳光易班”。

目前，经济与统计学院易班学生工作站团队由学院团委学生会新闻网络部部委组成。刘源老师表示，随着学院易班建设的推进，学院易班将与经济与统计学院团委学生会一样，成为学院的中坚力量之一。成长需要锻炼，学院新闻网络工作者们应勤奋耕耘，在工作中摸索经验，为学院易班的发展贡献自己的力量。

讲好广大经统故事，传播好广大经统声音，我们永不止步。学院易班，离不开你我的支持与努力！

（经济与统计学院　宋心宇）

# 我们的大学

## March 三月

## 3月5日　广州大学西藏募捐活动



2017年3月5日是全国第54个“学雷锋日”，3月是广州大学的“学雷锋月”。广大青协积极响应“爱心天使行动”的号召，承接并举办了西藏募捐活动。

3月5—7日，广州大学举办了为西藏波密县德吉村贫困孩子募捐的大型校园捐赠活动。为了支持西藏募捐行动的开展，各学院青协在广大红棉路上搭起了一顶顶帐篷，建立起物资捐赠的接收点。随后，易班学生工作站记者对此次募捐的活动负责人黄宏宇进行采访。据了解，广大青协在得知学校确定帮助对象为波密县德吉村后，决定以募捐物资的方式进行活动，通过“扫楼”和各学院与班级对接的宣传方式，得到同学们的热烈响应。他表示，希望通过此次活动，帮助贫困的孩子，改善他们平时的生活学习条件，同时提供一个平台让广大学子奉献他们的爱心，更好地扩大志愿服务的影响力。

据最终的数据，为期三天的西藏募捐活动一共收到15 215件衣物，82件体育用品，5 396件学习用品，1 854件生活用品，总计22 547件物资。这些物资于7日晚8点半向波密县寄出，邮寄费用将由学校方面给予帮助。此次西藏募捐活动的成功举办，少不了工作人员的辛勤付出，少不了学校的大力支持，更少不了广大学子的踊跃参与。

（学生处　陈丽霞）

## 3月7日　广州大学“校园网贷”风险防范专题教育

针对近期社会上部分不良网贷平台通过虚假宣传、降低贷款门槛等手段，或诱导学生过度消费、超前消费，或骗取学生的身份信息在网络平台上借贷大笔资金，给学生的合法权益带来了严重损害，给校园和社会稳定带来了极大隐患的情况，广州大学在3月7日通过形式多样的系列活动在全校学生中组织开展“校园网贷”风险防范专题教育。

3月7日上午，学生自律委员会等学生组织在校园开展了抵制“校园网贷”、防范网络安全风险的签名咨询活动，引导学生树立文明、理性和科学的消费观。活动吸引了众多学生积极参与。大一学生蔡芝彬说：“以前只是在新闻里看到‘校园网贷’，觉得离自己很遥远，没想到不良网贷就在自己身边，这次活动让我学会了如何识别不良网贷。”

3月7日下午，全校各班级集中召开了以“增强风险意识，远离不良网贷”为主题的班会，通过介绍“校园网贷”现状、指出网络借贷风险，帮助学生树立正确的价值观和消费观，切实提高防范风险能力。在学院2015级157班的班会现场，同学们在观看《郑先桥——校园网贷悲剧》时，不时发出惋惜之声，尤其是在看到河南某高校一学生因网贷自杀的真实案件时，更是痛批不良网贷公司，呼吁加强监管。该班周挺同学表示：“远离不良网贷，既是对自己负责，更是对家庭负责。如果我们每个学生都能及早认识到它的危害，自觉远离它，那么它将失去生长的土壤，校园环境也将得到净化。”

针对不良网贷，广州大学接下来还将组织开展专题教育讲座活动，邀请公安、金融监管、网络安全等部门专家，面向学生做“校园网贷”风险防范专题讲座；定期开展调研排查预警活动，及时通过易班、微信、QQ等平台向学生发布预警信息。另外，学校还将认真落实“奖助勤贷减免补”学生资助工作体系，畅通学生资助渠道，不断提高学生资助工作服务水平，并加强陷入不良网贷陷阱学生的心理疏导工作，引导和帮助学生以积极的态度依法、理性维权。

（学生处　冯荣光）

## 3月9日　《水韵》首发与首演活动

3月9日晚7点半，美籍华裔钢琴家甘泉博士（Dr. Chenny Gan）携手德国著名贝斯演奏家约瑟夫·阿梅兹贝茨勒（Josef Ametsbichler），在演艺中心大舞台举办CD《水韵》首发与首演活动。鼓伴奏由广东省歌舞剧院“紫罗兰乐团”的鼓手柴华良（Wilson Chai）担纲。

出席本次音乐会的嘉宾有卫斯理安学院的会计学助理教授Ms. Kara Kostiuk，政治学教授Dr. Barbara Donovan，主管教务副校长、校长候选人Dr. Vivia Fowler；外国语学院美国文化中心常务主任陆道夫教授；音乐舞蹈学院院长罗洪教授、钢琴教研室主任唐馨副教授、团委书记何怡雯老师等。

《水韵》将人们耳熟能详的与水有关的世界名曲用爵士乐演绎，别有一番韵味，给爵士音乐会带来全新的元素，对开阔师生的视野、激发师生的创新思维有重大意义。

（音乐舞蹈学院　学工办）

### 3月14日　小燕访谈室第三期——考研与专业追求之路

3月14日，主题为“考研与专业追求之路”的优秀校友访谈会暨小燕访谈室第三期在演艺中心202室举行，接受访谈的嘉宾有广州大学2009届毕业生刘星雨和2012届毕业生吴洲。

刘星雨与吴洲通过此次访谈的机会同师弟师妹分享了自己的考研经验与体会。关于选择深造的缘由，刘星雨说，在广大，无论是学习环境还是师资，都非常好。但是大学四年，时光匆匆，学无止境，所以有了考研的念头。这样可以学习更多，也可以提高水平。吴洲说，刚好当时主专业的老师请假了，同时发现自己好像更喜欢作曲，为了让自己在这一方面更加专业，所以选择了出国深造。

师兄师姐的学习经历告诉同学们，有目标，肯坚持，懂感恩，人生道路将越走越宽！

（音乐舞蹈学院　谭琳琳）

### 3月14日　外国语学院分党校第十三期党课培训开班

3月14日下午，外国语学院分党校第十三期入党积极分子培训班开班。学院党委书记李暖均和副书记鄢智青出席了开班仪式。简短的开班动员后，李暖均书记讲授培训班第一课。

此次党课培训围绕“毛泽东与中国革命”主题进行。李书记首先将毛主席的个人成长历程与中国革命的发展历程紧密结合，阐述其生平历程以及对中国革命的贡献及影响。李书记联系社会现状，深入分析我国当前形势与中国共产党自身建设的历程，让学员们切实感受到中国共产党实事求是、脚踏实地的优良作风。党课培训的后半部分，李书记引用毛主席的名言勉励学员们不忘初心，不畏前进，以更加饱满的热情投入“中国梦”建设当中去。

党课学习培训有助于广大青年正确认识党史、国史，看清我们走过的路和前进的方向，坚定爱国爱党的信念，坚定不移地为社会主义现代化建设作贡献。

（外国语学院　李黎）

## 3 月 14 日　屈哨兵书记为同学们上思想政治理论课

3 月 14 日下午，校党委书记屈哨兵在图书馆副楼五楼报告厅为广大学子带来了一节精彩纷呈的思想政治理论课，教导大家如何做一个“德才兼备、家国情怀、视野开阔，爱体育、懂艺术，能力发展性强”的大学生。

**做一个德才兼备的人**

首先，屈哨兵书记强调德才兼备是现代大学生必不可少的品质。曾经的北大校长蔡元培曾向学生提出三个要求：抱定宗旨，砥砺德行，敬爱师长。其中最重要的便是“德”，以德为主，立德为先，这是一种价值观的体现。此外，屈哨兵书记从教育法、国家会议以及习近平总书记的讲话等多方面讲述了当前时代对德才的要求。高等教育的任务是培养出德才兼备的人才，正如广州大学校训所言的“博学笃行”。

**做一个具有家国情怀的人**

对于大学生爱国意识的培养，屈哨兵书记以梁启超及其家族为具体例子讲述了何为家国情怀。他以梁启超以身许国，并教育其子女所学需用于国为例，强调应为国家、为社会、为民族做一点事情，个人梦想与共同梦想是密不可分的。屈哨兵书记还强调了家国情怀的核心要点是社会主义核心价值观，在国家层面，要讲富强、民主、文明、和谐；在社会层面，要讲自由、平等、公正、法制；在个人层面，要讲爱国、敬业、诚信、友善。此外，家国情怀还包括了继承优秀的传统文化，屈哨兵书记呼吁大家多多诵读经典，做到家国情怀与校园情怀的统一。

**做一个视野开阔的人**

除了在学校的学习和锻炼，屈哨兵书记认为，大学生在世界观上要建立一个相对完整的世界知识谱系，呼吁大学生多走走，多看看，只有走到外面才能做到如习近平总书记所言的扎根中国，融通中外，立足时代，面向未来。对于视野开阔这一点，广州大学为同学们提供了丰富的平台。屈哨兵书记总结了过去广州大学为学子举办的第二校园访学活动，并希望广州大学今后仍能多开展合作交流的活动，丰富学生的课余生活。

**做一个爱体育、懂艺术的人**

除了专业知识的学习，屈哨兵书记更以蒋南翔、爱因斯坦、赵元任以及斯宾塞四位著名人物为例讲述了爱体育、懂艺术的重要性，呼吁大家在学习之余能多看看美术展，多听听音乐会，并希望未来广州大学能举办更多的美术节、音乐节、体育节等活动。

**做一个能力发展性强的人**

在个人发展方面，屈哨兵书记讲到，每位大学生在毕业后最起码需要掌握专业能力、沟通能力、合作能力以及创新能力。专业能力即对所学专业的吸收与运用能力，沟通能力即以逻辑思维为基础的说话能力，合作能力是能够做到团队合作，创新能力即具有好奇心、想象力和批判性思维。屈哨兵书记还讲到，毕业后的第一个十年靠大学所学知识，第二个十年靠个人奋斗和大学所识团队，第三个十年则靠自身素养及潜在的发展能力，并希望每位学子在毕业后都能有自己的发展前景。

最后，屈哨兵书记向在座学子提出了“德才兼备、家国情怀、视野开阔，爱体育、懂艺术，能力发展性强与广大之间的关系到底该如何实现”的问题，引起了在座师生的思考。

（校团委　郭云云）



## 3 月 15 日　法律咨询服务社校园现场说法

3 月 15 日是消费者权益保护日。针对目前学生群体在网络购物中消费者权益屡遭侵犯的现象，广州大学法律咨询服务社于 3 月 15 日在广州大学大学城校区红棉路开展了以“蹇见——淘宝维权有方法”为主题的法律咨询与宣传活动，通过摆摊与网络宣传等方式提高学生消费者在网购中的维权意识与维权能力。

法律咨询服务社的同学们在活动开始前收集了大量背景材料，包括消费者权益受侵害的真实案例、不良卖家的侵权手段和方法等，提高大家对网络购物侵权的认识。他们还设计了各类有关维权的趣味游戏，引导同学们参与游戏，在愉快的氛围下获取并掌握淘宝等电商服务维权的方法和途径。

法律咨询服务社的同学们还通过国家质量标准、“三包”标识等的图片宣传单，向大家科普在网络上如何甄别出假冒伪劣产品的知识，可谓“真招实策”，都是“干货”。同时，法律咨询服务社精心制作的海报、宣传单和视频教学案例重演等“一图看懂”的宣传方式也在此次活动中深受同学们欢迎。

此次的活动帮助同学们丰富了在作为网购消费者时维护自身权益的知识，让大家知晓如何通过正确的方式维权。现场学生工作人员马嘉沂颇有感触：“通过事先准备大量的工作资料，接触到这么多的消费维权案例，我觉得我们不仅应该借助‘3·15’宣传日，还应该把法律咨询宣传活动放在平时，真正做到为同学们服务。”活动也受到了同学们的欢迎，大一学生蔡芝彬说：“以后我在网上购物的时候会更加小心，保护自己的权益。”

（法律咨询服务社　陈成锦）

## 3月15日　旅游学院“益家人”社会关爱服务项目培训交流会

3月15日，由旅游学院学生党总支、团委学生会实践部组织的“益家人”社会关爱服务项目培训交流会于文俊东楼314室顺利举行。

“益家人”社会关爱服务项目是旅游学院学生党总支开展党建带团建，培养大学生责任感、服务意识与能力的特色平台，在党团组织建设与党团员教育培养方面发挥了重要作用，近年来在广东省教育厅“我的中国梦——立志·修身·博学·报国”主题教育系列比赛中屡获佳绩。本次培训交流会邀请到旅游学院学生党总支书记、学工办主任陈志明老师为项目成员做交流与培训。到场参加本次培训交流会的人员有学生党总支委员香嘉豪、支部学生党员、团委副书记陈敏敏、2016级实践部全体成员和青协、红十字会的主要干部与干事。

在会上，陈志明老师就“益家人”社会关爱服务项目的工作开展问题说明了今后工作的安排、方式以及项目实施的水平和目标，并提出做好该项目的建议和指导。

本次培训交流会不仅强调了“益家人”社会关爱服务项目的工作安排和执行方式，更是体现了旅游学院对公益活动特有的一种态度和精神。

（旅游学院　学工办）

## 3月16日　广州大学开展学习“两会”精神会议活动

在2017年全国“两会”圆满结束之际，广州大学师生从3月中旬开始，以学院为单位积极开展了学习“两会”精神的会议活动。

3月16日晚上8点，数学与信息科学学院2014级、2015级学生党支部在B20党团活动室召开了学习贯彻“两会”精神的会议。会议在2014级党支部副书记刘妙丹的精心策划和准备下开始，由组织委员林鑫杰主持。党员们发言表示，作为一名当代的大学生，应该积极地在思想、本领、作风上找差距，争取能够早日成为国家栋梁。“两会”每年都应该是我们关注的焦点，每年举行的“两会”可以使我们在第一时间准确认识到党和国家的发展要求和工作方向，指导我们及时调整、准确修正自身工作方向。

3月21日下午，马克思主义学院学生党支部在B6“五室　站”的党团活动室召开主题为“关注‘两会’，我与祖国共奋进”的专题组织生活会。支部组织委员龚利鑫主持会议，院党委副书记朱晓军、学生党支部书记姚倩婷、全体学生党员以及B6七个学院的学生党员和积极分子代表近40人参加了本次会议。朱晓军副书记对“两会”精神进行了解读和传达，并带头谈了学习“两会”精神的感受和体会。

3月22日，生命科学学院在B17党团活动室召开“两会”精神学习会议。院党委副书记曾学毛，学工办老师张绪庆、杨敏及生命科学学院党员42人参加了会议。曾学毛副书记结合“两会”精神与当前时政对全体党员做了加强党性修养的教育。会议使学生党员及时系统地学习了“两会”精神，增强了政治意识和社会责任感，同时接受党性教育，为生命科学学院学生党员立足党员身份、践行党员义务摆正了思想的方向标。

（学生处　葛泽胜）

## 3月16日 广州大学开展校园环境整治统一行动

季节转换，冬去春来。在校园迎来勃勃生机的同时，早晚较大的温差也使广大师生容易着凉生病，如不注意个人及公共卫生，甚至会引发流行疾病。为推进文明校园创建工作，营造良好的校园秩序和宿舍环境，贯彻落实环境育人理念，同时增强学生党员的政治意识、大局意识、核心意识、看齐意识，充分发挥学生党组织的战斗堡垒作用和学生党员的先锋模范作用，带动全校学生求真务实、干事创业，努力形成“从我做起、向我看齐、对我监督”的良好风尚，学校于3月16日下午开展了学生党员“亮身份、作表率、树形象”校园环境整治统一行动。

学校所有学院依托学生公寓“五室一站”，组织本楼栋学生党员、预备党员、入党积极分子以及学生干部，在该楼栋开展了公共区域清洁和环境整治行动，通过楼层长和宿舍长组织发动宿舍成员进行宿舍内务卫生整治。各学院“五室一站”干部还对本次统一行动进行了检查评比。研究生处也组织研究生党员和研究生会干部开展了研究生住宿楼栋的环境整治行动。

广州大学学生自律委员会、学生自强社等学生组织自发对校园内的餐厅、人行天桥、宣传橱窗等公共区域进行环境整治。

在本次活动期间，教师及学生党员都佩戴党徽，亮明党员身份，带头践行社会主义核心价值观，做“明德、求是、拓新、笃实”的表率，发挥了党员的先锋模范作用，用自己的行为影响其他学生，树立了新时期师生党员不怕吃苦、乐于奉献的形象。

经过一下午的劳动，整个校园被师生党员打理得干干净净，处处展现新气象。草坪里的落叶不见了，不锈钢栏杆更亮了，卫生死角的垃圾被清理了，橱窗小广告被铲掉了，人行天桥更敞亮了。

美术与设计学院学生党员简钰莹说：“通过本次活动，我明白了党员不只是一个称号，更应体现在实际行动中，哪怕只是扫一下楼梯、擦一下栏杆这种小事情，也是在为普通同学做贡献；党员不只是一个称号，更是一种行动标杆和准则，在以后的生活学习中，我要以更严格的标准要求自己，为同学们树立榜样。”

学生郑莹看到正在打扫卫生的学生党员，不禁竖起了大拇指：“以前宿舍卫生都是环卫阿姨在做，有些死角不能打扫干净，而且墙上偶尔还会被贴上广告，特别难看。今天看到学生党员彻底清理卫生，擦栏杆、扫死角、除‘牛皮癣’，让我对党员有了更深的理解，感觉到他们就在我身边，以后我也要好好表现，争取入党。”

（学生处　葛泽胜）



## 3月17日　“2017清洁节水中国行　一家一年一万升”公众节水宣传活动进广州大学

2017年3月22日是第25个“世界水日”。为了提高社会公众的节水意识，带动家庭、学校、社区的节水实践活动，“2017清洁节水中国行　一家一年一万升”公众节水宣传活动在广州拉开帷幕。该活动由国家环境保护部宣传教育中心和花王（中国）投资有限公司共同主办，广州大学绿色动力协会和环境科学与工程学院联合举办。3月17日下午，热火朝天的宣传活动在广州大学红棉路正式开展。

广州大学学子在红棉路上设置了多个宣传展架，并向同学们进行科普和讲解。工作人员介绍了“2017清洁节水中国行　一家一年一万升”宣传活动的历史和意义，并向同学们展示了各国保护水资源的举措，以及人们在日常生活的衣食住行中惜水节水的小技巧。除此之外，工作人员还设置了一系列有趣的小游戏吸引同学们来到摊位，让参与者通过游戏来了解水、保护水，现场热闹非凡。

此次活动中，广州大学分会场获得了极高的关注度，国家环境保护部宣传教育中心副主任何家振、宣传室主任杨俊，广东省环保宣教中心副主任周观明以及花王集团高层前来参观指导。现场还有中央电视台、中国新闻社、新华社以及中国传媒大学新闻中心等多家媒体进行拍摄和采访。广州大学环境科学与工程学院书记常向阳接受了采访，就当下社会环境保护问题发表了自己的见解。

3月18日，“2017清洁节水中国行　一家一年一万升”宣传活动圆满结束，希望广州大学学子能真正把“节约用水，人人有责”的口号落实到生活当中。

（绿色动力协会　陈可安）

## 3月18日　旅游学院学子在第17届法语歌唱比赛华南赛区摘得桂冠

3月18日，第17届法语歌唱比赛华南赛区落下帷幕。35名参赛选手来自10所高校，包括中山大学、广东外语外贸大学、厦门大学、深圳大学等。广州大学旅游学院中法152班的骆子晴和刘轶辐同学入围13人半决赛。经过几轮激烈角逐，骆子晴同学摘得第17届法语歌唱比赛华南赛区的桂冠，并将赴武汉参加全国总决赛。

在比赛中，旅游学院参赛的两位同学完美的歌唱演绎、精彩的法语问答、优美的法语发音，给评委、其他选手及在场观众留下了深刻印象。

（旅游学院　学工办）

## 3月21日　教育学院“悦动你我，FUN享快乐”心理趣味运动会

由教育学院团委学生会主办、教育学院团委学生会心理辅导部协办的以“悦动你我，FUN享快乐”为主题的心理趣味运动会于3月21日下午2：30—4：30在电子信息楼架空层举行。

参赛队伍由教育学院大一至大三每班派出8人组成。趣味运动会由四个游戏构成，分别为“循序渐进”“同生共死”“特殊接力”和“穿越地雷阵”。评分主要采取积分制的方式，将每个队伍在各个游戏中所得分数相加，总分最多的队伍获胜。最终，小教141班夺得了比赛冠军，学前141班和“酱油队”并列亚军，教技151班和“老铁队”并列季军。

活动主要目的是让学生缓解心理压力，锻炼身体，提高合作意识。本次运动会上，选手们都全身心投入比赛中，充分发挥了友谊第一、比赛第二的精神。

（教育学院　学工办）

## 3月25日　经济与统计学院开展独居老人探访活动

3月25日，来自经济与统计学院的48名学生参加了由金沙街家庭综合服务中心和经济与统计学院团委实践部联合举办的主题为“青春映晚霞，牵手夕阳红”的探访独居老人志愿活动。

活动当天，48名学生首先认真接受了社工的培训，然后以两人为一组入户探访老人。探访过程中，学生为老人献上了诚挚的慰问和社工精心准备的礼物，并通过聊天的方式了解老人的生活状况。活动过程中，学生与老人交谈时热情主动、心怀谦恭、亲切有礼。此次探访活动，不仅排解了独居老人心中的孤独以及精神上的空虚，给予了老人慰藉，最重要的是让学生深化了关爱老人、尊敬老人的意识，将爱付诸行动，给老人以温暖。

在本次活动中，广州大学学生积极主动、认真负责的态度给家庭综合服务中心的社工和独居老人们留下了深刻的印象。

（经济与统计学院　朱颖欣）

## 3 月 28 日　工商管理学院开展广州越秀公园保洁活动

为响应“学雷锋”活动的号召，3 月 28 日，工商管理学院开展“雷锋月”系列志愿活动之广州越秀公园保洁活动。当天下午，志愿者们准时到达集合地点，一同前往越秀公园。到达目的地后，志愿者们从越秀公园管理处领取保洁夹和垃圾袋，以小组为单位，到南秀花苑开展保洁活动。

在整个保洁过程中，志愿者们都十分勤奋、认真，力争消灭园内的白色垃圾。随着垃圾被一点点地清理掉，志愿者们的满足感溢于言表，大家都知道自己的行动能为游人提供一个舒适、干净的游园环境。

通过这次保洁活动，志愿者们进一步了解了环境污染的危害，坚定了“保护环境，从我做起”的信念，提升了环境保护的意识。他们都表示愿意做环保卫士，积极参与环保行动。同时，这次保洁活动宣传了雷锋精神，鼓励大家多参与“学雷锋”活动，继承与弘扬雷锋精神。

（工商管理学院　实践部）

## 3 月 28 日　环境科学与工程学院“五类车”整治学生党员进社区活动

为积极响应“从群众中来，到群众中去”的号召，促进学生党员深入社区，了解社区，服务社区，环境科学与工程学院学生党支部对接海珠区官洲街道社区，开展了一场以“五类车”整治行动为宣传重点的志愿者活动。

3 月 28 日下午，环境科学与工程

学院多名学生党员来到官洲街道社区，在社区工作人员带领下，开展“五类车”整治志愿者宣传活动。此次活动分组展开，各组党员深入街道社区，发放“五类车”整治宣传手册。活动中，志愿者们表现得积极热情，为社区居民耐心讲解“五类车”的安全隐患和对城市市容的影响，受到社区工作人员的一致好评。

此次活动向社区居民宣传了“五类车”的危害，锻炼了学生党员的沟通能力，增进了学生党员对街道社区的了解，同时也深化了学生党员“服务群众”和“先锋带头”的意识。

（环境科学与工程学院　学生党支部）

## 3 月 28 日　人文学院 2016—2017 年度优秀党支部评议大会圆满召开

3 月 28 日下午，人文学院 2016—2017 年度优秀党支部评议大会于文新楼 301 室顺利举行。人文学院党委副书记刘军军、学工办主任陈永添、全体学生党支部书记及学生党员代表出席了此次评议大会。此次大会主要由支部风采展示、优秀党支部评选、老师发言和优秀党员名单公布这几大环节组成。

在各个支部汇报本支部工作情况之后，刘军军副书记和陈永添老师分别上台发言。首先，陈永添老师对新学期党建的常规工作和特色工作分别进行了布置，并希望各支部都能够夯实基层党建，做好服务工作。随后，刘军军副书记对各支部的风采展示给予了点评，同时希望学生党员可以做好表率，充分发挥党员的榜样作用，更好地为同学们服务。

最后，主持人宣布马天保、方畅与朱和峰等 28 位同学获得优秀党员称号，优秀党支部的评议结果将在“人文先锋”微信公众号公布。人文学院 2016—2017 年度优秀党支部评议大会到此圆满结束。

（人文学院　黄小红）

## 3月28日　教育学院分党校第十二期入党积极分子培训班

3月28日下午，由教育学院党委副书记陈宇红主持的教育学院分党校第十二期入党积极分子培训班开班仪式在文新楼413室隆重举行。

为期39天的活动中，学院邀请了胡伟京、蒋义丹、林雪松、刘雪松老师就“全面从严治党向基层延伸——‘山海对话’党代表开展‘两学一做’学习教育活动”“社会主义核心价值观的践行”“端正入党动机，坚定入党信念”等主题为学员们讲授党课。另外，学院安排了身体力行的实践活动，组织学院155名入党积极分子共同参与探寻城市革命历史足迹、清扫“南五”的实践活动。同学们到团一大广场、中共三大旧址等地方探寻，通过完成目标任务，在探索中学习、铭记历史。

教育学院分党校第十二期入党积极分子培训班于5月6日落下帷幕，学院155名入党积极分子参加了结业考试。

（教育学院　学工办）

## 3月28日　环境科学与工程学院第一届环校跑顺利举行

为了营造阳光、乐观的校园氛围，深入开展“走下网络、走出宿舍、走向操场”大学生主题群众性课外体育锻炼活动，环境科学与工程学院于3月

28 日下午在何世杰体育馆举行 2017 年环境科学与工程学院第一届“健康学习、绿跑生活”环校跑活动。

活动伊始，院党总支副书记肖杏烟致辞，鼓励在场师生积极健身、健康学习。

本次环校跑起点在何世杰体育馆前的空地，半途还设有游戏点，团队需要按指定路线前进，完成指定任务后获得印花并继续奔跑，只有集齐所有印花和服务点贴纸后跑过终点线才算完成本次环校跑。

经过激烈的拼搏，最终环境科学 162 班、环境科学 142 班和环境工程 161 班取得了本次比赛的前三名。

本次活动的顺利举办，不仅增强了学院凝聚力，扩大了学院影响力，还发扬了团队协作精神，丰富了校园文化生活，让同学们学会以健康的体魄学习，以绿色的方式生活。

（环境科学与工程学院　尹琪）

## 3 月 28 日　“南沙法院真实审判进校园”活动在广州大学举行

3 月 28 日下午，广州大学模拟法庭座无虚席，一场别开生面的“南沙法院真实审判进校园”活动拉开帷幕。南沙法院副院长陈昭强、刑事法庭庭长蔡穗硕、刑事法庭法官刘玉清，南沙检察院公诉科副科长张凌峰等审判业务专家与广州大学法学院 200 余名师生参加了本次活动。

本次审理的共有三宗刑事案件，被告人梁某、黄某、陈某酒后驾驶小轿车或二轮摩托车被交警查获，后被刑事拘留。与一般刑事案件不同的是，该三宗案件都适用认罪认罚协商制度进行审理。庭上，法官先核实被告人身份，询问被告人是否清楚自己被控何罪和应受何种处罚，然后结合检察院对法院审判的意见当庭宣判。为了保证公平公正，审判员在审理过程中严格审查实施证据，注意听取当事人意见，此外还有值班律师为被告人作有需要的解释和提供法律服务，保障了被告人的基本人权。

在互动环节中，南沙法院和检察院的业务专家耐心地为同学们答疑解惑。蔡庭长对速裁程序法适用情况及效果、被告人自愿或反悔签署《认罪认罚具结书》有何影响等问题逐一细致解答。蔡庭长认为，速裁程序法明显提高了审判效率，使结案周期有效缩短，节约了许多资源，同时又不失公正和合理。《认罪认罚具结书》详细罗列了罪和罚，使被告人更加清楚自己所须承担的法律责任，还规定认定为坦白的可以从轻20%以内刑罚，若有不合适的情况或被告人反悔，该书也会相应失效或变更。

本次活动让广州大学学子真切地接触庭审，深入了解庭审程序，更好地做到理论与实践相结合，同时也对司法的繁简分流制度以及司法过程的公正与高效有更为切身的体会。

（广大新闻网　杨秋榆　梁沛华）

## 3月28日　“翼起来”广州大学第六届大学生涯规划优秀作品评审会圆满举行

为进一步引导和帮助2016级学生做好大学生涯规划，奠定成长、成才、成功的坚实基础，3月28日晚，由广州大学学生处主办、学生自律委员会协办的“翼起来”广州大学第六届大学生涯规划优秀作品评审会于图书馆一楼讲学厅圆满举行。

23 名学院优秀代表参与了此次评审会，最终决出了一等奖 2 名、二等奖 5 名、三等奖 10 名。

新闻与传播学院代表董泽扬自制了自我介绍视频，并以小讲堂的方式，讲述努力把自己培养成民生记者的梦想。

人文学院代表李冬妍列出了自己发展的可能方案，讲述了自己对对外汉语教师职位的向往以及详细的成长计划。

计算机科学与教育软件学院代表李学智制定了大一到大四要完成的小目标，还表示：“不想复制扎克伯格的人生，要活出自己。”

法学院代表姚蕴童“宣布开庭”，全面分析了自身优劣条件，表示要为成为一名主攻婚姻、家庭领域的民生律师而在大学四年中有阶段性地努力。

演讲各具特色，富有激情，选手们精彩的表现赢得了阵阵掌声，相信所有参与本次评审会的同学都对自己今后的专业学习与职业目标有了更清晰的规划。

（广州大学易班发展中心　何倩怡）

## 3 月 30 日　两校区联动开展心理委员培训讲座

为进一步加强广州大学心理健康教育工作，完善大学生心理健康教育三级工作网络的建设，让心理工作学生干部掌握心理危机的识别及应对技能，广州大学心理健康教育与咨询中心分别于 3 月 30 日 18：30 在桂花岗校区综合楼北 605 室、31 日 18：30 在大学城校区文新楼 113 室举办“大学生心理危机识别与干预”讲座。讲座由心理健康教育与咨询中心老师主讲，全校班级心理委员和宿舍心理保健员积

极参加。

本次心理讲座不仅有利于广州大学心理委员增强责任意识、明确工作职责、提高业务水平，而且有助于广州大学心理工作学生队伍提高心理危机信号预警识别、及时发现、有效应对的能力，有效预防恶性事件的发生，充分发挥学生朋辈在心理工作中不可替代的作用，为完善广州大学大学生心理健康教育工作网络发挥了重要作用，增强了广州大学心理健康教育的预见性、层次性和扩大了覆盖面。

（广州大学易班发展中心　赖楚怡）

## 3 月 30 日　青马班开展素质拓展活动

为不断提高学生干部的思想政治觉悟、政策理论水平和身体素质，3 月 30 日晚，广州大学第六期青马班（“青年马克思主义者培养工程”暨“校团学组织学生干部后备人才培训班”）的学员开展了素质拓展活动。活动分为公文写作培训和青马环校跑两个环节。

此次素质拓展活动旨在丰富青马班学员的理论知识，促进青马班学员的身心发展。此次活动显示学生干部在学校的各项工作中发挥着越来越重要的作用。

（校团委　罗毅菁）

# 我们的大学

April 四月

# 4月1日　广州大学举行“何耀光助学金”颁发仪式

4月1日，广州大学举行2017年“何耀光助学金”颁发仪式。何世柱、何世铿等8位何氏家族成员，校党委书记屈哨兵、副校长周云，市委统战部联络处调研员谢启文等出席了仪式，106名品学兼优的贫困生获得了“何耀光助学金”共25万港元的资助。

2017度“何耀光助学金”分为特等奖和一、二、三等奖，由各学院各年级符合条件的学子获得，其中研究生18名、本科生88名。在仪式上，受助学子向何氏家族表达了诚挚的谢意，并承诺妥善使用助学金，努力学习，立志成才，在接受何氏家族“善”信念的传递与惠泽后，今后不断完善自我，回报社会。

何世柱先生表达了对广州大学近年来取得的快速发展的认可，希望“何耀光助学金”能够帮助广州大学的学子解决一部分生活上的困难，让他们有足够的精力学习并有所成就。

校党委书记屈哨兵代表全体师生向何氏家族致以崇高敬意和衷心感谢。他指出，何氏家族对公益事业的贡献体现了中华民族的家国情怀，对广州大学的建设发展起到了重要的作用。“何耀光助学金”不仅给予受助学生经济上的资助，更使之得到精神与心灵的感动，是广州大学学子的一笔巨大精神财富，同时，亦给了广州大学建设高水平大学的信心。他希望广州大学学子可以学习何氏家族“团结一心”的品质，为社会作出贡献。会上，屈哨兵书记代表学校向何氏家族赠送纪念品，受助学生代表向何世柱先生献花，借此表达对何氏家族乐善好施举动的诚挚谢意。

何耀光先生自1999年开始在广州大学设立“何耀光助学金”，每年捐款10万港元，旨在激励品学兼优、家庭困难的学生顺利完成学业。2006年何耀光先生仙逝后，以其长子何世柱先生为首的何氏家族延续了“何耀光助学金”，并于2010年将捐助金额提高到12万港元，2013年提高到15万元人民币，2015年提高到20万港元，2016年提高到22万港元，2017年提高到25万港元。19 年来，累计捐出 251 万港元，共有 1 559 名家庭经济困难学生受益。

（广州大学易班发展中心　杨文君）

## 4 月 5 日　经济与统计学院举办“培养高素质人才，打好‘广大底色’”主题班会

4 月 5 日至 4 月 24 日，经济与统计学院以“培养高素质人才，打好‘广大底色’”为主题的班会，分别在 2014～2016 级各班热烈、有序开展，开展时间为期两周。参与活动的各年级根据本年级实际情况，组织每班学生召开班会。

各班对“五大工程”进行了内容阐述及深入了解，认真学习和领会了“五大工程”的丰富内涵以及学校的人才培养目标。各班学生在班会活动中畅所欲言，纷纷提出了班级与个人落实“五大工程”的方法与措施。

在本次活动中，各班邀请了班主任、导生等参与班会。受邀者根据自身经验，向学生说明培养及提高个人素质的重要性，提供了具体的思想与学习工作指导。

本次的主题班会活动以提升学生的品质与素养为主旨，使得学生更好地认识自己，通过坚持不懈的拼搏与奋斗令自己在以后的就业、创业路途中能披荆斩棘、大展拳脚，体现出广州大学学子的特色。希望各位学生能不断学习钻研，积极投身广州大学学生思想政治教育“五个工程”，如校训所说“博学笃行，与时俱进”，提升自身素养，勇于拼搏，勇于挑战，用双手创造自己的未来，为广州大学建设高水平大学添砖加瓦。

（经济与统计学院　罗幸福）

## 4月5日　旅游学院举行学生党员“戴党徽、亮身份、树形象、作表率”活动启动仪式

4月5日12：40，旅游学院学生党总支、B9“五室一站”党建办在文俊东楼314室举行了“戴党徽、亮身份、树形象、作表率”活动启动仪式。党委书记刘向晖、党委副书记刘绍东、党政综合办主任兼教工行政党支部书记胡晓、学生党总支副书记刘莉、学生党总支副书记谭琳、年级党支部书记王玉珏，以及32名研究生及本科生党员代表和16名入党积极分子代表参加了活动启动仪式。

与会党员代表们通过在活动启动仪式上重温入党誓词，深刻体会到作为一名共产党员应牢记的使命和肩负的政治责任。刘向晖书记在活动启动仪式上讲话，强调学生党员要充分认识“戴党徽、亮身份、树形象、作表率”活动的重要意义，要牢记“奉献、责任、荣誉”三个关键词。

一枚党徽一份责任，一名党员一面旗帜。学院党委通过此次活动启动仪式，要求学生党员结合“两学一做”学习教育，扎实深入推进“戴党徽、亮身份、树形象、作表率”活动，引导广大学生党员通过佩戴党徽时刻提醒自己不忘初心，始终牢记党员身份，自觉提高党性修养，进一步增强党员服务意识，争做合格的学生党员，用实际行动展现“两学一做”学习教育成果，发挥党员的先锋模范作用，努力为学校全面推进高水平大学建设做好服务。

（旅游学院　学工办）

## 4月6日　环境科学与工程学院开展“本硕联动，党员学习先锋行动”

为推进“三会一课”制度学习教育深入开展，同时深入贯彻落实学校高水平大学建设人才培养专题工作会议精神，引导学生认真学习领会会议确定的广州大学人才培养目标，环境科学与工程学院学生党支部于4月6日19：30

在竹苑召开“本硕联动，党员学习先锋行动”支部会议。环境科学与工程学院副院长夏建荣莅临指导，院党总支副书记肖杏烟、学生党支部书记朱剑飞以及学生党支部党员参加了此次会议。

会议上，夏院长首先就“本硕联动，党员学习先锋行动”的主题给同学们讲解了学校的考研政策，其幽默的话语引得大家笑声连连。夏院长鼓励大家读研读博，增强自己的竞争力，并对大家提出的问题进行详细解答。最后，支部开展了契合“本硕联动”主题的研究生对接本科生仪式，以便于对本科生党员就考研事宜进行深入指导。

随后，朱老师对“三会一课”制度进行了讲解，对学生党员提出“亮身份、作表率”的严格要求。接着，支部就前段时间与官洲街道社区联合举办的“五类车”整治志愿服务进行总结汇报及交流分享，袁乐轩及陈芷韵同学同大家分享了他们的志愿服务感受。最后，肖书记对本次会议进行总结，并对支部今后的发展作出了展望。

（环境科学与工程学院　学生党支部）

## 4月8日　马克思主义学院开展爱国主义教育活动

4月8日上午，马克思主义学院团委、学生会组织学生干部近40人前往广州起义烈士陵园，开展清明节扫墓爱国主义教育活动。

在活动中，同学们缅怀先烈的丰功伟绩，重温参战老兵们激情澎湃的岁月，寄托对革命烈士的沉痛哀思。同学们都深深体会到了如今的幸福生活来之不易，作为一名成长于新时代的大学生，更应该珍惜当下，继承先烈遗志，发扬革命精神，树立远大理想，居安思危，刻苦学习，练就过硬本领，为建设社会主义国家而不懈努力，为实现中华民族复兴而奋力拼搏。

（马克思主义学院　朱晓军）

## 4月10日　教育学院“嘿！你的一封信”毕业生总结信返送活动

4月10日，教育学院2013级毕业生在图书馆门口拍摄毕业照，纪念他们人生中的重要时刻。借着这个机会，教育学院举办了“嘿！你的一封信”毕业生总结信返送活动，将部分在库生当年刚升上大二时写的一份交给蔡冰老师的个人总结以书信的方式返送到他们手中。

淬砺工作站以信的形式把在库生两年前的个人总结交还到他们的手里，这份独特的毕业礼物让在库生惊讶不已。回顾个人总结、大学规划后，在库生回信给淬砺工作站，送上了毕业寄语和对淬砺工作站的感谢之情。大学四年，淬砺工作站与在库生风雨同舟。

此次活动的顺利举办有助于学院改进和完善资助工作，更好地形成励志和感恩教育的良好氛围，充分发挥个人总结与大学规划在资助育人中的自主性和针对性。

（教育学院　淬砺工作站）

## 4 月 10 日　旅游学院举行党员服务乡镇（社区）社会实践活动志愿者骨干培训交流会

4 月 10 日，由旅游学院学生党总支组织的党员服务乡镇（社区）社会实践活动志愿者骨干培训交流会于文俊东楼 314 室顺利举行。

党员服务乡镇（社区）社会实践活动是党建工作的重点项目。此项社会实践活动将在党组织建设与党团员教育培养方面发挥重要作用。旅游学院学生党总支即将在对口服务的乡镇和社区开展服务活动调研评估，为接下来一系列服务活动的深入开展做好铺垫和筹备工作。本次培训交流会邀请了旅游学院学生党总支书记、学工办主任陈志明老师与部分志愿者骨干交流和做培训。

在会上，陈老师提出了该项服务活动的目标和要求，并就活动的具体内容与流程进行了详细的讲解。他还结合以往社会实践活动的工作经验，对志愿者骨干提出了工作建议。他指出，要做好该项活动，首先要有明确的目标，做好工作规划，并且要熟悉和掌握活动进度，积极收集和整理各方面的信息资源。另外，全体工作人员在活动中要发挥所长，加强合作，保证活动顺利进行。陈老师强调，团队成员应把握好此次社会实践服务活动机会，提高自身能力，为实现中国梦而努力奋斗。

本次培训交流会向志愿者骨干说明了党员服务乡镇（社区）社会实践活

动的工作安排和执行方案，对党员服务乡镇（社区）提出了要求，传达了学院党委对该项活动取得优秀效果的热切期待。此次培训交流会的召开对之后活动的顺利开展起到重要作用，党员、志愿者骨干都受益匪浅。

（旅游学院　学工办）

## 4月11日　广州大学荧光夜跑活动正式启动

4月11日，广州大学举办的“走下网络、走出宿舍、走向操场”三走活动之荧光夜跑活动在广州大学演艺中心正式开跑。校党委书记屈哨兵，校长魏明海，校党委副书记、纪委书记张强，副校长周云、孙延明和近千名师生一起参加了活动。

活动伊始，师生在工作人员的带领下，进行热身活动。活动现场人潮涌动，广大师生热情高涨，场上气氛热烈。魏明海校长为活动授旗，屈哨兵书记鸣枪开跑，宣布活动正式开始。全体参赛师生开启了四千米的夜跑征程。

本次荧光夜跑活动为满足广大师生多元化的需求，在锻炼全体师生身体素质和道德意识的过程中展现广州大学积极向上的良好风范，特开设了个人赛、团体

赛和情侣赛三种比赛。同时，为了提升活动的趣味性，校学生会准备了丰富的荧光装备及趣味活动。

本次活动是广州大学举办的第五届荧光夜跑活动，旨在贯彻十八大三中全会提出的“走下网络、走出宿舍、走向操场”号召，唤起全体师生强身健体的意识，丰富校园文化。

（广州大学易班发展中心　陈丽霞）

## 4 月 13 日　教育学院第十届课堂教学技能大赛圆满结束

4 月 13 日下午，教育学院第十届课堂教学技能大赛决赛在文新楼 524 室拉开帷幕。

经过培训与为期两周的准备，6 位参赛选手在比赛现场展开了激烈的角逐，展现了自己的实力。选手们可谓是厚积薄发，在赛场上表现出惊人的气场与魄力。比赛由选手授课和评委打分两个环节构成。在授课环节中，选手阐述自己的教学目标、教学重点和教学方法，然后向“学生”授课。授课完成后，评委老师对每位选手在教学目标阐述、授课、多媒体制作等环节的表现提出疑问、评定分数并做出中肯的点评。

最终评委老师在几经斟酌与考虑后，商议出获奖名单：郑达雯同学获得一等奖，二等奖获得者是汪幸同学、李梦花同学，三等奖获得者是陈嘉怡同学、熊颖同学、姚青霞同学。

（教育学院　学工办）

# 4月14日　体育学院举办主题团日活动

4月14日下午，体育学院2016级研究生团支部“千千工程”主题团日活动在B25“五室一站”党团活动室顺利举办。体育学院党委书记何蕴华作了专题讲座“青年强则国家强——学习习近平总书记青年观”，2016级全体研究生党员、团员23人参加了活动。

在讲座中，何书记带领同学们学习习总书记关于青年成才的重要论述，重温习总书记对青年的殷切寄语，引导大家深入理解和领会习总书记青年观的丰富内涵。

何书记作为2016级研究生团支部的“千千工程”教工党员联系人，鼓励同学们认真学习贯彻习总书记重要讲话，汲取精神营养，树立正确的人生观和价值观，勤于思考，勇于实践，甘于奉献，成为一个德才兼备、开拓创新的人。

在讲座之后，何书记和每位同学都在广州大学风景明信片上写下了感言，并交换明信片以互相激励。其中有同学写道：“时代之责任在我青年，听何书记讲座之后，责任谨记心中，我要努力奋斗，为祖国贡献个人的一分力量。今天我以广大为荣，他日广大以我为傲！”还有同学写道：“梦想从学习开始，贵在勤奋，脚踏实地，实事求是，用心做人，踏实做人。”

（体育学院　吴丹）

## 4月14日　人文学院举办“千千工程”第一讲暨领导联系班级活动

4月14日上午，中文157班“千千工程”第一讲暨领导联系班级活动在文新楼216室顺利举办，这也是中文157团支部“千千工程”对应老师——人文学院党委书记王琼给中文157团支部团员做的团课第一讲。

本次活动通过三个环节，以读书研讨会的形式对“大学生责任感”这一主题进行了深入的探讨，并紧扣“千千工程”这一主题，层层递进。王琼书记表示，作为中文系的学生，一定要更多地从作品本身进行思考和探讨。同时，王琼书记也向同学们提出了四点期望：让阅读成为一种习惯；让优秀成为一种习惯；让优雅成为一种习惯；把握大学时光，争取做一名“德才兼备、家国情怀、视野开阔，爱体育、懂艺术，能力发展性强”的大学生。

在同学们的掌声中，此次中文157班“千千工程”第一讲暨领导联系班级活动圆满结束。

（人文学院　许靖怡）

## 4月16日　教育学院举办首届“非遗”DIY大赛

4月16日至5月16日，教育学院团委学生会生活部举办了首届“非遗”DIY大赛。

比赛由三个阶段组成，分别是参赛作品准备阶段、参赛作品展示阶段、网上投票阶段。各参赛者精心准备参赛作品，交由学院团委学生会生活部放在学院微信公众号上进行展示，最终由线上大众投票、线下摆摊投票的形式选出获奖作品。来自学前151班麦浩政、曾梓彤的作品《陌上花开》摘得桂冠；小教161班邱卓娴的《一树春风千万枝》和小教141班陈冬阳、杜文娟的《一篮方卉》获得二等奖；三等奖由学前141班夏雨璇作品《拾·春》，心理152班梁馨尹、刘莹莹、钟璐明作品《鹿野仙踪》和心理151班冼美君、小教151班徐含作品《十年空对春如许》获得。

同学们在比赛中努力构思，积极动手，把想法付诸实践，把春天留在自己作品中。这次比赛让同学们对于“非遗”之一的传统手工艺有了更深入的了解，有助于传统手工艺在年轻一代中得到更好传承。通过这种直观、有趣的形式表现“非遗”，能够激发大学生对“非遗”的兴趣，进一步推动中国“非遗”文化的传播。

（教育学院　学工办）

## 4月17日　广州大学师生开展学习贯彻人才培养专题工作会议精神大讨论

为深入贯彻落实学校高水平大学建设人才培养专题工作会议精神，引导学生认真学习领会会议确定的广州大学人才培养目标，各学院通过主题班会、讲座、座谈会、专题访谈等形式组织学生深入开展学习贯彻广州大学高水平大学建设人才培养专题工作会议精神大讨论。有的学院针对“三无课堂”（无迟到、无早餐、无手机）引导学生签下承诺书，有的学院通过宣誓的形式喊出奋斗的誓言。

**马克思主义学院深入讨论“正确理解‘五个工程’的内涵”**

马克思主义学院党委副书记朱晓军深入浅出地介绍了广州大学人才培养目标思想政治教育中“五个工程”的内涵，引导同学们对“立德树人工程”“人心向学工程”“筑梦飞翔工程”“强心健体工程”“文化涵养工程”五个工程进行了热烈讨论。讨论现场有学生对学校提出25%的考研率非常感兴趣，表示希望考研，蒋义丹老师非常支持，并鼓励同学们定好目标就努力实现，有什么困难都可以找学院或学校帮忙解决。

**地理科学学院在试点班级签下“三无课堂承诺书”**

地理科学学院各班级开展了广州大学高水平大学建设人才培养专题工作会议精神大讨论及“一学一做”专题组织生活会，各班同学与本班对接教工党员就会议主题进行了精彩激烈的讨论，对文件精神有了更加深刻的认识。学院书记林媚珍在参加地规161班的讨论时，以“三无课堂”为中心，向同学们解释了“广大精神”的含义，分别从德才兼备、家国情怀、视野开阔、爱体育、懂艺术等方面进行了阐述。她强调建设高水平大学的关键是人才培养，鼓励同学们积极参加体育活动，“走下网络、走出宿舍、走向操场”。她还建议同学们锻炼英语口语，开阔自己的视野；在个人素质方面，提高艺术修养。最后，该班同学在林媚珍书记的见证下签下了“三无课堂承诺书”。

**人文学院热议“‘6 +4 +2’你准备好了吗”**

人文学院党委副书记刘军军、学工办主任冯健生、团委书记张立、团委副书记林淑锋等领导、老师以及该院各班班长、团支书共60余人参与了讨论会。刘军军书记在会上解释了“6 +4 +2”的含义，即6小时的课堂时间、4小时的自主学习时间、2小时的个人成长时间。同时她还强调，按照社会和个人需求发展成为学校要求的具有家国情怀、爱体育、懂艺术的学生是至关重要的。学院学生代表围绕学校或学院文体活动及设施、学生干部的榜样作用、时间分配问题、个人兴趣及自我挖掘等方面畅所欲言，反映在学习生活中遇到的问题，探讨建设高水平大学工作以及培养发展人才所面临的困难和解决方法。

**化学化工学院开展以“青春正当时　我们共奋进”为主题的讨论会**

化学化工学院辅导员祝梦婷表示，每位同学都是广州大学创建高水平大学的参与者，未来也必将是创建成果的受益者。每一名师生都要清楚自己在创建高水平大学中的定位。她还就如何发挥“研本联动”的积极作用、如何创建“三无”课堂、如何建设文明宿舍等问题与学生展开交流与讨论。2015级食品2班从班级活动、班级结构、学风建设、党团建设和文化建设等方面汇报班级的发展历程，阐明了班级“正青春”；食品152班黄小媚对从学习方面推进学校实力建设发表意见，并强调希望每一个人都做高水平大学创建的参与者，而不仅仅是高水平大学建设成果的受益者。会上学生们还以宣誓的形式，把奋斗的誓言牢记心间。

（学生处　葛泽胜）

## 4月18日　魏明海校长参加校领导午餐会

“我最喜欢和学生打交道，因为学生的想法最贴近实际。”4月18日中午，菊苑饭堂内不时传来阵阵笑声，广州大学首次校长午餐会如期举行。校长魏明海以及相关负责人与14名来自不同学院的学生代表共进午餐，就高水平大学建设的相关话题热烈互动。

**承接书记午餐会　倾听新一轮建议**

针对上一次书记午餐会中学生代表提出的增加自习室开放数量与延长开放时间等问题，魏明海校长为大家说明了后续解决情况：“除了极少部分问题还没有定论外，大多问题都已经解决或已定下处理时间。”随后，学生代表结合学习、生活实际，提出了关于学校建设的新一轮建议。天气日渐炎热，空调与热水供应再度成为同学们的关注重点；学习方面，学生代表则提出了延长寒暑假期间图书馆与自修室开放的时间、修缮老化或已损坏的体育设施等建议。

此次午餐会中，更多的学生代表开始着眼于学校建设规划提出自己的建议，如提议设立中英双语路标、提出学院“五室一站”的选址应考虑学生男女比例与住宿地点等因素……在学生代表畅所欲言的过程中，魏明海校长不时提出自己对这些问题的看法，或指出学生代表没能考虑到的方面，让他们对此有更深入的思考。

**问题意识+解决方案　期待同学们发挥专业特长**

“不要忘记自己也是学校的建设者”，在回答问题时，魏明海校长始终鼓励同学们在提出问题时也提供解决问题的方案，主动参与到学校建设当中。

建筑与城市规划学院的学生代表提出，学校部分教学楼的遮光板因为年久失修而失去了作用，它们本应在抵挡太阳直射的同时折射自然光到教室当中，以节省能耗。魏明海校长立即追问："这个问题的解决方案与你们所学专业相关，你能在一周后提交相关的策划方案给我吗？"在回应如增加图书馆藏书种类与数量等建议时，魏明海校长也不断引导学生代表从发挥自身作用的角度出发，寻求解决方案。他多次询问学生代表："如果今天由你来定这个解决方案，你会怎么做？"并让在场老师收集学生代表的电子邮箱和联系方式，以方便和他们进一步沟通解决方案。



**提升主人翁意识　多往学术方向走**

在积极回应学生代表提出的各类建议后，魏明海校长表示，学校很重视同学们的意见建议，不少部门已经开始动起来，投入持续改善校园建设的过程中。他希望全体学子提升主人翁意识，以多种方式积极参与到高水平大学建设当中，除了通过午餐会向学校提建议，还可尝试通过自己提案、向学校申请资金、直接动手实施等举措为校园带来实际的改变。

最后，魏明海校长勉励学生代表在学风建设与引导方面发挥更加积极的作用，希望他们重视专业能力的提升，进一步发挥引领作用，引导广大学子多往学术方向走，全面营造良好的学习氛围。参加午餐会的校级组织学生骨干、学生干部纷纷点头回应。学生代表陈威霖说，作为学生干部，首先就是要保证自己能够很好地完成学习任务，以后也会更加注重学校学术文化氛围的建设，"一言以蔽之，以身作则"。

（广大新闻网　方庭忻）

## 4月18日　"身边的榜样"优秀学生事迹宣讲会

4月18日，广州大学举办2016—2017年度"身边的榜样"系列活动之优秀学生事迹宣讲会。来自数学与信息科学学院、新闻与传播学院、教育学院和人文学院的4名"十佳学生"分享了他们的优秀个人成长事迹。各学院新生辅导员、学生代表参加了宣讲会。

"大学里面学习最重要，得做最好的自己"，来自数学与信息科学学院的

“十佳学生”石飞结合自己的学习经验提出了几点关于学习的建议，他认为必须明确自己的目标，对自己有一定的约束，并鼓励大家积极参加学科竞赛，积累学习经验。来自新闻与传播学院的李苑同学则分享了她兼顾学习、学生工作和专业学习实践的经历。她认为要用有限的时间做无限的事情，并分享了一些合理分配和利用时间的方法。“我不聪明，但我还算努力。”李苑如是说。教育学院的陈俊芳曾服役于中国人民解放军驻香港部队，在庆祝香港回归十五周年大阅兵中接受时任国家主席胡锦涛同志的检阅，获“阅兵训练标兵”等荣誉称号。作为一名退伍生，她从军旅生活和校园成长两个部分讲述了她努力而又幸运的大学生活，并激励大家挖掘自己无穷的潜力。来自人文学院的马天保是2014级中国现当代文学专业研究生，他结合自己在广州大学的七年学习生活经历，告诉大家应如何规划好自己的大学生涯，从而成为更优秀的自己。

据悉，广州大学连续多年举办“身边的榜样”系列活动，旨在向全校营造向学的良好氛围，充分发挥广州大学先进个人的典型示范带动作用，引导和激励学生勤奋成才，推动广州大学高水平大学建设的发展。

（广大新闻网　钟柳洁　李艳　黄冼虹　谢锦鹏）

## 4月18日　数学与信息科学学院举行“学生党员先锋行动”党员公寓挂牌启动仪式

4月18日下午4点，数学与信息科学学院在兰苑B20宿舍空地如期举行了“学生党员先锋行动”党员公寓挂牌启动仪式。参加此次仪式的有院党委书记黄志凯，院党委副书记孙凌，学工办主任顾书，团委书记胡啟岚、陈婷、何燕惠以及学生党员、入党积极分子代表。

仪式开始，顾老师就学校近期开展的“学生党员先锋行动”相关活动做了讲话，简述了党员的意义，同时介绍了与会的领导和嘉宾。随后黄书记就学校在各楼层举办的“从我做起、向我看齐、对我监督”系列党员活动发表讲话，孙书记向在场党员和入党积极分子代表简述了B20宿舍楼的党员宿舍情况。接下来由黄书记和孙书记为党员公寓授牌，现场掌声雷动，气氛高涨。最后，学生党员代表刘振华就此次活动发表感言，表示会和大家共同努力，成长为学校所期望的高素质创新人才。

这次挂牌活动通过仪式的方式给予同学们成为一名合格党员的仪式感和荣誉感，提醒党员们时刻牢记自己的身份，用“两学一做”的要求不断完善自己，发挥模范作用，同时也表达了学院对党员们的关心和期待，增强了党支部的凝聚力。

（数学与信息科学学院　周伟森）



## 4 月 19 日　广州大学启动学生党员“先锋行动”

为深入学习党中央关于进一步加强和改进大学生思想政治教育的意见，贯彻落实习近平总书记在全国高校思想政治工作会议上的重要讲话精神，按照学校党委工作部署，4 月 19 日下午，学校在 B10 宿舍党团活动室举行学生党员“先锋行动”启动仪式。校党委书记屈哨兵，党委副书记、纪委书记张强，党办校办、组织部、宣传部、学生处、外国语学院等相关单位负责人以及马克思主义学院教授刘莉出席了仪式，各学院学生党员代表（含研究生）、校级组织学生党员代表、“五室一站”学生党员骨干、B10 宿舍学生党员约 30 人参加了仪式。仪式由外国语学院党委书记李暖均主持。

学生处处长郑美玲首先介绍了学生党员“先锋行动”。“先锋行动”在学生组织和社团设立党员示范岗，发挥党员的先锋模范和示范引领作用；开展学生党员“读原著、学经典、作表率”系列读书活动，实施“红色经典”阅读计划，传承中华经典；开展学生党员文明标兵宿舍创建活动，展示党员良好形象；开展结对帮扶，重点针对新疆少数民族学生、学业困难学生、家庭经济困难学生等特殊学生群体开展学业帮扶、素质拓展、心理疏导工作；开展志愿服务活动，各学院志愿活动应结合学院特色并以学校为平台。

紧接着，校党委书记屈哨兵，党委副书记、纪委书记张强为学生党员代表颁发“学生党员示范岗”台签。

随后，B10宿舍学生党建工作办公室学生党员代表庞景连同学和校级组织学生党员代表朱汉然同学分别发言。庞景连同学表示“五室一站”已经成为学校开展学生思想政治教育的重要基地，学生党员应在公寓社区“亮身份、作表率、树形象”，发挥学生党员的先锋模范作用，维护良好的校园和宿舍环境。朱汉然同学认为学生党员应从四个方面做好先锋和表率：模范带头，树立文明形象；走进社区，建设美好校园；学以广才，提高自身本领；学以致用，服务师生需求。学校高水平大学建设正在全力推进中，党员要勇当先锋，为高水平大学建设增添亮丽色彩。

听完同学们的发言后，屈哨兵书记发表了重要讲话。首先，他以热播电视连续剧《人民的名义》以及著名历史事件“刑场上的婚礼”为引子，向同学们阐述了党员肩负为国家、为民族、为社会贡献和献身的使命。其次，他谈到习近平总书记在高校思想政治工作会议上指出办高校第一就是为共产党的治国理政服务，而我们培养出来的学生党员，正是为治国理政服务的重要力量，开展学生党员先锋行动，十分必要。再次，他强调年轻学生是中国“两个一百年”的见证者、参与者，许多工作都将由学生来承担，我们的学生党员必须要树立先锋意识和家国情怀，因此，学生党员先锋行动必须要做，而且要做好。

屈哨兵书记还向学生党员提出了几点要求：

一是学生党员要做思想先进的表率，把“核心意识、看齐意识、大局意识、政治意识”这四个意识扛在肩上，记在心上。学生党员要在思想上树立起做合格党员的信念；建立起共产党员具备的品格；践行社会主义核心价值观；自觉执行党的路线、方针、政策，积极向广大同学宣传党的理论、政策、纲领，自觉参与各种主题教育活动。

二是学生党员要做学习上的标兵。学校的人才培养会提出要使学生能够成为“德才兼备、家国情怀、视野开阔，爱体育、懂艺术，能力发展性强”的高素质创新人才，其中的任何一点背后都离不开学习的支撑。学生党员要努力向学，掌握尽量多的知识，在老师引导之下快速成长。

三是学生党员要做实践上的先锋。学生党员要积极带头参加社区活动、班级建设、党组织建设，尤其是在学生党建、创先争优、建优良学风班、热爱学校、热爱集体等方面，一定要从学生的整体利益出发进行思考，顾全大局。

四是学生党员要争做生活上的榜样。学生党员平时要注意生活中的点点滴滴，处理好同学关系、宿舍关系以及学生社区的关系；建设和谐公寓文化，培养良好生活习惯，建设好文明标兵宿舍，及时帮助有困难的同学。要在课堂、网络、宿舍、课外活动、校园文化活动等方面真正发挥党员先进性作用，做到一个党员带动一个宿舍，一个宿舍带动一个班级，一个班级带动一个学生整体，从而带动学校的整体发展。



启动仪式结束后，刘莉教授以“坚定信念，争做时代先锋——从《共产党宣言》谈起”为主题，开讲学生党员“读原著、学经典、作表率”系列活动第一期。刘莉教授从以下三个方面讲述了读《共产党宣言》的感受：《共产党宣言》指出共产党人消除私有制、建立共产主义的理想；理想是指路的明灯，信念是坚定的信仰；联系实际争做先锋，肩负中华民族伟大复兴的使命，结合知识与实践，培养坚强意志和拼搏精神。随后，马克思主义学院2015级学生党员代表龚利鑫、人文学院2014级学生党员代表范颖、马克思主义学院研究生代表蒙静、外国语学院毕业生党员代表李瑶、公共管理学院2014级学生党员代表李君怡等同学积极发表自己的心得体会。

学生党员“先锋行动”的启动，极大调动了学生党员的积极性，激发了学生党员的责任感，增强了学生党建工作的活力和效果。为更好地开展学生党员“先锋行动”，提高党性与党员意识，完善思想政治素质，引领学习理论和红色经典的新风尚，学校还向同学们推荐了《毛泽东选集》《邓小平文选》《习近平谈治国理政》等十本红色经典书目。据悉，接下来学校将依托“五室一站”开展十场“读原著、学经典、作表率”的读书分享活动，贯彻落实习近平总书记在全国高校思想政治工作会议上的重要讲话精神，着力提升学生党员思想政治觉悟，带动学生积极参与到广州大学高水平大学建设中来。

（学生处　葛泽胜）

## 4月20日　体育学院“五室一站”开展党员组织生活会

为推进“两学一做”学习教育深入开展，体育学院学生党总支于4月20日晚上在B25“五室一站”党团活动室举行党员组织生活会，出席本次会议的有体育学院党委书记何蕴华，党委副书记张志明，辅导员孟伟婷、任佳妮以及学生党员。会议由孟伟婷老师主持。

会议首先由孟伟婷老师提出“四讲四有”概念：讲政治、有信念，讲规矩、有纪律，讲道德、有品行，讲奉献，有作为，并结合生活实际做了具体阐述。

接着，几名学生党员对“四讲四有”发表个人理解，以及阐述目前自身状态与“四讲四有”的差距。

2016级研究生张世欢同学提到“人要有信仰”，要拥有爱自己、信自己的生活态度，在学习生活中做好本分，成为一名有坚定信念的共产党员。

体教142班唐智士同学分享了自己成为一名足球裁判员的经历，并多次强调“有纪律”的重要性。他提到，作为裁判人员应抵制外界诱惑，没有纪律的部队是打不了胜仗的。

听完同学们的发言，张志明副书记指出：“毕业班的同学们，毕业之后也不等于你们就消失在学校。”同学们要不断突破，不断创新。身为广州大学的学生，无论同学们是否已毕业，都要爱体院、爱学校。

最后，何蕴华书记提到党员应严格遵守党的纪律要求，做合格的党员，做守纪的模范，积极主动做一名良好风气的带动者，成为服务标兵，让集体往更美好的方向发展。

（体育学院　李玉伟　张嘉怡）

## 4 月 23 日　环境科学与工程学院开展入党积极分子党课分享交流活动

4 月 23 日晚，环境科学与工程学院分党校第十二期入党积极分子在文新楼 223 室开展党课分享交流活动。活动由学生党支部副书记徐锐冰主持，学生党支部书记朱剑飞、学生党支部代表出席本次活动。

首先，党支部组织委员蔡灿亮分享建党 95 周年纪录片《重生》。该片再现了中国共产党在绝境中凭借信念和精神的力量获得重生的艰难历程，生动展现了中国社会剧烈变革、思想精神狂飙突进、革命救亡风起云涌的历史进程。

接着，各小组派出代表分享在党课期间的所见所思，以及到爱国主义教育基地"辛亥革命纪念馆"参观的所见所悟。在活动中，同学们分享了各自的入党原因以及自己与党的故事，讨论了如何提高党性修养以及如何成为一名优秀的共产党员。

通过这次活动，同学们分享学习心得，交流思想感悟，彼此之间建立了深厚的情谊。作为国家的栋梁和入党积极分子，要发挥先锋模范作用，努力提高自身的品性修养，以党员的标准严格要求自己，从自身做起，从现在做起，努力成为一名德才兼备的优秀学生。

（环境科学与工程学院　尹琪）

## 4月25日　牵动我“心”心理漫画大赛圆满落幕

为响应广州大学首届“蓝丝带”心理健康文化节，丰富、创新心理健康教育的形式，提升广州大学学生的自我心理教育，提高全体学生心理保健意识，营造心理氛围，构建和谐校园，2017年4月，由广州大学学生处心理健康教育与咨询中心主办、心理卫生协会协办的广州大学首届“蓝丝带”心理健康文化节系列活动之牵动我“心”心理漫画大赛火热开展。此次活动在4月25日圆满落幕，同学们踊跃参与，共征集作品124幅，经投票及评委打分，最终评选出一等奖1名、二等奖2名、三等奖3名，及优秀奖若干名。

本次心理漫画大赛促使同学们通过新形式表现自己的人生观和价值观，拓展了心理健康教育与宣传的方式，增强了心理健康教育与宣传活动的趣味性，使更多的大学生参与到心理健康教育活动中来，同时也提高了大学生对心理健康的重视程度，丰富了课余生活，提高了心理愉悦程度，实现了大学生自我发展，营造了积极向上的心理氛围。

（学生处　葛泽胜）

## 4月25日　音乐舞蹈学院赴华中师范大学开展第二校园访学

四
月

4月25日，音乐舞蹈学院2017年第二校园访学团全体成员在喻晓雯老师、廖争荣老师的带领下访问华中师范大学。

访学团全体成员在华中师范大学的3名优秀代表的带领下，参观了校史馆、博物馆、心理健康教育中心、国家数字化学习工程研究中心，参加了柴可夫斯基音乐学院指挥系阿列克谢·卢得涅夫斯基教授大师班，聆听了美国卡洛斯教授《美国音乐教育——传统与创新》讲座，并观摩了华中师范大学民乐合奏排练。最后观看了武汉音乐学院演艺学院毕业优秀作品音乐会。

访学团不仅感受到了华中师范大学的历史气息及文化底蕴，还了解了华中师范大学的信息化建设进程，聆听了艺术大师的精彩讲座，这让访学团一行人受益匪浅。

（音乐舞蹈学院　学工办）

## 4月25日　法学院举办犯罪推理活动之“法眼寻凶”

为增强学生的法律意识，提高专业知识技能，4月25日，法学院在理南楼522室举办了犯罪推理活动之“法眼寻凶”。本次活动邀请专业老师王鹰教授担任评委，学工办老师到场观摩。

该活动由学生自由组队参加。参赛选手首先通过案情回顾了解凶案过程，然后通过侦查模拟凶案现场寻找线索，最后对案件嫌疑人进行盘问，寻找幕后真凶。活动间隙，通过穿插与案件相关的知识竞赛普及法律知识，现场气氛时而紧张时而热烈。最终，评委根据参赛选手现场表现打分决出第一、第二、第三名各一组。王鹰教授点评了本次比赛，高度评价了本次赛事的组织及选手的表现。

本次活动反响良好，活动参与者均表示受益良多。

（法学院　昂慧）

## 4月25日　人文学院红十字会义教队开展“君子教育”义教活动

4月25日，人文学院红十字会义教队前往海珠区赤岗东小学开展了一次以“君子教育”为主题的义教活动。

此次活动主要为该校四年级的三个班援引古今事例，分别讲解儒家“仁、厚、礼、义、智、信”的“君子六德”，使同学们了解君子品德与君子精神。同学们在课堂上表现积极，争相举手回答问题。参与此次义教的成员们在课堂上风趣幽默，与同学们共同打造了愉悦的课堂氛围，达到了寓教于乐的效果。

（人文学院　李裕康）

# 我们的大学

May　五月

## 5月2日　体育学院党员积极学习贯彻习总书记对广东重要批示精神

5月2日和3日，体育学院7个师生党支部先后召开了学习贯彻习近平总书记对广东重要批示精神组织生活会，进一步增强党员“四个意识”，不断提高党员的党性修养。

在学习中，大家表示，作为党员要自觉将思想和行动统一到“四个坚持、三个支撑、两个走在前列”上来，自觉以习近平总书记重要批示精神武装头脑、指导学习和工作，坚持党的领导，始终在思想上、政治上、行动上同党中央保持高度一致，明确责任和使命，为高水平大学建设贡献力量。学生党员林晓钢认为，作为学生党员要认真领会习近平总书记对广东重要批示精神，并积极地向其他同学宣传；要勤奋学习，勇于创新，在学生中做好表率，起到模范带头作用。

（体育学院　郑金寿）

## 5月2日　广州大学举办诗词大会

5月2日下午，2017年广州大学诗词大会在行政西楼二楼会议厅举办，人文学院吴晟院长、新闻与传播学院席红老师，以及广州大学各学生组织参加了此次大会。人文学院、公共管理学院、旅游学院等共8支学院代表队闯入决赛，经过三轮激烈的角逐，地理科学学院代表队获得了最终的胜利。

大会首先进行的是四分之一决赛，一共有五道题目，分别为填空题和十二宫格题，每支队伍轮流上场答题，可现场请求亲友团帮助。答题后还有各队伍的朗诵环节，一词一句点燃现场的气氛。

公共管理学院的3名选手朗诵《岳阳楼记》，“不以物喜，不以己悲”的精神至今还在流传。

来自工商管理学院的3名选手为大家带来《茅屋为秋风所破歌》朗诵，道出了杜甫晚年生活的辛酸不易。

地理科学学院的选手们发挥稳定，以《琵琶记》中名句“我本将心向明月，奈何明月照沟渠”成功晋级半决赛。

经过第一轮紧张的比拼，最终入围半决赛的队伍有4支，按照排名高低，分别是新闻与传播学院、地理科学学院、人文学院和物理与电子工程学院。赛后吴晟老师做第一轮比赛的总结时说，此次诗词大会是一次能力者之间的较量，各个学院的参赛选手各有自己的优缺点。他还对各队选手进行了点评，鼓励选手们再接再厉。虽然学校的诗词大会规模比不上央视的诗词大会，但此次诗词大会比赛设置的诗词朗诵环节，颇具亮点。

随后进行了半决赛的比拼，4支晋级队伍竞争更加激烈，新闻与传播学院作为擂主守擂成功，与地理科学学院一同进入最后的决赛环节，争夺冠军。

最后的决赛环节为飞花令比拼，新闻与传播学院和地理科学学院两支队伍强强对决，经历了“风”“月”“云”“桥”四轮比拼，选手们灵敏的反应和渊博的知识储备让赛事进入白热化阶段。最终，来自地理科学学院的女选手突破重围，在双人对决中战胜了新闻与传播学院的对手，为她所在的地理科学学院夺得了冠军，她本人也获得飞花令MVP荣誉。

2017年广州大学诗词大会就此圆满落幕。主办方表示，希望这次比赛能使同学们与诗词更加亲近，并在日常生活中做一个现实与浪漫兼具的情怀诗人，让诗词的美亘古流传。

（广大学工　邹君波　李学智）

## 5月4日　广州大学开展形式多样的“五四”青年节庆祝活动

5月4日，学校各学院、各学生组织举办了丰富多彩的活动，以弘扬“爱国、进步、民主、科学”的“五四”精神，响应广州大学“德才兼备、家国情怀、视野开阔，爱体育、懂艺术，能力发展性强”的高素质创新型人才培养目标，展现广州大学学生的青春风貌，引导青年健康成长。形式多样的活动得到了师生们的热烈响应，各个活动现场好评不断。



**校学生会：青年节专访送祝福**

校学生会“五四”青年节专题组专程采访了校园内的任课老师、宿管阿姨、饭堂小哥等不同层面的代表，请他们畅谈广州大学青年令他们印象最为深刻的事情，了解他们心中的广州大学青年形象。代表们积极接受采访之余，还热情地向广州大学青年送上了节日祝福。

**校学生艺术团：上演活力“快闪”**

中午12：05，由校团委主办、校图书馆协办，校学生艺术团和校学生会文娱部承办的艺术活动正式上演。此次活动结合了青年人喜闻乐见的“快闪”形式，通过歌舞、管弦乐团演奏等表演形式带出了朝气蓬勃、活力四射的青春气息，营造出积极向上的校园艺术氛围。

**校社团联合会：“文明修身一小时”**

为了让更多人爱体育、懂艺术，做“广大版”好青年，校社团联合会发起了“文明修身一小时”活动，通过时下流行的打卡模式，让参与的广州大学学生随机抽取预先设置的体育、艺术等相关项目任务，每天把自己的完成情况发送到微信公众号后台进行打卡，由此培养热爱体育运动、接受艺术熏陶的习惯。

**校学生妇女委员会与校红十字会：风采展示及献血活动**

校学生妇女委员会举办的女大学生风采展示暨线下投票活动在红棉路如火如荼地进行。活动结合2017年广州大学女生风采大赛，在风采展示期间进行最佳人气奖选手的线下投票活动，让在校师生充分感受女大学生的个人魅力，领悟与时代相融的“五四”精神。校红十字会主办的以“青春正盛，热血沸腾”为主题的献血活动则通过宣传献血知识，进一步壮大无偿献血志愿队伍，传播“五四”精神以及“人道、博爱、奉献”的红十字会精神。

**各学院：高举团旗跟党走　主题活动庆“五四”**

在校团委的号召下，人文学院、旅游学院等多个学院举办了“五四”主题活动。人文学院历史161团支部组织团员青年举办了一场主题为“传承五四精神，高举团旗跟党走”的主题团日活动。从观看“五四运动”纪念影片、回顾近年来习近平总书记在“五四”青年节时发表的讲话，到听与会老师分享“自己与共青团的那些事儿”、重温入团誓词，活动全程洋溢着欢乐的气氛。旅游学院创新“千千工程”活动形式，开展了“95后献礼团建95周年”师生座谈会，学院领导、教师代表与学生代表齐聚一堂，共话“五四”精神，放飞青春梦想。师生们一同观看各团支部前期精心制作的团史知识宣讲视频，并为团史宣讲竞赛获奖团员颁奖。

当天，校团委秘书部的“五四”主题书法展示活动、校团委组织部的“我和我团有个约会”系列活动等集聚青年正能量为团生日献礼的活动也都如火如荼地开展。据悉，接下来学校还将通过“青春中国梦，志愿正能量”知识竞赛等贴近实际、贴近青年的活动进一步弘扬“五四”精神。

（校团委）

## 5月7日　马克思主义学院前往武汉大学开展第二校园访学

5月7—12日，广州大学马克思主义学院师生一行15人来到武汉大学马克思主义学院开展为期一周的第二校园访学活动。

访学团师生参观了美丽的武汉大学校园，在学生之间、教师之间、管理干部之间、学院之间等组织开展了多层面、全方位的交流座谈活动。同时，为了配合好这次访学活动，武汉大学马克思主义学院专门将该周设为“教学展示周”，通过精心设计的名师座谈与专访、高端论坛、核心课程、校园文化与实践活动等环节，使访学团在短短的几天里领悟到了专业精髓与专业魅力，并一睹名师风采与学者英姿，体会到了“天下马院是一家”的情怀。

本次访学经历使学院师生充分领略了“985”“211”高校的学术风范，帮助同学们拓展学术视野、体验不同的大学文化，对未来的发展方向有了更清晰的认识，在学习生涯中获得一次极其珍贵和难忘的美好经历。第二校园访学作为校际合作的有效形式与载体，既推动教育创新和人才培养模式改革的有益探索与实践，也促进两所院校之间建立友好合作互动机制，搭建国内大学校际合作发展平台，以实现共同发展之目的。

（马克思主义学院　朱晓军）



## 5月9日　马克思主义学院开展读书节系列活动

2017年4月23日是第21个世界读书日，也是中宣部等十部委开展“全民阅读”活动十一周年。5月9日起，马克思主义学院团委学生会开展了以“倡导经典诵读，传承中华文化”为主题的读书节系列活动。这也是学院迄今为止举办的第五届读书节活动。

本届读书节围绕主题，开展了丰富多彩的活动：依托学院“五室一站”育人平台，开展“读原著、学经典、作表率”的系列读书活动；还举办“挑战古诗词”等汉语言文学知识竞赛、硬笔书法比赛、创意书签制作活动等。活动旨在以读书节为契机，积极营造浓厚的读书氛围，号召同学们亲近书本，养成读好书、好读书的习惯；在阅读中与大师对话，塑造高尚心灵；与书为伴，与经典为友，开拓视野，从而享受读书、学习的快乐。

本届读书节在学院中掀起了一股读书热潮，形成了一种浓厚的读书氛围。“腹有诗书气自华”，诵读经典，让师生们感受到了中华传统文化的魅力，提高了自身素养。“最是书香能致远”，希望同学们与书结缘，不断充实自己、完善自己，为未来发展奠基。

（马克思主义学院　朱晓军）

## 5月9日　法学院教师党员为学生上党课

5月9日，为响应学校“千千工程”的文件精神，进一步落实党建带团建、团建促党建的工作要求，法学院教师党员彭心倩副教授为164班团支部上了一堂主题为“弘扬法治理念，践行社会主义法治核心价值观”的党课。

本次党课共分为两个部分，第一部分由彭老师为学生详解本次党课内容。彭老师首先为学生阐明党课的必要性和重要性，指出作为法学专业学生和党的后备军，有必要在教师党员的引导下，深入了解党的执政理念和党章党规。随后，彭老师通过播放视频资料，以生动的方式向学生普及党团知识、介绍习总书记系列讲话等，深入浅出。第二部分为互动交流环节，学生竞相提问，彭老师深入细致地答疑解惑，现场气氛热烈。

（法学院　学工办）

## 5月9日　经济与统计学院到启智学校开展志愿活动

5月9日，广州大学经济与统计学院的16名志愿者来到广州市越秀区启智学校开展主题为“携手启智，爱心延续”的志愿活动。

活动当天下午，志愿者两人一组被分配到各个班级，在课堂上充当小老师的角色，协助任课老师活跃课堂气氛，对过于活泼的孩子进行引导，对过于内向的孩子进行鼓励。本次活动中，志愿者除了进行常规的志愿服务，还主动承担清洁任务，帮助启智学校清洁墙壁，维护校园环境。志愿者在活动过程中积极认真、态度温和，耐心地与孩子们交流，倾听他们的内心世界。

广州大学学子在活动过程中耐心认真的态度得到启智学校负责人和任课老师的一致好评。活动结束后，志愿者还向启智学校赠送了用这一学年以来多次活动的合照拼成的爱心形活动照片集。

活动结束，但爱心仍在传递，希望广州大学学子能把一颗炽热的关怀之心带到以后的公益服务中去。

（经济与统计学院　郭艺）

## 5月9日　数学与信息科学学院举行“党员社区服务站”挂牌仪式

5月9日，数学与信息科学学院“党员社区服务站”挂牌仪式在广州市从化区鳌头镇珊瑚村正式举行。出席此次挂牌仪式的嘉宾有从化区鳌头镇珊瑚村村委书记陆美棠，数学与信息科学学院党委书记黄志凯、党委副书记孙凌和团委书记胡啟岚，以及数学与信息科学学院学生党员代表。

仪式开始，陆美棠书记首先对两个单位的前期合作进行回顾，并对“党员社区服务站”的挂牌提出了希望。陆书记在讲话中表示，大学生党员在珊瑚村的服务实践活动对珊瑚村推动基层党员建设有重大意义，有利于促进基层从严治党的开展。双方接下来讨论了一些具体的工作安排。黄志凯书记也在仪式上作了代表发言。他说，珊瑚村十一年来对数学与信息科学学院学生党员活动一直给予大力支持，本次在珊瑚村建立“党员社区服务站”意义重大。他表示，学生党员的先锋行动要向基层延伸，大学生应提早积累社会学习经验并为社会作出力所能及的贡献，同时也希望学生党员在珊瑚村的实践活动成果与精神能带回学校，影响更多的学生。

数学与信息科学学院“党员社区服务站”在从化区鳌头镇珊瑚村的挂牌仪式顺利完成，服务站将为数学与信息科学学院学生党员与基层农村之间搭建起沟通的桥梁，同时也能有效发挥数学与信息科学学院学生党员的优良传统与先锋带头作用，让学生党员用他们的实际行动为新农村建设贡献出自己的力量。

（数学与信息科学学院　团委学生会宣传部）

## 5月9日　人文学院举办“考研分享会”活动

5月9日，人文学院在文新楼123室成功召开考研分享会。人文学院副院长哈迎飞、副院长禤健聪、党委副书记刘军军等领导、老师出席了本次活动。

本次活动分为上、下两场，分别介绍了国内名校、国外名校的考研经验及雅思考试经验，为在场的同学们奉上了考研“干货”。

首先，哈迎飞副院长为本次活动致辞，向同学们介绍了人文学院的研究生招生及培养情况，并强调无论考研与否，一定要秉承终生学习的理念，不断深造，提高自己的素养。上半场活动中，4位2017届毕业生分享了国内名校的考研经验。禤健聪副院长发言小结，提醒同学们不要为了考研而考研，要重视自身深造和未来规划。随后，下半场正式启动，3位2017届毕业生和同学们分享了国外名校研究生申请经验以及雅思备考技巧。

（人文学院　黄钰涵）

# 5月12日 “感恩的心，与爱同行”心理情景剧决赛

为配合“525我爱我”全国大学生心理健康日，由学生处心理健康教育与咨询中心主办、心理卫生协会协办的首届“蓝丝带”心理健康文化节中的心理嘉年华与心理情景剧两大活动隆重举行。活动旨在营造和谐的校园文化，丰富学生的课外文化生活，在全校范围内普及心理健康知识，提高学生的心理调适能力，帮助其培养良好的心理素质，促进学生全面协调发展，展现广州大学学生积极健康向上的精神风貌。

5月12日，“感恩的心，与爱同行”心理情景剧决赛在图书馆讲学厅隆重举行。各个参赛队伍使尽浑身解数，把一个多月以来从初审到决赛的成果以最好的姿态展现给现场的观众。情景剧的题材内容丰富多样，有关于坚持梦想的故事，有对现实的校园生活的反映，也有关于学生性教育的讨论……参赛队伍运用了多种独具特色的表现方式，加入了舞蹈、歌曲等元素，精彩的演出博得观众的连连喝彩，现场掌声不断。此次的心理情景剧大赛，从学院到学校层层比拼，全校学生踊跃参与，不仅提高了心理健康知识的普及率，也为学生提供了一个通过表演来解读自己、解读生活、促进心理健康的平台。

本次心理嘉年华及心理情景剧活动内容丰富、形式多样、参与面广、针对性强，参与活动的学生纷纷表示会将所学到的科学方法运用到平时的学习、生活中去，做一个会调节自己心理的大学生。本次心理健康文化节系列活动让学生在体验中成长，在活动中发展，在实践中认识自我，进一步促进了学生心理素质的提升，展现大学生积极乐观的心理面貌，凸显青春正能量。

（学生处　葛泽胜）

## 5 月 13 日　广州大学举办第十届暑期兼职招聘会

5 月 13 日，广州大学第十届暑期兼职招聘会在图书馆广场举行。本届暑期兼职招聘会以"'兼'持一夏，职属于你"为主题，共提供 1 820 个工作岗位，吸引了近 11 000 名学子前来应聘。

据了解，本届招聘会共有 56 个参会商家，提供了 140 多种兼职、实习的工作岗位，包括教育类（各级各科家教、助教、补习班老师）、设计类（平面设计师、艺术设计员）、户外领队、夏令营辅导员、新媒体运营、助理、文员、线上推广员、客服、校园代理、市场推广、软件开发等，满足不同专业、不同层次应聘者的需求。此外，工资待遇较 2016 年整体呈上升趋势，每小时工资为 15 ~ 20 元，月工资为 2 800 ~4 500 元，其中家教类岗位每小时工资为 60 ~80 元。

广州大学从 2008 年开始举办暑期兼职招聘会，是广州大学城内最早举办此类活动的高校，迄今为止已成功举办十届暑期兼职招聘会。招聘会充分利用社会资源，为广州大学学子提供了大量安全、可靠、合适的暑期兼职岗位，搭起了一座在校大学生与社会沟通的桥梁，为大学生缓解经济压力，帮助其了解社会就业需求、提高就业竞争力。

（学生处　陈爱平）

## 5 月 14 日　教育学院前往陕西师范大学开展第二校园访学

5 月 14—22 日，教育学院本科学生第二校园访学团前往陕西师范大学开展为期一周的访学和调研。

本次访学围绕"创新型教师教育人才培养模式"重点调研内容，先后组织学生旁听教育学、教育技术学、心理学专业核心课程，参加美国密歇根大学访学团教授主讲的心理学学术讲座，采访相关专业专家和教研室主任、科研秘书，调研教育学专业师范生和心理学专业不同人才培养方案。课余，访学团参观陕西师范大学校园，感受其校园文化，领略其治学精神；还参观了陕西博物馆、西安博物馆、大雁塔和小雁塔，体会西安这座城市的厚重历史底蕴。

访学团在努力完成调研目标的同时，还积极参加经验学习交谈会，向陕西师范大学同学展现广州大学学子风采。在该校心理学院报告厅举办的一场别开生面的“三院学生会工作经验交流会”上，两校团学成员相互交流经验，分享工作心得；在心理学院和教育学院联合举办的院长交流座谈会上，访学团成员听取了学院院长和老师对于学院建设的相关讲述，也对为期一周的访学之旅学习体验提出见解和建议，并表示向往陕西师范大学的浓厚学术氛围，立志不断提高自身学习能力，真正成为社会有用之才。

本次访学让两校师生建立起深厚友谊，并为双方大学生常态化的文化与学术交流奠定良好基础。

（教育学院　学工办）

## 5月14日　人文学院开展图书漂流活动

5月14日，人文学院在勤工筑梦园开展了图书漂流及志愿者分享会的摆摊活动。

此次活动吸引了许多爱阅读的同学参与，为爱阅读的同学提供了一个交流的平台，同时也让宝贵的图书流动起来，更好地实现了图书的价值。活动结束后，志愿者表示这样的摆摊活动很有意义。阅读书籍可以丰富人的精神世界，而爱书的人相互交流、借阅书籍更能增进彼此的联系，能够在增长知识的同时结交志同道合的朋友。

（人文学院　曾源）

## 5 月 16 日　法学院学生党支部开展法律援助服务

5 月 16 日，法学院 2014 级本科生党支部党员走出校园，走进天河区东圃镇车陂街道，为街道居民提供法律知识宣传与法律咨询援助服务。

活动以“人民调解制度”为主题，向街道居民进行相关宣传，并派发了宣传手册。另外，学生党员结合自身所学的法律专业知识，为被法律问题困扰的居民提供了相关建议。活动持续了约三小时。街道居民表示，这种形式的活动给他们带来了极大便利，让他们懂得了如何正确运用法律去解决日常纠纷。

本次党日活动通过让学生党员身体力行为人民作奉献、做实事，进一步强化了党支部党员“全心全意为人民服务”的意识；同时，时刻提醒每位党员，在前进的路上不忘入党初心，秉持“服务人民、服务社会”的理念坚定前行。

（法学院　祝子君）

## 5 月 16 日　广州市属高校第六届中华经典诵读知识竞赛在广州大学举办

5 月 16 日，由广州市教育局主办、广州大学承办的广州市属高校第六届中华经典诵读知识竞赛在广州大学演艺中心隆重举办。校党委书记屈哨兵、副校长于欣伟，广州市教育局党委委员、主任督学华山鹰以及来自 10 所参赛市属高校的专家评委出席本次活动。

屈哨兵书记在致辞中阐述了文化素养对当代大学生的重要性，指出本次知识竞赛的意义在于弘扬中华民族优秀文化传统，提高大学生的知识层次，补充精神食粮。他表示，“文化自信”既是一种更基础、更广泛、更深厚的自信，又是更基本、更深刻、更持久的力量，大学中所养成的这种文化自信是支撑学生毕业三十年后继续闯下去的动力。

华山鹰主任代表广州市教育局对广州大学各领导的支持和工作人员付出的辛勤劳动表示衷心感谢，对来自各学校的选手表示热烈的欢迎，并预祝竞赛取得圆满成功。他认为，中华经典是中华文化的宝贵财富和精粹，蕴藏着中华民族最深层的精神追求，是中华民族生生不息、发展壮大的丰厚滋养。此次竞赛的举办正是为了弘扬中华优秀传统文化、大力推进书香校园建设。

本次知识竞赛设置了必答、抢答、诵读和挑战四大答题环节，通过对中华经典与中华传统文化知识的比拼，综合考察参赛选手的人文素养与文化底蕴。经过激烈角逐，最终广州大学代表队荣获团体一等奖，广州城市职业学院代表队等 4 个高校代表队获团体二等奖，广州医科大学代表队等 5 个高校代表队获团体三等奖。同时广州大学还与广州医科大学、广州铁路职业技术学院同获最佳组织奖。大赛还评出广州大学的刘雨希和广州城市职业学院的谢小青两位同学为大赛最佳选手。

（广大新闻网　陈雅帅　李莹颖　陈仲光）

## 5 月 18 日　广州大学第十四届校园文化艺术节之第六届舞蹈大赛圆满落幕

5 月 18 日，广州大学第十四届校园文化艺术节之第六届舞蹈大赛在广州大学演艺中心大舞台圆满落幕。

出席此次舞蹈大赛的评委和嘉宾有广州市艺术学校副校长邢多里，星海音乐学院音乐教育学院实践教研部副主任杨娟娟，广州大学团委副书记林焕清、美术与设计学院副书记蔡琼生、音乐舞蹈学院党总支书记苏沛祺和副书记刘小燕以及各系教师和辅导员。

经过激烈的角逐，工商管理学院《人间四月》获得甲组一等奖，美术与设计学院《牵绊》、新闻与传播学院《回家》获得甲组二等奖，生命科学学院《那时候》、教育学院《茉莉花开》、新闻与传播学院《欢乐地跳吧》获得甲组三等奖。舞蹈141班《易燃易爆炸》获得乙组一等奖，舞蹈152班《月亮粑粑》、舞蹈152班《陪伴》获得乙组二等奖，舞蹈161班《潜海姑娘》、舞蹈142班《走马姑娘》、舞蹈142班《葡萄熟了》获得乙组三等奖。

（音乐舞蹈学院　何怡雯）

## 5月18日　人文学院第十届师范技能大赛总决赛顺利举行

5月18日，人文学院第十届师范技能大赛总决赛在图书馆讲学厅圆满落幕。人文学院党委副书记刘军军、学工办主任冯健生、副主任吕延明等领导与老师出席本次大赛。

大赛主要从模拟课堂、情景问答和即时演讲三个环节来考验选手掌握师范技能的程度。选手们在三尺讲台上意气风发，显授业风范，立师德模范。他们不仅在模拟课堂中表现出色，还在情景问答中应付自如，在即时演讲中通过流畅精彩的讲解，给予观众别样的课堂享受。

选手们风采展示结束后，温小军老师上台致辞。他对选手们的表现进行总体点评并对其进行鼓励，希望他们永远抱着“一直在路上”的信念继续努力。

至此，人文学院第十届师范技能大赛总决赛圆满结束。

（人文学院　黄小红）

## 5月20日　音乐舞蹈学院学生参加广东省高校体育舞蹈锦标赛取得佳绩

5月20日，第四届广东省高校体育舞蹈锦标赛暨青少年体育舞蹈公开赛在广州大学何世杰体育馆举行。

音乐舞蹈学院的体育舞蹈爱好者们代表广州大学参加了此次锦标赛，经过激烈的角逐，最终取得了非常优秀的成绩。

其中，王朝龙、林靖仪荣获大专院校单项伦巴组第一名；唐瑶荣获高校专业女子单人B组S第一名；曾嘉韵、李钰莹荣获大专院校女子双人B组L第二名；曾嘉韵、李钰莹、杨辰钰、殷晨珍、陈莹莹、范雪敏荣获大专院校校园女子集体舞单项伦巴组第三名；王朝龙、林靖仪荣获大专院校B组L第三名；曾嘉韵、李钰莹荣获大专院校女子双人单项伦巴组第五名；唐瑶荣获大专院校女子单人B组L第六名。

（音乐舞蹈学院　学工办）

## 5月20日　桂花岗校区举办团体舞比赛

为展现广州大学学生的风采，提高学生的身体素质，活跃学生的课余生活，学生处特在广州大学桂花岗校区举办了主题为“飞舞吧，广大”的团体舞比赛。共有来自法学院、工商管理学院、公共管理学院和经济与统计学院的14个班级进入决赛环节。

5月20日上午8点，“飞舞吧，广大”团体舞比赛决赛在运动场举行。此次比赛的评委有桂花岗校区办副主任张明老师，学生处驻桂花岗办公室主任王会兰老师，工商管理学院邹婷老师、李睿贤老师，经济与统计学院石红梅老师，法学院殷民老师以及公共管理学院级长陈婷婷同学。比赛由广大自律会体育部部长林思妍同学担任主持人。

经过了数周反反复复的辛苦排练，每个班级都希望能在最后的决赛展现出最美的一面。比赛还未开始，天空就飘起了毛毛细雨。比赛期间雨越下越大，观众纷纷撑起了伞，但比赛照常进行，同学们仍坚持着在风雨中舞动。这展现出广州大学学生的风采与魅力，以及坚持不懈的精神。比赛还吸引了附近的小区居民前来观战。

最后，14个班级顺利完成了比赛，给在场的所有观众带来一场视觉与听觉的盛宴。经过综合评比，金融162班、工程162班、工商161班、社工162班、法学163班、金融161班、市营162班、行管162班获得优胜奖；工商162班、法学166班、电商161班获得团体三等奖；会计164班、国贸163班获得团体二等奖；经济161班获得团体一等奖。

（学生处　葛泽胜）

## 5月21日　经济与统计学院召开第三次团员代表大会、第三次学生代表大会

5月21日，经济与统计学院第三次团员代表大会、第三次学生代表大会在大学城图书馆讲学厅顺利召开。广州大学校团委老师白鹤云飞、经济与统计学院党委副书记林雪松、学工办老师欧永美与周文东、团委书记赵梅岳与副书记石红梅出席了本次会议。

首先进行的是预备会议，会上通过了大会筹备工作报告、议程、选举办法、代表候选人名单和团费收缴、使用、管理情况报告。紧接着，伴随着国歌声，正式会议拉开帷幕。白鹤云飞老师与林雪松副书记先后致辞，表达了学校对经济与统计学院顺利召开会议的祝贺及对学院发展的关心，并阐述了经济与统计学院各方面情况和对今后发展的期望与建议，让在场学生受益匪浅。

在会上，学子们回顾过去、展望未来，为党团和学生工作提供了宝贵的经验；候选人风采飞扬，展现了广州大学学子良好的精神风貌。希望新委员代表能为学生群体发声，为学校建设献言，为加快广州大学高水平大学的建设进程贡献力量。

（经济与统计学院　陈佳琪）

## 5 月 23 日　体育学院体育教学技能大赛圆满落幕

5 月 23 日，体育教学技能大赛最后一场正式开始，崔海燕老师任队形队列比赛裁判长，李景红老师任广播体操比赛裁判长。伴随着同学们响亮的口号声，比赛正式开始。

首先开始的是队形队列比赛。比赛规定动作看似简单，但要做到符合标准甚至达到专业水准，可一点都不容易。

紧接着是广播体操比赛，同学们穿着统一而整洁的服装，迈着豪迈而整齐的步伐，排着让人赏心悦目的队伍，将团结的力量演绎得淋漓尽致。

比赛结束后，祝院长对此次比赛进行总结，对各代表队取得的优异成绩和认真严谨的态度予以鼓励。他称赞同学们在比赛过程中充分展现了团结奋进、乐观向上的体育精神。平时的训练增强了各班的沟通和交流。比赛中，同学们表现了朝气蓬勃、昂扬向上的精神，展现了“勇夺第一，勇于进取”的无限追求。同时，他还提到了同学们在备赛和比赛中出现的一些问题，希望各位同学在今后的学习中能继续弘扬好的精神，摒弃消极的表现，一起营造良好的学习氛围。

（体育学院　李玉伟）

## 5 月 23 日　“五四”表彰大会暨“同唱一首歌”学生校歌合唱比赛

5 月 23 日晚，广州大学 2017 年“五四”表彰大会暨“同唱一首歌”第三届学生校歌合唱比赛在演艺中心隆重举办。校长魏明海，校党委副书记、纪委书记张强，副校长张其学，相关职能部门及各学院负责人、团委书记，师生代表等近 700 人参加活动。

本次“五四”表彰大会旨在隆重纪念“五四运动”98 周年、中国共产主义青年团成立 95 周年，表彰过去一年中共青团战线上表现突出的各类先进集体和优秀个人，激励青年大学生为实现人生价值、实现伟大中国梦而奋斗。同时，在校内传唱校歌，旨在进一步鼓励广州大学青年学子成为“德才兼备、家国情怀、视野开阔，爱体育、懂艺术，能力发展性强”的高素质创新型人才，进一步为广州大学高水平大学建设贡献青春力量。

表彰大会上，张强副书记对广大青年团员和团组织提出殷切希望：希望团员青年志存高远，秉持家国情怀；博学笃行，具有开阔的视野；爱体育、懂艺术，力求全面发展。张其学副校长宣读了全国、省、市、校优秀集体和个人的表彰决定。其中，校团委荣获2016—2017年度广东省“五四红旗团委”、广州市“五四红旗团委”称号；工商管理学院物流管理2013级1班团支部荣获2016年全国高校“活力团支部”称号；广州大学青年志愿者协会荣获第十一届中国青年志愿者优秀组织奖；广州大学“走进伟人故里，点燃爱的火种”学生骨干服务队被评为2016年全国大中专学生志愿者暑期“三下乡”社会实践活动优秀团队。经济与统计学院、教育学院、人文学院、音乐舞蹈学院、机械与电气工程学院、化学化工学院和旅游学院共7个学院荣获2016—2017年度广州大学“五四红旗团委”称号。

表彰结束后，晋级决赛的9支校歌合唱队伍依次上台比拼，音乐舞蹈学院队伍则作为表演队伍最后表演。参赛队伍以学院为单位，分别演唱了指定曲目《广州大学校歌》和一首自选曲目。各学院合唱队歌声激昂，唱出了新时代青年不怕困难、拼搏进取的精神，并分别结合学院特色精心准备了自选曲目。《龙的传人》《雪花的快乐》《落叶对根的情谊》等曲目赢得在场观众的阵阵掌声。

经过激烈角逐，旅游学院合唱队荣获合唱比赛一等奖，经济与统计学院、教育学院和研究生合唱团3支队伍获得二等奖，数学与信息科学学院、外国语学院、工商管理学院、美术与设计学院、公共管理学院5支队伍获得三等奖，音乐舞蹈学院被评为最佳表演单位，新闻与传播学院、环境科学与工程学院、人文学院、建筑与城市规划学院和物理与电子工程学院获得优秀奖。

（广大新闻网　付轩）

## 5 月 23 日　广州大学师生携优秀朗诵作品赴港澳展演

5 月 23—25 日，广州大学新闻与传播学院播音与主持艺术专业师生参加 2017 年“内地大学生优秀朗诵作品港澳展演会”。展演会以“雅言传承文明，经典浸润人生”为主题，充分展现了有声语言艺术的魅力，赢得港澳观众的强烈共鸣。

澳门站的展演活动由教育部语言文字应用管理司、教育部港澳台事务办公室、澳门教育暨青年局主办，中国传媒大学、暨南大学和广州大学承办，澳门中华教育会协办，演出地点位于澳门圣保禄中学礼堂。中央人民政府驻澳门特别行政区联络办公室副主任薛晓峰、教育部港澳台事务办公室常务副主任赵灵山、澳门教育暨青年局局长梁励以及教育部语言文字应用管理司相关负责人出席了展演活动。

活动中，广州大学播音与主持艺术专业的彭雨晴老师带领着 2014 级播音班的李娅玮、邓硕两位同学献上了精彩的配音秀——《国漫缘》，赢得了满堂喝彩。中国传媒大学和暨南大学表演团队也带来了丰富多彩的节目，整场表演将多种艺术元素融合，呈现了一场中华经典文化盛宴。在演出的最后，一首《七子之歌》将演出推向了高潮，相通的血脉和文化让观众产生强烈共鸣。

香港站的展演活动由教育部语言文字应用管理司、教育部港澳台事务办公室指导与支持，以中国传媒大学为主，暨南大学和广州大学共同参与主办，GAPSK 语文推广委员会合办。香港特别行政区教育局常务秘书长黎陈芷娟、教育部港澳台事务办公室常务副主任赵灵山、香港中联办教科部部长李鲁、GAPSK 语文推广委员会首席顾问张丹、教育部语言文字应用管理司宣传推广与教育处处长容宏出席并观看了展演会。

香港站的展演中，师生们三个多月的精心准备在舞台上得以充分表现。广州大学播音与主持艺术专业的师生和中国传媒大学、暨南大学师生团队以朗诵、舞蹈、歌曲、快板等多种艺术形式带领现场观众体会中华雅言经典之美，李立宏老师和广州大学、中国传媒大学师生所表演的配音秀更将现场气氛推至最高点。最后，所有参演师生一同上台合唱了歌曲《东方之珠》，在优美的歌声中，演出圆满结束。

（广大新闻网　千艺笛）

## 5月24日　全国高等艺术院校流行音乐演唱与教学论坛在广州大学举办

5月24—27日，由中国音乐家协会流行音乐学会、广东省流行音乐协会、广东省音乐家协会、广州大学音乐舞蹈学院共同主办的2017首届全国高等艺术院校流行音乐演唱与教学论坛系列学术讲座与研讨会在广州大学举办。

本次活动由三部分组成，第一部分是大会发言及研讨会议；第二部分是广州大学音乐舞蹈学院专家系列讲座；第三部分是“粤音悠扬　经典传承”广州大学公共艺术教育中心成立晚会。

三天的交流研讨加强了当下各艺术院校流行音乐演唱专业之间教学经验与方法的交流，对流行音乐演唱、研究与教学的相关理论进行了总结与建设，进一步促进了华语流行乐坛的发展。

（音乐舞蹈学院　学工办）

## 5月25日　外国语学院举办第十届外语经典短剧大赛

5月25日，伴着广州大学外国语学院合唱团的悠扬歌声，以“感恩(Gratitude)”为主题的“外国语学院第一届外语文化节闭幕式暨第十届外语经典短剧大赛”拉开帷幕。出席本次大赛的评委、嘉宾有外国语学院党委书记李暖均、副院长苏远连、副院长徐歆玉、党委副书记鄢智青、英语系主任陈姝、风帆话剧团指导老师陈燕南、学工办老师及各班班主任和外教老师。

本次外语经典短剧大赛共包括三大环节：主竞赛单元、抽奖环节、剧目展示单元。进入决赛的班级为同学们倾力演绎了《海的馈赠》《白蛇传》《王子与公主》《为了感恩而感恩的人》等精彩剧目。各班演员饱满的情绪、精湛的演技和流利的口语打动了全场的观众和评委老师。经过一番比拼，短剧大赛结果出炉。日语151班、法语161班和英语163班分别获得一、二、三等奖。

外语经典短剧大赛旨在为学生提供一个舞台，促进其对中西经典文化名著的学习、演绎与创新，营造良好的外语学习氛围。

（外国语学院　郭芷琳）

## 5 月 25 日　广州大学第十四届校园辩论赛圆满结束

5 月 25 日，自 4 月 11 日开始历时 45 天，由共青团广州大学委员会主办、广州大学学生会承办的广州大学第十四届校园辩论赛圆满结束。

本届辩论赛以“展理性睿智，铸智慧人生”为主题。其间，“舌尖上的功夫”战线全面拉开，24 个学院的近千名爱好辩论的同学参与其中。本次比赛展现的不仅是同学们的口才，还有思想上的交流与碰撞；不仅是辩手的你来我往，更有观赛同学的热情参与。在经历 4 轮比拼后，人文学院和旅游学院突出重围，踏上夺冠征程。5 月 25 日，人文学院与旅游学院就“当今社会，寒门更难/更易出贵子”这一话题展开舌战。最终，人文学院以一票优势夺得桂冠。这也是人文学院第七次问鼎校园辩论赛的舞台。

（广大新闻网　校团委）

## 5 月 26 日　王士魁教授为广州大学学子畅谈音乐

5 月 26 日，主题为“乐境 · 心声　谈我的声乐教学”的名师面对面学术讲座在演艺中心 111 观摩厅开讲，主讲人为王士魁教授。

王士魁教授是声乐教育家，现任中国音乐学院声歌系主任、中国国际声乐艺术研究会副主席、中国民族声乐艺术研究学会常务理事、清华大学等十多所高校客座教授和特约专家，曾多次担任“金钟奖”等各类国家级和省部级声乐大赛评委。

王士魁教授在讲座上采用的是讲授结合的方法，用形象的比喻把一个个枯燥、抽象的音乐概念诠释得有趣、易懂，并分享了自己在声乐教学中得到的宝贵经验，让在座的学生受益匪浅。

(音乐舞蹈学院　学工办)

## 5月28日　教育学院开展车陂龙舟文化宣传志愿活动

5月28日，广州大学教育学院青年志愿者协会与车陂龙舟赛主办方携手开展了车陂龙舟文化宣传志愿活动。

在活动过程中，志愿者们积极投入到工作当中，派发文化特刊，协助摊位扫码，工作态度得到了主办方的赞许。志愿者们亲身感受到了赛龙舟的气氛并加深了对赛龙舟文化的认识。志愿者们的认真工作使得车陂龙舟赛更加顺利地举行，让游人得以更加顺利地观看比赛。

教育学院青年志愿者协会举办的此次志愿活动，不但加深了学生对端午赛龙舟文化的了解，而且加强了学生对中国传统节日的重视，同时促进了传统文化在青年中的传承。

(教育学院　学工办)

# 我们的大学

## June 六月

## 6月1日　计算机科学与教育软件学院召开2017届毕业生党员离校教育大会

6月1日，计算机科学与教育软件学院在理南楼217室召开2017届毕业生党员离校教育大会，党委副书记李小华、辅导员胡鉴源、学院团委组织部负责人及2017届毕业生党员参加了此次会议。

首先，李小华副书记带领全体党员庄严地举起右手，面向党旗，重温了入党誓词，表达了为共产主义事业奋斗终生的坚定信念。随后，李小华副书记对即将走上工作岗位或继续学习深造的全体毕业生党员表示祝贺，希望同学们努力践行“成为一名党员，就是一面旗帜”，在今后的工作和学习中立志使自己成为各方面都表现优秀的人。他还对全体毕业生党员提出了三点要求：一要不忘初心，坚定理想信念；二要勇于担当，勇于担大任，在工作中充分发挥党员先锋模范带头作用，处处体现出一名共产党员应有的风范；三要立足岗位，追求卓越，不断进取，争先创优，努力做新时代的优秀党员，用实际行动践行“选择成为一名党员，就选择了一种责任”。

最后，胡鉴源老师详细讲解了毕业生党员组织关系转接工作中的注意事项、暂缓转移组织关系毕业生党员管理的要求等内容。

（计算机科学与教育软件学院　学工办）

## 6月1日　教育学院开展一人一剧场演出活动

6月1日，教育学院以“童梦奇缘”为主题的一人一剧场演出在B3教育学院心情驿站上演。

开场活动包括向观众介绍剧团基本理念、进行热身游戏、赠送红领巾等环节。观众互相为对方佩戴红领巾的过程，让大家重温第一次佩戴红领巾的美好时刻。本次演出的主题是“童梦奇缘”，在领航员的引导下，观众分享自己关于童年的记忆，演员们也将这一段段回忆用即兴演出的方式作为礼物回馈给观

六月

众。在最后与演员的交流环节中，观众踊跃发言，也对本次演出进行了评价与反馈。有观众表示，演员们的表演对情感的分析把握很到位，多重情感分析深入人心，下次愿意分享自己的故事，因为在分享故事的同时，也会对自己过去的心结释怀。

本次演出依托教育学院“五室一站”项目“心灵工作坊提升计划”，以心理辅导为核心，为同学们带来一场心灵上的盛宴。演出结束后，参与的同学们纷纷赞许演员的精彩演出，表示他们收获了快乐，释放了压力，并希望下次能够再次参与“五室一站”的活动。

（教育学院　学工办）

## 6 月 3 日　音乐舞蹈学院第 12 期入党积极分子参观广州辛亥革命纪念馆

6 月 3 日，音乐舞蹈学院第 12 期入党积极分子在学院党员卓亚景的带领下来到广州辛亥革命纪念馆，开展外出实践活动。

此次活动中，入党积极分子们回顾近代中国走过的曲折道路，感慨百年前的先人为改变清朝政府腐朽落后的面貌而进行的艰苦卓绝的奋斗。大家重温历史，警醒自己勿忘历史，勇于承担，争取早日成为党员，为国家贡献自己的力量。

（音乐舞蹈学院　学工办）

## 6月5日　教育学院举办2016—2017学年度资助工作总结大会暨“直面未来，命运在我手”成长论坛活动

6月5日，由教育学院淬砺工作站主办的教育学院2016—2017学年度资助工作总结大会暨“直面未来，命运在我手”成长论坛于文清楼210室顺利举办。教育学院淬砺工作站主要负责学院家庭经济困难学生的日常管理与服务工作，学院全体家庭经济困难学生参加了本次会议。

会议首先围绕2016—2017学年度教育学院学生资助常规工作与资助育人工作主题进行全面总结，展示淬砺工作站本学年度的学生资助工作成果。会议重点邀请2013级优秀家庭经济困难毕业生冉妮现身说法，作了以“直面自我，笑对命运——哪怕山高水深，只管奔赴前程”为主题的成长论坛讲演，分享自己在大学四年克服各方面困难的经验。接着，会议通过视频播放的形式介绍2017年暑期的“国家资助和助学贷款政策下乡行”之“山海对话”支教活动。随后由淬砺工作站干事讲解了贷款、学费缓交、奖助学金、公益积分、家庭经济评估申请表的填写要求等具体内容，并在会场前方设置了答疑区，在会后为有疑问的同学提供详细解答。会议接近尾声，特约嘉宾闻心职业发展中心负责人陈锦涛先生就闻心职业发展中心有关公益项目及兼职实习招募进行介绍，旨在为大三的在库生提供宝贵的免费培训与实习机会。最后，淬砺工作站指导老师蔡冰就本次总结大会发表感想，表达了对与会嘉宾的感谢与对各位在库生的期待和祝福。

本次资助工作总结大会暨成长论坛激发了家庭经济困难学生的学习动力和成才意识，育人效果显著。同时，对入库申请、贷款、学费缓交、公益积分等工作的说明解释，解答了家庭经济困难学生的疑惑，有利于下一年度学生资助工作的顺利开展。

（教育学院　淬砺工作站）

## 6月7日　体育学院学生第一党支部举办“读原著、品经典、作表率”读书分享会

6月7日，为了提升支部党员的文化涵养，打造“德才兼备，文精武杰”的体育人，体育学院学生第一党支部在B25党团活动室举办“读名著、品经典、作表率”读书分享会活动。支部党员积极参加此次活动，并分享了自己喜欢的经典书籍。

刘烨欣首先分享了她最喜欢的世界名著《钢铁是怎样炼成的》。她读完这本书的领悟是：“毅力对人的一生影响是很大的。这本书中的主人公保尔·柯察金，他的一生非常坎坷，然而他凭什么使自己继续活下去呢？是毅力，毅力给了他无穷的力量，自从认识水兵朱赫来以来，他的心被共产党吸引住了。经过几番波折，他终于如愿以偿成为一名共产党员。他出生入死，英勇杀敌，在战争中他多次受伤，最严重的一次是被弹片击中头部，死里逃生。痊愈后，他没有忘记党，拿起新的武器，重返战斗队伍。他这种永不放弃的梦想，使得他的生命放射出夺目的光彩。作为新时代的共产党员的我深受鼓舞。”

张健桥分享的是名著《西游记》。他说：“每当我翻开《西游记》这本书时，总是有不同的心情。它在四大名著中，是最生动活泼的。小时候，读起它来总觉得既过瘾又有趣。但今时今日，不变的是那光怪陆离、色彩斑斓的神话世界，而我的领悟却变了。这是一部人人都爱读的经典大作，每个人都能在解读它时获得不同的感觉和启示，我读这本书最大的收获是——坚持。作为体育生的我们，要想获得高超的专业技能，就需要花大量的时间不断强化训练，所以我们需要怀有一颗坚持之心，努力让自己变得更优秀、更强大。”

陆家敏等十多名党员也纷纷分享了自己喜欢的经典书籍，活动现场气氛融洽。活动结束之后，党员们表示非常喜欢这样的读书分享会，要好好准备下一次分享会的内容，期待下一次活动的到来。

（体育学院　黄爽　宗有江）

## 6月8日　土木工程学院首个“头雁领飞”计划班毕业

6月8日，土木工程学院首个“头雁领飞”计划班——土木工程专业结构分析班（土木138班）毕业了。全班42名学生，21人考取（含推免）研究生，考研率和录取率分别为59.5%和50%。

据学院相关负责人介绍，为深入推进教学改革与创新，培养拔尖创新人才，学院于2013年提出“头雁领飞”计划，同年组建了土木工程专业结构分析班（土木138班）实施该计划，并由学院副院长张永山教授担任班主任。

为全面实施“头雁领飞”计划，学院在该班安排了两名青年博士教师担任副班主任，一名博士生、多名优秀研究生和本科生作为“头雁”，构建了“班主任—青年博士教师—博士生—研究生—优秀本科生—138班全体学生”的人才培养梯队，组成“雁阵”，建立良好的“教师、博、硕、本”联动机制，分别开展思想教育、专业教育、学习指导、考研指导、创新实践、困难帮扶等人才培养工作。

学院还在课程教学体系、课程教学方法、师资队伍建设、产学研结合等方面，在该班进行了深入的改革和探索，提出了基于“源头控制·过程管理·探寻未知”理念的“全流程跟踪教学法”，与广东省建筑设计研究院机场设计研究院、广州粤泰集团股份有限公司等建立了稳定深入的协同育人合作模式。

经过四年的培养，“头雁领飞”计划人才培养成效明显，土木138班连续两年获得广州大学“优良学风班”称号；该班学生在美国大学生交叉学科建模竞赛（ICM）中获得一等奖1项，在全国大学生数学建模竞赛中获国家级一等奖1项、二等奖2项，在中南地区（七省）高校土木工程专业“结构力学竞赛”中获一等奖1项、二等奖1项和三等奖6项；先后有9人次获国家励志奖学金。目前，该班有多名同学被中铁南方装备工程有限公司、湖南省建筑设计院、珠海市建筑设计院等大型企业事业单位录用。

（土木工程学院　汪大洋　杨春荣）

## 6月9日　马克思主义学院举办考研规划主题讲座

6月既是毕业季也是收获的季节。马克思主义学院2017届毕业生捷报频传：今年学院的本科毕业生考研录取率达到18.75%，研究生毕业生考博录取率达到33.3%，录取学校绝大部分为全国211、985高校。这两个数据创了学院历年新高，在学校各学院间也是名列前茅。

为了响应广州大学建设高水平大学的号召，打造有品质的校园文化生活，马克思主义学院发挥学科与专业特色，在推进学生思想政治教育、践行社会主义核心价值观和培育学生良好学风上不懈努力和探索。

6月9日下午，学院举办了“研途有你，薪火相传”考研规划主题讲座。这是学院今年以“五室一站”育人平台为依托、以“助力成长，名师有约”为主题的育人项目的重要组成部分。讲座由院党委副书记朱晓军主持，并邀请学院分管科研与研究生培养工作的副院长黄禧祯教授作了专题报告。班主任黎庶乐副教授，2017届毕业生吕璐璐、孔梓俊做了考研学习规划分享。思教系党支部书记刘雪松副教授、各班班主任、辅导员、学生代表等近50人参加了讲座活动。

（马克思主义学院　朱晓军）

## 6月10日　2017年广州大学城足球联赛顺利举办

火辣的6月，足球改革的“春风”吹遍江南大地，2017年广州大学城足球联赛在广州大学城体育中心拉开帷幕。体育学院派出体院一队和体院二队两支队伍参加本次联赛乙组的比赛。体院一队由大三、大四的学生组成，体院二队由大一、大二的学生组成，此次组队的目的是完善广大体院足球梯队的构建。

体院一队在小组赛中，以2：1的成绩战胜由华师足球专项班组成的TOP队，以6：0战胜广中医一队，以小组第一的排名进入半决赛。

体院二队在小组赛中，以0：2惜败由华师足球特招生组成的金牛队，以2：0击败广中医二队，以小组第二名的成绩进入半决赛。

在半决赛中，体院一队对阵体院二队，由高年级学生组成的体院一队略胜一筹，以2：1击败了体院二队，进入决赛。

最终，体院一队以2：3的成绩惜败华师金牛队，获得了亚军。体院二队获得第四名。2013级学生钟航以5个进球获得了“最佳射手”称号。

本次联赛让体育学院的足球氛围更浓烈，使足球队更富凝聚力和战斗力。此时正值体育学院足球创新实验班成立之际，这次活动为接下来一系列活动的开展奠定了基础。

（体育学院　唐士智）

## 6月10日　外国语学院举办考研动员暨考研分享会

6月10日，外国语学院在文新楼举办考研动员暨考研分享会。院长肖坤学、副院长苏远连、院党委副书记鄢智青出席会议。

肖院长介绍了目前的考研形势和学院研究生招生基本情况，鼓励同学们以考研为目标，及早做好相关准备。苏远连副院长，卢秋燕博士，元嘉瑛、马秋月、郭伟杰等校友和应届毕业生谭毓雯等同学结合自身经历，分别从考研动机、出国读研的申请流程、读研、考编、专业与工作、跨专业考研等方面分享经验与心得，使同学们受益匪浅。

近年来，外国语学院重视鼓励本科生考研，通过邀请青年博士教师、优秀校友分享考研经验、开展考研帮扶等多种措施，鼓励学生积极备考硕士研究生，力求在院内形成较浓的考研氛围，带动学院学风建设。

（外国语学院　肖嘉仪）

## 6月10日　广州大学学子“挑战杯”省赛再创佳绩

6月10—11日，第十四届“挑战杯”广东大学生课外学术科技作品竞赛终审决赛在广州大学举办，105所高校的669件作品进入终审决赛进行角逐。团省委书记池志雄、副书记梁均达，广州大学党委书记屈哨兵，省科技厅副厅长郑海涛，省科协党组副书记唐毅，市政府副秘书长张建华等出席相关活动。

活动上，由评审委员会副主任刘奕华老师宣布获得本次竞赛特等奖的作品。广州大学选送参赛的30个项目全部获奖，获奖项目数位居全省第一，团体总分位列全省第三。

广州大学有5项参赛作品获得特等奖，分别是能源化工组《N－GCNT/CoFe可逆氧电极的制备及其在锌空电池中的应用》；社会与哲学组《广府传统聚落宗祠的空间重构与活力重塑——基于佛山市南海区白沙社区的调查研究》；教育组《城中村流动儿童阅读环境改进研究——以广州市海珠区为例》《校园欺凌行为的预防、处理和事后教育——基于广州市普通高中和重点高中的对比研究》；管理组《建筑废弃物资源化处理企业选址优化研究——以广州番禺、南沙为例》。

广东省“挑战杯”竞赛自1991年开办以来，已成功举办十三届。比赛坚持“以赛促教、以赛促学、以赛促研、以赛促建”的办赛理念，推动我省大学生投身科技创新，营造良好氛围，引领青年学生为广东创新驱动发展贡献青春力量。

（广大新闻网　李莹颖　袁梦　杨丽莺　陈云鹏　付轩　陈翠仪）

六月

## 6月11日　广州大学学子在全国大学生电子商务挑战赛中斩获佳绩

6月11日，第七届全国大学生电子商务“创新、创意及创业”挑战赛（三创赛）广东赛区（省赛）决赛在广东财经大学举行，广州大学学子在比赛中斩获多个奖项。

据了解，全国大学生电子商务“创新、创意及创业”挑战赛是激发大学生兴趣与潜能，培养大学生创新意识、创意思维、创业能力以及团队协同实战精神的学科性竞赛。它是由中华人民共和国教育部主管，教育部高等学校电子商务类专业教学指导委员会主办，三创赛竞赛组织委员会、全国决赛承办单位、分省选拔赛承办单位和参赛学校组织举办的全国性竞赛，共分校赛、省赛和全国总决赛三级赛事。

本次大赛由广东财经大学承办，广州大学、华南师范大学等共同协办。自2016年3月启动以来，经过各校初赛筛选，共有来自31所学校的165支队伍的近800名学生入围本次省赛决赛。广州大学有7支队伍进入本次决赛，其中6支队伍斩获佳绩。由广州大学工商管理学院唐柳青（队长）、谢国杰、袁海尧、肖镔、窦子欣完成的作品《100个农夫》（指导老师：黄丽娟）获得本次大赛的一等奖；王文敏（队长）、陈秋晓、何晓滢、郑冰洁、陈家欣完成的作品《熊猫旅行》，沈义雯（队长）、黄丹宜、胡培阳、郑宇铭、陈志锋完成的作品《康复到家 App》（指导老师：黄丽娟、黄省阳、朱慧），张萌（队长）、李志梁、吴绮薇、毛文静、孙楠完成的作品《来趣平台》获得本次大赛的二等奖；叶梓雯（队长）、王晓蓝、黄宇聪、刘凯怡、姚铭昕完成的作品《大学生陪伴式教育》（指导老师：黄丽娟、朱慧、丘文欧），郑璇凤（队长）、何植唯、陈妍欢、魏怡恒、郑伟林完成的作品《纵梦特产》（指导老师：余中东）获得本次大赛的三等奖。广州大学获得本次大赛优秀组织奖，黄丽娟老师获得优秀指导教师奖。

（广大新闻网　谢国杰）

## 6 月 13 日　2017 届服装设计专业毕业作品精彩展演

6 月 13 日晚，广州大学“文体艺”专题活动暨美术与设计学院 2017 届服装设计专业毕业优秀作品展演活动在演艺中心拉开帷幕。本次展演活动主题为“凝炼——明日之星”，共展出美术与设计学院毕业生的 20 件系列作品，展示了毕业生对大学四年专业学习的总结与升华。这也是他们踏向服装设计生涯的首次展演。

校长助理李毅在致辞中指出，人才培养是大学的根本使命，广州大学推进高水平大学建设，就是要为广东省、广州市构建开放型经济体制提供高素质人才，因此确立了“德才兼备、家国情怀、视野开阔，爱体育、懂艺术，能力发展性强”的人才培养目标，并专门成立了“文体艺”发展中心，以此强化学生“文体艺”素养，为经济发展提供人才支撑，服务广州。广州大学美术与设计学院是省内高校中实力较强的艺术类院系，在造型艺术与艺术设计学科交叉领域基于内涵发展与特色形成了办学品牌，培养出许多优秀的服装设计师。

在展演活动中，每位设计师的设计理念都在其设计的服装中体现。在灯光的渲染下，通过模特表演专业学生的展示，不同系列的服装展现了不同的风格。最后，李颖欣同学的作品《抽丝剥茧》夺得桂冠，王莹和张芷璇两位同学的《镜花缘》获得银奖，彭美琪同学的《空山新雨后》和梁羡怡同学的 *Fun time* 获得铜奖。

（广大新闻网　熊雅智　黄冼虹）

## 6月14日　建筑与城市规划学院赴成都开展第二校园访学活动

6月14日清早，建筑与城市规划学院成都访学团成员来到西南交通大学与杨院长、赵主任进行访学活动总结。

杨院长表示希望两校有更多的交流，赵主任总结了这几天的访学成果，访学团同学也在会上交流了心得体会。

关于与西南交通大学胡琳雪同学一起跟进的跃进村调研，访学团同学也进行了成果汇报。赵主任与胡琳雪同学对访学团同学给予肯定。除了跃进村调研成果的汇报外，访学团同学还与胡琳雪同学交流了彼此的学习生活，达成的共识是：城中村的改造很有挑战性，调研过程学习收获到很多。

最后，赵主任谈到了成都的城乡统筹。他对比了纽约、香港、上海、广州的规划，点出了成都规划的特色与不足之处。为了让访学团更好地感受成都这座休闲城市的规划，赵主任推荐了成都现代服务业发展轴的几个地标位置供访学团调研学习，如天府广场、来福士广场、成都规划馆、环球中心、金融街、三圣乡等。

下午，访学团首先来到了成都规划馆，了解成都的历史变迁、全域总体规划、服务业发展规划、天府新城高新技术产业区规划等，拓宽了同学们对成都城市规划的认知。

访学团同学了解到成都以城市中轴线为发展主轴，以中心城区和天府新区为双核，以成龙走廊、成青金走廊、成灌走廊、成温邛走廊、成新走廊和南部走廊为纽带，构建“一周双核六走廊”的多中心、组团式、网格化的城镇发展格局。

最后，访学团来到了三圣乡调研学习活水系统。三圣乡在空间重要节点上有一定的景观布置，如宜人的“荷塘月色”。同时，沿着一些隐蔽的小径、绿道前行，会有豁然开朗的视觉体验。

第二校园访学活动接近尾声，访学团一边调研学习、一边体会成都文化，同学们表示一路过来很充实。

（建筑与城市规划学院　学工办）

## 6月14日　广州大学举办“广州大学学生艺术团展演暨第十四届校园文化艺术节闭幕式”晚会

6月14日，由共青团广州大学委员会主办、广州大学学生艺术团承办的“广州大学学生艺术团展演暨第十四届校园文化艺术节闭幕式”晚会在演艺中心隆重举行。

本场晚会是对广州大学学生艺术团一学年来努力成果的检验。广州大学学生艺术团目前有“4团3队”，即管弦乐团、舞蹈团、合唱团、话剧团、龙狮队、啦啦队和礼仪队。作为公共艺术教育的主力军，学生艺术团将全力为广州大学“爱体育、懂艺术”的人才培养目标贡献自己的力量。

管弦乐团演奏的《Danzon第二舞曲》拉开晚会序幕。十佳歌手深情演唱了流行歌曲《屋顶》《手心的蔷薇》。悠扬的阿卡贝拉小合唱*I Need Your Love*、高亢的大合唱《雪花的快乐》感动了现场观众。不同于音乐的表达形式，舞蹈也让人深深沉醉，独舞《易燃易爆炸》舞者精湛的舞蹈技艺与曼妙的舞姿，让人赞叹不已。舞蹈团创意性出品的《同行同心》《融合》，也让人眼前一亮。展演还呈现了话剧《如梦初醒》《地铁故事》，将观众带回到那段最难忘的时光。朗诵《写给未来的你》字正腔圆，感情饱满。龙狮队与啦啦队联手表演《龙飞凤舞》，刚柔并济，场面震撼。古筝演奏《西域随想》美在韵味，古朴典雅。配音表演《国漫缘》让观众感受幕后语言艺术的魅力。

本届校园文化艺术节以“理想与信念”为主题，分为与信仰对话、与大艺展同行、与青春共舞三个板块。校园文化艺术节囊括了名人名家系列讲座、校园文化艺术节品牌项目活动和校级院级学生组织特色活动等18项活动，有效丰富学生的校园生活，在发挥校园文化活动育人、塑人功能的同时进一步传播青春正能量，引导广州大学学生“勤学、修德、明辨、笃实”。

（广大新闻网　校团委）

## 6月15日　B20“五室一站”国学讲堂开讲

围绕广州大学“德才兼备、家国情怀、视野开阔，爱体育、懂艺术，能力发展性强”的人才培养目标，为加强同学们的艺术修养，数学与信息科学学院在B20学生公寓推出“传承经典，国学讲堂”系列课程。课程安排教师党员开展包括民乐欣赏、书法、茶道、古典名著解读、剪纸等学生喜爱的内容的活动。

6月15日18点，国学讲堂启动仪式暨民乐欣赏活动在B20“五室一站”活动室举行。出席本次活动的嘉宾有学院党委副书记孙凌、学工办主任张昭、教师何燕惠和“五室一站”兼职辅导员罗小娟同学。孙书记向同学们介绍了国学讲堂的创办初衷，希望B20为同学们提供的丰富业余文化生活能够为大家成为爱体育、懂艺术的人才创造条件。当天，由音乐舞蹈学院学生带来的民乐表演也让在场师生大饱耳福。

(数学与信息科学学院　学工办)

## 6月16日　人文学院2013级毕业晚会圆满举办

6月16日，人文学院2013级“壹叁忆世，十里笑颜”毕业晚会于演艺中心举办，人文学院党委书记王琼，副院长哈迎飞、王凤霞、禤健聪，党委副书记刘军军等领导、老师出席本次晚会。本次毕业晚会分为三个部分，分别为“恰·掇学识”“正·溢青春”和“时·悟常道”，其中穿插着丰富的抽奖互动环节。

晚会上，一个个精彩的节目在舞台上演，台下不时爆发出一阵阵热烈的掌声。其中，金琼、吴学平老师声情并茂的诗歌朗诵，使台下的同学们听得如痴如醉。

本次毕业晚会为同学们带来了一场难忘的视听盛宴，令同学们大加赞叹。

最后一个节目是由领导、老师和学生代表带来的合唱节目《明天会更好》，将晚会的气氛拉至最高潮。至此，人文学院2013级毕业晚会圆满结束。

（人文学院　于虹）

## 6月17日　广州大学举办校园开放日活动

6月17日，“走进大学城，成就理想人生”——2017年广州大学校园开放日暨招生宣传活动在广州人学图书馆广场举办。省内26所木科高校的高招咨询专家及广州大学25个学院的专家老师参与现场答疑，校长助理李毅也来到现场指导广州大学咨询答疑工作。

淅沥小雨也阻挡不了考生和家长的热情。不到9点，就有很多考生在父母的陪同下来到广州大学咨询会场。在现场，考生及家长“轰炸式”向各高校招生办询问招生政策、热门专业、录取分数线、就业率等热门问题。

广州大学咨询区被围得水泄不通，考生和家长从招生政策、就业率、分数到校园生活、师资、学习氛围等，都进行了仔细的咨询。往年受青睐的建筑学、金融学、会计学、机械制造及其自动化、广播电视新闻学、网络新媒体、计算机科学与技术等专业摊位前依旧大排长龙。随着今年广州大学高水平大学建设的推进，数学与应用数学、化学、生命科学等传统学科专业三大学科群建设的宣传成为今年招生宣传的新亮点。

为了让考生和家长对大学校园有所体验，广州大学设置了图书馆、部分实验室、饭堂等参观体验场所，让考生和家长对学校教学、学习、住宿、饮食条件等情况深入了解，提前体验校园生活。图书馆一楼大厅设置了10台电脑供考生家长查看校园三维立体图；学生志愿者积极主动提供导引服务；校巴来往穿梭于地铁与学校之间，免费接送考生和家长，旅游专业的学生充当了一回参观导游；“广大招生”微信公众号专设“全景广大”栏目，为考生及家长提供实景图。各种活动亮点和服务措施，让考生和家长对开放日活动纷纷“点赞”，对广州大学留下了美好的印象。

（招生就业处）

## 6月21日　周万雷教授为广州大学师生作讲座

6月21日，澳大利亚迪肯大学（Deakin University）周万雷教授在行政西楼前座四楼会议室给计算机科学与教育软件学院师生作了一场别开生面的讲座。

周万雷教授是电气和电子工程师协会（IEEE）高级成员，曾两度担任信息科技学院院长及迪肯大学科技学院副院长。在加入迪肯大学之前，周万雷教授曾担任中国电子科技大学讲师、美国马萨诸塞州惠普系统程序员、澳大利亚墨尔本莫纳什大学讲师、新加坡国立大学讲师等。他的研究方向包括分布式系统、网络安全、生物信息学和数字化学习（E－Learning）。周万雷教授已在知名国际期刊和国际会议发表论文400余篇，并主持了多场国际会议。

此次讲座题目是“Security and Privacy in Passive RFID Systems”。RFID技术已广泛应用于如物流、制造、医疗、国防、航空航天等许多领域。然而，由于 RFID 标签中存储的信息可以轻易地被具有兼容阅读器的恶意方检索，因而带来了严重的安全和隐私风险。在讲座中周万雷教授给计算机科学与教育软件学院师生介绍了一些在无源 RFID 技术中面临的安全和隐私挑战，并基于他们的研究，介绍了方案认证、所有权转移、安全搜索和无源 RFID 群组验证等技术。周万雷教授精彩生动的讲座引起了师生对该问题的深入思考。

在交流讨论阶段，同学们争先恐后地与周万雷教授探讨讲座中提到的各种问题，尤其是计算机科学与教育软件学院的留学生更是积极踊跃地将自己目前研究中遇到的问题提出来向周万雷教授请教。周万雷教授则耐心而专业地进行解答。此次讲座得到了师生的一致好评。

（计算机科学与教育软件学院　学工办）



## 6 月 22 日　体育学院开展 2017 届毕业生党员专题教育活动

6 月 22 日，体育学院学生党支组织 2017 届全体毕业生党员开展离校前的最后一次主题党员教育活动。出席本次活动的有院党委书记何蕴华、副院长周二三、副院长祝振军、副书记张志明、教师孟伟婷。

活动中，周院长和祝院长分别谈了怎样做一名合格党员，以及毕业后如何发挥党员的先进性，并嘱咐毕业生党员走上岗位后要多做事、少抱怨、多学习。张书记希望毕业生党员用自己的实际行动“站好最后一班岗”，与全体毕业生一起做好离校前的各项工作，牢记自己的党员身份，不断增强党员先进性，锐意进取，开拓创新，为母校增添光彩。

何书记以“坚定理想信念，发挥党员先锋模范作用”为主题，用通俗易懂的话语、生动贴切的实例与毕业生党员分享了在新的工作岗位上履行共产党员责任的要求和做法。何书记主要从加强党性修养、端正人生态度，立足岗位、干事创业，贯彻群众路线、建设团队等方面勉励毕业生党员积极践行党员的先进性，在新的工作岗位上时刻谨记党员的身份，做到刻苦攻坚、积极进取、不忘初心，堂堂正正做人、踏踏实实做事，要做到不为名利所累，不为物欲所惑，不为人情所扰，不论身在何位，必须要秉承好学、实干的精神。

（体育学院　吴少密　许汝迎　吴丹）

## 6 月 22 日　广州大学 2017 届毕业典礼暨 2017 年学位授予仪式隆重举行

6 月 22 日至 23 日，广州大学 2017 届毕业典礼暨 2017 年学位授予仪式在何世杰体育馆隆重举行。校党委书记屈哨兵，校长魏明海，周福霖院士，副校长于欣伟、傅继阳、周云、孙延明、张其学，校长助理李毅，导师、校友、家长代表以及学校相关部门负责人参加了毕业典礼。

毕业典礼上，屈哨兵书记宣读了表彰毕业生先进个人的决定，屈哨兵书记和魏明海校长为毕业生先进个人代表颁奖。屈哨兵书记还现场创作对联一副——“颜值与才华齐飞，广大与我们同行”，横批：“我来了，上路吧”，赠予全体毕业生，鼓励同学们不断提升自身才华，努力实现人生价值和理想。

在这“最后一堂课”上，魏校长赠予毕业生的“礼物”，不是开启成功的金钥匙，而是分享如何应对挫折。魏校长勉励毕业生要与国家的未来发展同向而行，要“有雄鹰的眼睛以观全局，有爬虫的脚以接地气”，努力使自己变得更加强大、更加坚不可摧，超越自我、追求卓越。

魏校长在致辞中指出，常遇挫折是必然的，成功只能是水到渠成。每个人心里都有一个魔鬼，时不时会跳出来让人剑走偏锋，心常被境所转，精灵有余、远虑不足，施展的可能是“猿猴智慧”。所以，对挫折的坦然拥抱和妥善应对才是人生中的永恒课题，也是实现超越自我、追求卓越，并水到渠成地走向成功的不二法门。

公共管理学院教授胡潇、土木工程学院教授张季超、人文学院教授刘晓明、计算机科学与教育软件学院教授李进作为教师代表发言，对毕业生们寄予深情祝福，嘱托同学们要树立正确的人生坐标，做到路向通达，此志不渝，功业精进；要珍惜校园情谊，不忘初心，知行合一；要以诗意的方式看待生活，拥抱未来，为实现梦想而努力奋斗。

广州大学2017年共有8 360名毕业生，其中研究生717名，本科生7 643名。毕业典礼共四场，分为两天进行。

（广大新闻网　杨春荣　魏鹏）

## 6月24日　计算机科学与教育软件学院学子获“2017全国大学生软件测试大赛”第二名



6月24日，计算机科学与教育软件学院2014级李文浚同学在“2017全国大学生软件测试大赛”中获得“开发者测试”全国第二名（指导教师：温武）。目前，他已经获得大赛组委会全额赞助，将于7月26日赴布拉格参加IEEE主办的软件测试“一带一路欧洲区邀请赛”。

本次大赛由教育部软件工程专业教学指导委员会、中国计算机学会软件工程专业委员会、中国软件测评机构联盟、中国计算机学会系统软件专业委员会和中国计算机学会容错计算专业委员会主办。大赛以深化软件工程实践教学改革、探索产教研融合的软件测试专业培养模式、推进高等院校软件测试专业建设、建立软件产业和高等教育的产学研对接平台为目的，吸引了来自清华大学、北京大学、南京大学、中山大学等全国近百所高校的近5 000名在校大学生参与。比赛也得到了包括华为、阿里巴巴等国内知名IT企业的大力支持。

近年来，学院结合专业特点，依托计算机软件设计创新实践基地，在加强学生运用所学知识进行专业实践能力培养方面做了许多工作。在该基地专业老师的悉心指导下，近三年来学生在全国大学生软件测试大赛、ACM国际大学生程序设计竞赛、中国高校计算机大赛—团体程序设计天梯赛和广东省大学生程序设计竞赛中均获得多项一、二、三等奖。

（计算机科学与教育软件学院　学工办）

## 6 月 26 日　《南方日报》记者马喜生到广州大学开展人物采访报道培训

6 月 26 日上午，在行政东楼 333 会议室，外国语学院特别邀请了《南方日报》记者马喜生，以“人物报道是如何炼成的”为主题，为学院暑期校友寻访小分队的全体队员开展人物采访报道方面的培训。

马喜生记者着重介绍了“华尔街日报体”，同时鼓励同学采用叙事曲线，打破线性思维，让叙事过程更加波澜起伏，使人物报道摇曳生姿。

接着，马喜生记者对采访准备、技巧和突发状况应对方面也进行了详尽的介绍。除了沟通、预约时间地点这些常规性的工作，他对同学们就提纲的撰写也进行了一定的点拨，并强调要根据实际采访情况制定具体细节。

最后，学院党委副书记鄢智青简单介绍了暑期拟采访校友的基本情况，对寻访队伍提出要求并寄予期望，希望大家认真对待此次校友寻访活动，使校友寻访的成果能够最大程度惠及学院同学。

（外国语学院　李姗姗）

## 6 月 26 日　经济与统计学院开展共享单车清理志愿活动

6 月 26 日，广州大学的近百名志愿者积极参加由广州大学经济与统计学院团委实践部开展的“百名大学生关爱小黄车”志愿活动。

活动过程中，志愿者分组在大学城地铁北站、北亭广场、广州大学南五路、广州大学商业中心、GOGO 新天地五个地点附近搜寻损坏的共享单车，将坏车集中到同一个地方，再由 ofo 的运营工作人员运走。同时，志愿者也在这五个地点指引大家正确停放共享单车，还将违停违放的共享单车移至不妨碍交

通的地方并摆放整齐。虽然天气炎热，但广州大学学子在艳阳下不辞辛苦地来回奔波，毫无怨言并高效地完成指定任务。

活动结束后，广大学子互相交流心得，认识到了养成正确停放共享单车的习惯的重要性。本次活动广大学子的奉献精神得到 ofo 公司的高度肯定。希望广州大学的学子们能继续带着这样一颗积极热情之心参与到社会实践中去。

（经济与统计学院　李浩昊）

## 6 月 27 日　马克思主义学院与逢源街共建“学生党员服务站”

为巩固“两学一做”学习教育成果，积极响应市委、校党委的号召，通过深入开展党员志愿实践活动，以知促行，不断探索创新党建工作模式，6 月 27 日，在荔湾区逢源街文化站，广州大学马克思主义学院党委与荔湾区逢源街党工委共建“学生党员服务站”签约揭牌仪式暨庆祝建党 96 周年系列活动隆重举行。荔湾区人大常委会副主任刘漫漫、逢源街党工委书记周绮文、马克思主义学院党委副书记朱晓军以及街机关党员、全体直属党组织书记、社区党务副书记、学生、群众居民代表近 200 人参加了活动。

活动中，周绮文书记、朱晓军副书记就双方共建工作发言，并代表逢源街党工委与广州大学马克思主义学院党委签订了《学生党员服务站共建协议书》。区人大常委会副主任刘漫漫、街党工委书记周绮文、街人大工委主任毕美玉、学院党委副书记朱晓军一起为“学生党员服务站”揭牌。

随后，在“党旗飘飘进社区”庆祝建党九十六周年文艺会演中，马克思主义学院师生与社区居民代表共同演出了精彩纷呈的节目，还参观了街道反腐倡廉书画作品展览等活动。

今后，学院党委将通过开展“党员进社区”的工作，丰富组织生活，并将以此为契机，将党员进社区工作常态化、制度化。党员将积极联系社区，紧紧围绕主题，开展内容丰富、形式多样的志愿服务工作，结合自身优势参与社区活动，在义务劳动、爱心捐助、扶贫帮困、政策宣讲、信息咨询等活动中认领岗位，开展服务。党员们要在实践中理解“两学一做”“关键在做”的内涵，在服务群众过程中提高认识、锤炼党性，在奉献中坚定信念、提升宗旨意识。同时，党员们与群众的零距离接触、面对面交流、心贴心服务，展现了党员风采和务实的工作作风，凝聚了人心，汇聚了力量，使得教育效果最大化。

（马克思主义学院　朱晓军）

# 我们的大学

July 七月

## 7 月 2 日　广州大学 2016 级学生军训拉开帷幕

7 月 2 日，广州大学召开了 2016 级学生军训动员大会，本次军训活动正式拉开序幕，七千五百余名学生参加了大会，副校长周云为大会致辞，教官代表、军训团团长陈金在会上发言。

会上，周云副校长为保证今年军训任务顺利完成，向同学们提出三点希望与要求：一是尊重教官，听从指挥，虚心学习，服从管理。二是端正态度，从严要求，高标准完成军训任务。希望同学们通过军训，培养吃苦耐劳的能力和坚强的意志品格，争取军训效果和精神文明水平双提高。三是要周密计划、精心组织，确保军训工作的顺利进行。各有关职能部门和各学院要加强对军训工作的领导，深入训练现场，细致周密地做好军训中的训练组织管理、思想政治和后勤保障工作。

教官代表、军训团团长陈金同志表示，为了深化此次军训任务，他对教官提出三点要求：第一，要科学组织军训，严格按照学校要求、军训大队的规定，严密、科学实施管理。第二，要文明军训。不仅将军训技能教给同学们，更重要的是将部队的好传统、好作风、好形象展现给同学们，当好大学生的良师益友。第三，要谦虚好学。虚心向学校领导和广大师生学习，学习他们严谨的治学态度，不畏坎坷的求学精神，坚守岗位、乐于奉献的敬业精神。另外，他还对同学们提出两点要求：一是要敢于吃苦、敢于锻炼。二是服从命令、听从指挥。

据悉，2016 级学生将接受为期十二天的军事技能训练，训练科目包括擒敌术、消防训练、轻武器操作、自救互救训练、编队训练、紧急疏散演练、队列训练、阅兵训练、分列式及会演训练等。

（广大新闻网　熊雅智　李莹颖　黎民恩　陈云鹏　谢锦鹏　黄冼虹）

## 7月2日　广州大学开展“国家资助和助学贷款政策下乡行”宣传活动

从2012年开始，广州大学积极响应广东省教育厅与国家开发银行广东省分行每年利用暑假联合开展的广东省“国家资助和助学贷款政策下乡行”活动的号召，加大国家和广东省学生资助政策的宣传力度，让资助政策走进千家万户，深入每一个人心中，帮助贫困学子圆上学梦。

2017年7月2日起，广州大学连续6年开展“国家资助和助学贷款政策下乡行”暑期社会实践活动，并根据《关于开展我校2017年（第六届）国家资助和助学贷款政策下乡行活动的通知》的要求，确定了人文学院“‘助力青春’大学生志愿者团队”等5个省教育厅立项项目，外国语学院“圆梦肇庆资助政策宣传队”等5个校内立项项目，在省内开展国家资助和助学贷款政策宣传活动。

（学生处　葛泽胜）

## 7月4日　美术与设计学院学生作品获得许钦松创作奖

2017年度许钦松创作奖年度总评选颁奖典礼于7月4日晚在广州塔举行。本届评选中，广州大学美术与设计学院多名学生的作品获奖，包括陈华玲《无念》、黎小莉《童趣》、林铭锋《大学舟》、邝楚婷《日新月异》、钟嘉丽

《幻紫鸢》、龚颖怡《繁花落尽》、蔡子璐《花虫趣》、刘可莹《夏酣》、林倩华《油纸伞》、周鸿渐《孩子》、迟巧凤《相》、林德文《公寓的窗外》、苏明裕《往事并不如烟》、胡淞俊《在哪里》等。

许钦松创作奖设立于2009年，至今已成功举办了八届。设立此奖，主要是为艺术毕业生进入专业领域提供强有力的支持。许钦松先生希望借此奖项激励青年艺术家坚持创作的精神，为广东培养更多优秀的青年画家。

（美术与设计学院　马浩）

## 7月8日　美术与设计学院2016级军训原创漫画大赛圆满结束

7月8日，广州大学美术与设计学院2016级军训原创漫画大赛邀请了美术与设计学院团委书记马浩老师、学生工作办公室黄健聪老师作为评委，秉持公平、公正、客观、严格的原则，对参赛作品进行了细致严谨的评审。本届军训原创漫画大赛共收到参赛作品78件，评委老师们对作品精挑细选并激烈讨论，遴选出全部获奖作品。

征集的作品中，同学们从各个方面描绘自己眼中的军训生活，画面生动自然，内容丰富多彩。

这次比赛不仅激发了同学们的创作潜能，还带动他们在生活中寻找美、发现美的积极心态。

（美术与设计学院　罗兵）

## 7 月 10 日　马克思主义学院暑期社会实践支教西塱小学

7 月 10 日，广州大学马克思主义学院 2017 年大学生暑期支教实践服务队在荔湾区西塱小学开展志愿支教活动。在广州大学团委、学院党委的高度重视和关怀指导下，本次志愿支教活动取得圆满成功并得到一致好评。支教团队成员与西塱小学师生建立了深厚的情谊，协定共建支教实践基地，今后为促进西塱小学教育的发展作出更大的努力。该支教团队还获评 2017 年广州市大中专学生志愿者暑期“三下乡”社会实践重点团队、广州大学 2017 暑期“三下乡”社会实践“标兵服务队”。

网易、国际在线以及《信息时报》等多家媒体相继对此次支教活动进行报道。其中，7 月10 日网易新闻频道争先以“广州大学马克思主义学院在荔湾西塱小学进行志愿支教”为题详细报道了此次支教的过程。随后，7 月 10 日国际在线以“广州大学马院支教西塱行　携手共圆教师梦”为题在广东频道报道支教活动。7 月 11 日《信息时报》以“跟大哥哥学军体拳　小同学暑期收获多”为题重点报道了本次支教最具特色的课程——军体拳，以及西塱小学学生对本次支教活动的感受。

本次暑期实践活动立足专业，内容丰富，以城乡接合部小学、外来工子弟为服务对象，获得了良好的社会效益，产生了广泛的社会影响。此次活动让参与支教的大学生得到锻炼，增长才干，激发大学生成长成才的主动性，并增强了大学生“奉献、友爱、互助、进步”的社会志愿服务精神。

2017 年 8 月，马克思主义学院暑期支教服务队获评 2017 年广州市大中专学生志愿者暑期“三下乡”社会实践重点团队；2017 年 11 月，又荣获广州大学 2017 暑期“三下乡”社会实践“标兵服务队”称号。

（马克思主义学院　朱晓军）

## 7 月 10 日　广州大学龙狮队在第十届大学生舞龙舞狮锦标赛中喜获佳绩

7 月 10 日至 15 日，由中国大学生体育协会主办、中国大学生体育协会舞龙舞狮分会执行、郑州大学西亚斯国际学院承办的“2017 年第十届大学生舞龙舞狮锦标赛”在河南省郑州市举行。本次比赛吸引了全国各地 45 所高校的近千名运动员参加。

广州大学龙狮队在李湘远、曾秀霞两位老师的带领下，首次出战全国赛。经过 5 天的激烈比拼，广州大学龙狮队默契配合、发挥稳定，充分展示了龙狮的精气神和广大学子的精神风貌。最终共获得个人奖一项、团体奖四项，包括乙组男子舞龙自选套路第四名、乙组女子舞龙自选套路第五名、乙组男女混合团体第六名、乙组男子舞狮第九名，冯海锋同学获“最佳鼓手”称号。

（体育学院　学工办）

## 7 月 12 日　2016 级学生军训圆满结束　七千学子接受检阅

7 月 12 日上午，广州大学召开军训汇报表演暨总结表彰大会，这标志着 2016 级学生军训圆满结束。校党委书记屈哨兵，副校长周云、孙延明、张其学、郭兴蓬，校长助理李毅及学校各部门、各学院负责人出席了大会。汇报表演分为阅兵式、分列式、表演三部分，7 200 多名学生精神抖擞、士气高昂地接受了检阅。

庄严的升旗仪式后，军训汇报表演正式开始。阅兵仪式中，最先接受检阅的是护旗方队，护旗手们昂首阔步，意气风发，生动地展现了广大学子风采。随后，军训团方队昂首挺胸，迈着矫健的步伐走过主席台，接受屈哨兵书记检阅。同学们的口号声响彻云霄，充分展现出广州大学学子自信刚强、英姿飒爽的精神风貌，向领导、老师和教官们交出了一份令人满意的答卷。紧接着，各表演方队入场，别具一格的队列操、“杀气”十足的匕首操、迅速及时的战伤救护、威武有力的军体拳表演引起阵阵掌声，赢得现场观众的喝彩与惊叹，令人印象深刻。

最后，会上还表彰了一批在军训中表现突出的先进集体和个人，并授予锦旗与证书。其中人文学院、化学化工学院等11个学院获得“军训先进学院”称号，一营五连、二营六连等16个连队获得“军事训练先进连队”称号。

（广大新闻网　蔡锦姿　刘婧妤　郭子钰　谢锦鹏　陈云鹏　汤舜璞）

## 7月13日　化学化工学院开展暑期社会实践

7月13日，广州大学化学化工学院暑期社会实践活动正式展开，活动为期五天，参与的领导老师有化学化工学院党委副书记谭启亮、学工办主任李燕兴、团委书记王雅丽，参与的学生有化学化工学院团委学生会干部和负责资助工作的学生干部。本次暑期社会实践地点是广东清远英德西牛中学。

本次暑期社会实践内容十分丰富，包括支教、资助宣传、食品安全宣传、十八大精神宣讲等。实践队以西牛中学为中心辐射整个西牛镇，首先在西牛中学行政楼大厅开展了以宣传国家资助和助学贷款政策、共享习主席讲话精神、普及食品安全知识、展示化学小实验为主题的摆摊活动。随后，资助小组在西牛镇邮政局前向群众宣讲国家资助政策，并深入农户家中进行精准扶贫；在西牛中学开展支教活动等。

本次社会实践活动让同学们了解了国情，锻炼了能力，对同学们而言是一次珍贵的体验。

（化学化工学院　曾颖珊）

## 7 月 13 日　生命科学学院开展暑期“三下乡”社会实践

7 月 13 日至 19 日，广州大学生命科学学院社会实践队在从化区鳌头镇帝田村开展了为期一周的暑期“三下乡”社会实践活动。活动以“绽放生命光彩·推动科学发展”为主题，开展了帝田村关工工作调研活动、学生资助政策宣传、红色运动会、支农活动、支教活动、科普课堂与科技游踪、常见疾病及其预防方法普及和变废为宝普及等活动。活动过程中，实践队的同学们团结协作、分工明确、组织有序、吃苦耐劳、文明礼貌，获得了村民的好评，尤其是辅导中小学生学习的支教活动，广受小孩和家长欢迎。

这次社会实践活动，既让同学们增长了见识、开阔了视野，感受到农村生活的艰辛，也提升了同学们的组织管理能力和服务他人、锻炼自我的思想境界。

2017 年 8 月，生命科学学院社会实践队获“广州市 2017 年大学生‘三下乡’暑期社会实践重点实践队”称号。

（生命科学学院　杨敏）

## 7月15日　体育学院学生获中国大学生武术散打锦标赛金牌

7月15日至19日，由中国大学生体育协会、黑龙江省体育局主办，中国大学生体育协会民族传统体育分会执行的“2017年中国大学生武术散打锦标赛”在冰城哈尔滨黑龙江大学体育馆举办。广州大学代表队共获得冠军一项、第五名两项的优异成绩。

本次比赛共有101所学校参加，1 000多名运动员进行了600多场12个单元的比赛，最终角逐出76块金牌和304个奖项。SWAT厉豹队和北京大学散打队的加入不仅提高了本次比赛的层次，更是让本次赛事的观赏性和技术性达到了前所未有的高度。

在李东岳老师的带领下，经过五天四夜的激烈拼搏，广州大学五名运动员历经了十几场比赛，最终进入各级别争夺名次的决赛，并取得卓著战绩。李德福获得男子乙组52公斤级冠军；林士怀获得男子乙组56公斤级第五名；王印军获得男子乙组75公斤级第五名。

本次比赛的单元裁判长马学智在闭幕式上高度赞扬了广州大学，希望广州大学学子再接再厉，发扬武术散打精神，为中国武术作出榜样，为中国武术事业添砖加瓦。

（体育学院　学工办）

## 7月15日　物理与电子工程学院开展“国家资助和助学贷款政策下乡行”活动

为响应广东省教育厅“国家资助和助学贷款政策下乡行”的号召，让资助政策深入广东省地处偏远、信息相对闭塞的经济困难家庭，7月15日至17日，广州大学物理与电子工程学院绿荫社会实践服务队在物理与电子工程学院党委副书记李燕冰老师、学工办主任薛敏老师、团委书记王志杰老师、学工办黄毓婵老师的带领下，来到台山市水步镇开展为期三天的“国家资助和助学贷款政策下乡行”活动。

本次活动结合台山市水步镇的实际情况，以“促一般，抓典型”为思路，通过设点宣传、问卷调查的形式开展普及活动，了解市民对国家资助和助学贷款政策的认知情况；以当地“圩日”为契机，在人流密集的地方设点宣传，向当地群众派发宣传册，让更多当地的群众了解国家资助政策；通过走访当地家庭经济贫困户，为迫切需要资助和通过助学贷款实现上学梦的学生和家长送去相关政策资料，答其所惑，解其所需。

目前，还有不少家庭因为经济困难而不得不让自己的子女放弃受教育的机会。孩子是国家的未来和希望，无论是改变经济落后的状况，还是促进人的全面发展，都与教育密不可分。本次“国家资助和助学贷款政策下乡行”活动，秉承“资助与育人相结合”的工作理念，在台山市水步镇开展了三天的宣传，收到较为理想的效果。本次活动让大学生勇于承担社会责任，宣传国家资助和助学贷款政策，传播正能量，让资助政策深入千家万户，让寒门子弟就读高校不再只是梦想。

（物理与电子工程学院　学工办）

## 7月17日　经济与统计学院开展“丝路新世界·青春中国梦”社会实践调研

7月17日至19日，广州大学经济与统计学院阳江社会实践调研团队与华南农业大学生命科学学院合作，组成阳江社会实践调研团队，共赴阳江，一同参与以“丝路新世界·青春中国梦”为主题的社会实践调研活动。

此次活动是广州大学经济与统计学院团委首次与外校团委合作开展的社会实践调研活动，在调研主题上选取“绿色丝路”作为切入点，充分发挥两个学院的专业特色，各取所需。本次社会调研活动为期三天，先后前往阳江旅游和外事侨务局、阳江十八子集团有限公司、喜之郎阳江生产基地、广东厨邦食品有限公司和“渔人基地”互联网+品牌孵化基地等地点进行调研和学习。

在短短三天的课题调研过程中，双方学校的实践调研团队都积极提问，开展不同程度的交流，在讨论与合作中充分发挥团结协作精神。本次调研的合作进一步深化了广州大学与华南农业大学学生间的友谊，促进两校交流。相信此次社会实践之行将助力广州大学向高水平大学迈进。

（经济与统计学院　李晓岚）

## 7月19日　广州大学龙狮队在广东省传统龙狮、麒麟锦标赛中再创佳绩

为贯彻落实全民健身的国家战略，弘扬中华传统龙狮文化，由广东省社会体育中心、广东省龙狮运动协会主办的2017年广东省传统龙狮、麒麟锦标赛7月19日在茂名市体育馆开赛。来自广东省各地区的近三百个代表队汇聚茂名，“龙狮争霸”。

广大大学龙狮代表队在李湘远和曾秀霞两位老师的带领下，以饱满的热情、昂扬的斗志参加本次赛事。经过激烈的比拼，广州大学龙狮队以精湛的技

艺、优良的作风、拼搏的精神、昂扬的风貌在比赛中脱颖而出，取得傲人成绩：男子成年组传统舞龙第一名，女子成年组传统舞龙第一名，女子成年组传统南狮第一名，男子成年组传统南狮第一队一等奖，男子成年组传统南狮第二队二等奖。

（体育学院　学工办）

## 7月25日　广州大学师生第十一次代表市教育系统参加横渡珠江活动

7月25日，以“全民健身·全民健康”为主题的2017年广州横渡珠江活动在中大码头至星海音乐厅之间的珠江河段开展。由广州大学50名师生组成的方阵代表市教育系统成功游渡。

据悉，本次横渡珠江活动吸引了广州、佛山、河源、东莞、中山、肇庆、清远七市的方队以及驻穗部队、市直机关、总工会、教育系统、青年志愿者等社会各界组成的方队，近2 000名游泳健儿。

自2006年横渡珠江活动恢复以来，广州大学已十一次代表市教育系统参加活动。晴空碧波之间，广州大学50名游泳健儿矫健有序地游向星海音乐厅，充分展现了广大学子团结拼搏和坚持不懈的体育精神。

（体育学院　任佳妮）

## 7月31日　旅游学院举办“创新创业”主题沙龙

7月31日，旅游学院学生党总支校友访谈服务团队聘请5位业界较有知名度的创业校友为项目“创新创业导师”举办了“创新创业”主题沙龙，积极开展暑期“寻访校友足迹”活动。该活动项目紧紧围绕广州大学高水平大学建设培养高素质创新型人才的目标，通过创新创业校友导师的榜样引领和示范作用，为有梦想、有创业意向的学子提供有针对性的指导，拓展学生创新创业知识，促进学生“三创”能力的培养。

活动搭建起学院与社会、在校大学生与优秀校友双向交流的平台，通过丰富多样的形式，向在校大学生分享优秀校友成长故事与奋斗经历，弘扬传承广大人博学笃行、积极进取的精神，激励大学生立志成才，同时增强校友对母校的归属感，发扬校友反哺母校的精神。

（旅游学院　陈志明　茹清瑶　吴纯敏　林咏思）

# 我们的大学

August 八月

## 8月2日　广州大学举办穗港大学生创业项目路演活动

8月2日，由广州大学主办的“2017穗港大学生IT科技创新创业交流营”之穗港大学生创业项目路演活动在广州零能耗众创空间举办。活动邀请了广州大学、广州市科协、广州市番禺区科工商信局的专家，香港大学、香港科技大学等6所香港高校的青年大学生以及广州地区的知名企业家代表参与。

活动采用了新颖的“电梯演讲”方式，由广州大学、香港中文大学学生组成的创业团队纷纷向现场的专家、政府部门代表和企业家推荐项目和技术。其中，由广州大学卫斯理安学院3位女生作为主创团队的“妆语言”（现名“妆Ability”）项目“粉墨登场”立意标新，准确把握了当代青年女大学生对“价廉物美”“随时随地”的化妆用品的需求，并结合了电商和网上虚拟平台的创新模式进行运营。项目主创成员林凯臻提到，目前团队正努力开发和打造一个美妆App以实时应对消费群体的技术咨询和附加值需求。这一想法得到了在座风投人士的积极回应：“大学生创业不易，一个小姑娘就有这样的创业想法值得鼓励，这个美妆项目无论是可行性还是前景都非常好。”

同场PK总是会碰撞出智慧的火花，来自香港中文大学的学生创业团队擅长开发手机App，并且其项目客户群体与“妆语言”项目基本趋同，双方的合作有利于促进穗港两地的互动、互通和互相借力。经过交流，双方团队当场决定“联姻”，携手同行，共创商机。

（卫斯理安学院　林凯臻）

## 8 月 28 日　“应用心理校企协同育人实验班”举行开学典礼

8 月 28 日，广州大学与红树林心理机构合办的“应用心理校企协同育人实验班”开学典礼在广州大学教育学院隆重举行。红树林心理机构董事长尤红、总经理舒幼娥、负责人李粤江携实验班教研团队一行 10 人参加了开学典礼，与广州大学教育学院书记麻彦坤、副院长曹卫真、系主任郭斯萍、副教授王孟成及实验班学生共聚一堂。首届“应用心理校企协同育人实验班”正式启动。经过前期申请及严格面试，共遴选出 21 名学生进入实验班培养。

广州大学心理学科有着悠久的历史，是广东省心理学教学研究的龙头院校。红树林心理机构植根心理咨询 11 年，拥有逾 100 位专业咨询师，是华南地区规模最大、最专业的心理咨询机构。本次双方强强联手，顺应社会新时期心理人才的需求，以开设实验班的方式为广州大学心理系的本科生提供“3 + 1”的教育模式，即心理系本科生大四一整年的课程、实践和论文将在红树林心理机构完成，这是国内心理学系教育模式的新尝试。

尤红董事长感谢广州大学教育学院师生的信任，并对实验班学生的培养给予高度重视。麻彦坤书记表达了教育学院对本次双方合作的殷切期许。红树林心理机构团队教研组老师向教育学院师生详细介绍本次的实验班培养计划，并与实验班学生进行了现场互动问答。本次实验班培养参考国外成熟的“个人体验 + 理论结合实践 + 专业督导”三位一体的咨询师专业培训体系，为同学们精心设计了专业课程和实践训练。

9 月，一年的学习即将开始，预祝首届实验班的同学们通过学习熟练掌握实用的心理咨询技能，并对心理咨询行业有更清晰的了解，在不久的将来能更从容地走出校园，更自信地面对社会，更踌躇满志地迈向未来。

本次的协同育人实验班是一个值得期待的开始，广州大学教育学院和红树林心理机构将以此为契机，在人才培养、科研等方面展开全方位合作。

（教育学院　学工办）

## 8 月 30 日　物理与电子工程学院召开第二课堂解读会暨迎新干部培训会

8 月 30 日，物理与电子工程学院在讲学厅召开了物理与电子工程学院第二课堂解读会暨迎新干部培训会。物理与电子工程学院党委副书记李燕冰、学工办主任薛敏、团委书记王志杰，以及全体导生和团委学生会干部参加了本次会议。

王志杰老师首先阐述了第二课堂学分的含义，详细讲解了第二课堂的加分细则。薛敏老师强调了迎新要注意的两大问题，力求让新生尽快融入大学生活。李燕冰副书记以“心气、志气、勇气；自豪感、责任感、危机感；激情、形象、双赢”三组关键词，讲述了担任学生干部的意义，激励学生干部把工作做到最好。

此次培训会使学生干部深入理解了第二课堂条例，明确了自己的工作职责，增强了责任感与使命感，为学院迎新工作的顺利开展奠定了坚实的基础。

（物理与电子工程学院　学工办）

# 我们的大学

## September 九月

## 9月4日　体育学院师生参与第十三届全国学生运动会的裁判工作

由教育部、国家体育总局和共青团中央联合主办，浙江省人民政府和杭州市人民政府共同承办的第十三届全国学生运动会于2017年9月4—16日在浙江杭州举办。这是将全国大学生运动会和全国中学生运动会合并后首次同时同地举办的全国性学生运动会。

为保证本届运动会的顺利举办，教育部学生体育协会联合秘书处在广东省相关学校选派了25位师生担任本届学生运动会的田径、游泳等9个项目的裁判工作。广州大学体育学院教师杨大轩和2014级学生唐士智参与了本次学生运动会足球项目的裁判工作。

杨大轩老师是全国校园足球裁判委员会委员、裁判长，在本次学生运动会中担任中学男子组的副裁判长工作。

唐士智同学今年3月晋升为中国足协国家级裁判员，在本次运动会中担任大学男子组的裁判工作，也是广东省25位裁判人员中的唯一一名在校学生。他在担任裁判员期间表现沉稳，获得“优秀裁判员”称号。

（体育学院　学工办）

## 9月4日 《梦留黄沙》舞台剧在广州大剧院首演成功

9月4日晚，音乐舞蹈学院蜗牛剧社自编自导自演的舞台剧《梦留黄沙》，借广州大剧院“青年培养计划”的东风，登上了广州大剧院实验剧场进行首演。本场演出座无虚席，校团委周臻副书记、学院党总支苏沛祺书记和刘小燕副书记也到场支持同学们的演出。

《梦留黄沙》是根据音乐舞蹈学院“圆梦志愿服务队”连续五年赶赴梅州黄沙村进行艺术支教的真实故事改编而成，讲述一群有梦想的大学志愿者在乡村撒播艺术种子，帮助乡村孩子圆艺术梦想的故事。蜗牛剧社社员的精彩演绎，将志愿者们在支教过程中遭遇的困难、对梦想的坚持、受到村民肯定时的喜悦、孩子们取得成绩时的激动……这些发生在小山村里的故事一一展现在观众眼前。

全剧有笑点也有泪点，演员们在表演的同时尽可能还原志愿者们在黄沙支教时的情景，引起了不少在场观众的共鸣。全剧结束后，在导演范雪敏同学的主持下，学院党总支书记苏沛祺、辅导员廖争荣老师（剧中扮演村主任）和台下的几位观众都发表了自己的感想，提出了一些中肯的建议。蜗牛剧社社员也都表示此次演出受益匪浅，主创团队将会继续努力发现新的元素，强化演员们的舞台表现力，完善剧本，争取在未来呈现出更加精彩的演出。

（音乐舞蹈学院　学工办）

## 9月5日 广州大学举办2017级新生导生工作培训

9月5日下午，学校在图书馆副楼五楼报告厅举办了2017级新生导生工作培训会。学生处副处长孟强老师、学生处思政科廖勇老师、易班发展中心葛泽胜老师、各学院辅导员代表以及学校2017级新生导生参加了培训会。培训会由廖勇老师主持，孟强老师做了动员讲话，葛泽胜老师为2017年导生易班工作做了培训。

培训会上，廖勇老师首先阐述了导生对学校新生工作的重要性，指出担任导生能够锻炼学生，提高学生的综合素质，是快速成长的难得机会。他希望导生能珍惜机会，做好新生引导、辅导工作。

随后，孟强副处长做了动员讲话。他结合学校正在进行的高水平大学建设，针对导生要面临的“调整自己，始终保持工作热情”“引导新生尽快适应大学生活”“建立团结的班集体”“提高新生安全意识”“帮助新生尽快熟悉理解学生手册设定的规章制度”等问题与导生展开交流。最后他要求导生在开展工作的时候要提高工作效率，要当新生的“人生导师”，要正确处理好老师与新生的关系，对新生要具有负责任的态度，要灵活应付各种突发状况。

培训的最后一部分是葛泽胜老师为2017级新生导生做易班工作培训。葛泽生老师通过对比易班与微信、QQ、阿里旺旺等软件，指出了易班的便利性与服务校园的精准性。随后，他从个人、班集体、学校三个不同视角讲述了易班的便利和功能强大。他还向同学们介绍了具备“阳光、可爱、勇敢、聪慧”等特质的广大易班吉祥物——易小羊。他指出，易小羊的精神可通过导生和易班的使用传递给新生，他希望导生们能够主动使用易班，并引导新生使用易班。

培训会结束后，导生们均表示获益匪浅。经济与统计学院2017级新生导生张婕妤同学说：“通过培训，我更深刻地认识了易班。在以后的工作中，我会主动使用易班，提高工作效率，引导好、服务好我所带的班级。”

（学生处　葛泽胜）

## 9月8日　美术与设计学院举行新兵欢送会

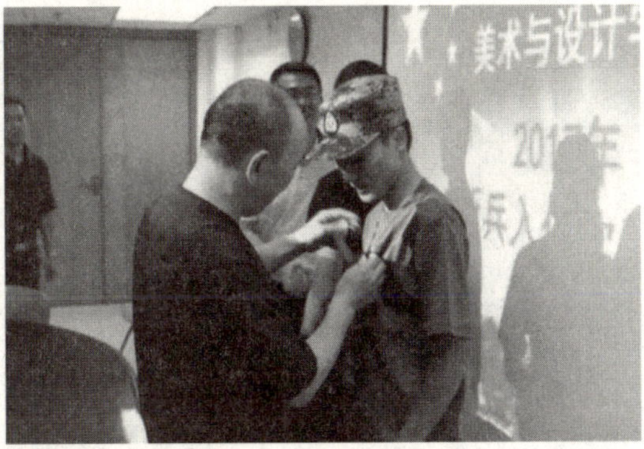


9月8日上午，在文逸楼705会议室，美术与设计学院为今年夏秋季光荣入伍的同学举行2017年新兵欢送会。

在欢送会中，宣读了今年入伍新兵的名单：陈庭树同学，来自环境设计162班，入伍河南武警总队；林启奋同学，来自产品设计151班，入伍北部陆军78集团军。

当兵不仅可以锻炼自身，也是为国争光、为人民服务的光荣行为。在欢送会中，美术与设计学院党委书记吴宗敏和党委副书记蔡琼生为两位同学颁发代表荣誉的大红花。

长路漫漫，两位同学即将离开熟悉的校园，踏向未来的征途。蔡琼生副书记对新兵的入伍生活表示关怀，希望他们在部队生涯磨砺自己的同时，也关注自身的健康，做一个有用的人。

随后，两位同学就即将到来的入伍新生活发表感想，表达了入伍当兵的欣喜，并为自己制定了这两年生活中要完成的目标。

团委副书记、年级辅导员李佩雯也向两位同学表示慰问，祝愿他们在接下来两年的生活中能收获更多的知识，丰富自己的人生经验，创建更美好的未来。

为了减轻新兵对军队的陌生感，美术与设计学院特意安排了退伍返校的颜圣力、李展锋和伍邓连同学发言，讲述自己的军队生活和趣事，为同学们提供了许多经验。

最后，吴宗敏书记致辞，对两位同学表示祝福，希望他们能前程似锦，并表示学院永远是他们坚实的后盾。

（美术与设计学院　罗兵）

## 9月9日　广州大学喜迎2017级新学子

9月9日，我校2017级7 555名本科新生（含新疆少数民族预科生）、1 486名研究生新生入学报到，正式开启大学生活。校党委书记屈哨兵，校长魏明海，校党委副书记、纪委书记张强，副校长于欣伟、傅继阳、周云、孙延明、张其学、郭兴蓬、吴开俊到各学院迎新点视察迎新工作。

**院士专家领衔“大学第一课”，开启学术成长之门**

在全面推进高水平大学建设的背景下，学校有了全新的人才培养目标与理念——“德才兼备、家国情怀、视野开阔，爱体育、懂艺术，能力发展性强”。该理念着眼于四年后，即2021年，是“两个一百年”伟大奋斗目标书写第一个“一百年”辉煌的焦点时刻，也正值2017级新生毕业之际。为促使人才培养目标理念落地生根，引导学生争做国家现代化建设所需的高素质创新型人才，我校为2017级新生送上了意味深长的“大学第一课”：包括减震抗震领域国际一流专家周福霖院士、计算机软件教育领域顶尖学者张景中院士在内的12位顶级名师、专家，通过“名师第一课”“学院名师讲座”“名师大讲堂”与新生们面对面交流。

名师引路，汇聚12名顶尖学者的“名师第一课”重在提升新生们的“心气、志气、勇气”，为其开启大学理想与学术追求提供强助力。除了周福霖院士、张景中院士，“名师第一课”还邀请了国家教学名师曹广福教授、中共中央组织部“千人计划”专家章典教授和贺鹤鸣教授等名家，为新生开启学术之门。同期举办的“学院名师讲座”，将由各学院知名教授开展专业引导，增强新生的专业认同感；“名师大讲堂”则在本学期开展八讲，进一步开阔新生视野。

**线上线下齐迎新，多项举措暖人心**

“清新俊逸，梅兰竹菊”，在各个迎新点，志愿者、导生讲解的“广大特色”成为新生们口中的热词。逛“一塔湖图”，赏“学府星辉”，新生们很快领略到了广州大学的独特魅力。学校还为家庭经济困难的同学开通了“绿色通道”咨询服务，并在各大食堂设立了“新生专窗”及免费的“家庭经济困难新生套餐”，方便新生及家长用餐。一些新生表示，还未进学校，就通过广州大学易班平台的“易起上大学”线上线下联动活动与学校进行深度接触。9月4日，学校易班发展中心面向2017级新生推出了“招募开学典礼新生发言代表”轻应用，截至9月7日16：00，已有489人访问，百余人报名。

各个学院也充分调动力量，让新生们在入校第一天就感受到学校的热情和期待。数学与信息科学学院的2017级新生家长见面会上，国家杰出青年科学基金获得者、院长曹道民研究员向家长们介绍了学校全力推进高水平大学建设、创新人才培养的举措与决心，邀请家长们为学院发展和学生成长建言献策，赢得了家长们的一致好评。物理与电子工程学院制作了温馨的报到指引，并首推本硕联动新生拓展教育，以户外拓展促进新生群体的交流与合作，使新生能更好更快地融入新集体、新学院。机械与电气工程学院报到处的机器人白色的大脑袋、圆圆的身子，憨厚的形象吸引了许多新生的目光。第一届机器人工程专业的新生胡同学自豪地说道：“机器人专业是广州大学今年才设的专业，机器人作为一个全新的领域，在未来一定会有无限的潜力和发展空间。”马克思主义学院则将特色项目——“师生一对一结对辅导”予以延续，结对教师将会在未来四年里以多种方式对各自的学生进行全方位指导。

**家长点赞广大，新学期教育管理不放松**

在迎新现场，校党委书记屈哨兵、校长魏明海与新生、新生家长及迎新点工作人员亲切互动，详细询问、了解新生的入学感受和迎新工作的整体进展。

有新生家长赞道：“广州大学给了我们家的感觉!”屈书记、魏校长点头称是，让家长放心把孩子交给广大，并勉励新生珍惜大学光阴，刻苦学习，收获大学的精彩。

在慰问新生班主任时，屈书记殷切寄语，希望老师们在新学期的工作中引导、管理好学生的思想，为其积极进取、成长成才打下坚实的基础；引导、管理好学生的学习，提升考研深造的比例；引导、管理好学生的安全，确保同学们身心健康、全面发展。不论是新入校的青年博士，还是已有多年教龄的教师，都感觉光荣与责任并重，他们表示，一定会努力践行教书育人的使命，一以贯之地带好新生、管理好新生班级。

（广大新闻网　李莹颖　刘婧妤　林志伟　黎媛　杨丽莺　郑东红　蔡锦姿　陈云鹏　吴婉怡　付轩　谢锦鹏）

## 9月10日　“名师第一课”周福霖院士与2017级新生畅谈人生

9月10日上午，我校新生“名师第一课”系列课堂第一场顺利举行，本场“名师第一课”由工程结构与抗震减震专家、中国工程院院士、国际隔震减震与控制学会主席、校工程抗震研究中心主任周福霖主讲，校党委书记屈哨兵主持，800余名研究生新生到会听讲。

课堂开始前，屈哨兵书记代表学校欢迎2017级研究生新生，并为在场学生介绍了周福霖院士的相关情况。在本场“名师第一课”上，周福霖院士首先祝贺新生们顺利成为广州大学研究生，迈向了人生的新篇章。随后，他将自己的想法和经历与同学们分享，并向在场同学们讲述了自己对研究生阶段面临的问题的看法和见解。他认为，研究生这三年是人生轨迹的重要转折点，如果在这一阶段确立了人生目标就要勇往直前，同时，他还教导同学们要珍惜机会，争取成为一名优秀的研究生，让广州大学为自己自豪，为学校争光，为国家争光。

周福霖院士表示，研究生阶段的人生观、价值观会比本科时更加成熟、更加坚定，自我控制能力和学习能力也会更强。三年的学习生活往往会因为选择的不同而出现两极分化的结果。周院士语重心长地对同学们说："这三年该怎么度过，这三年能给你的人生起到什么作用取决于同学们的意志和自我控制能力。如果同学们的目标非常明确、意志非常坚定、自我控制能力也很强，那么你就可以通过这三年完成人生华丽的转折。"

同时，周院士还强调，在做学问的过程中更重要的是学会怎么做学问。他生动形象地举了三种例子，劝勉学生们从年轻时就树立远大的志向，立志成为为国家、为民族、为人类做出贡献、受社会尊敬、体现人生价值的人。因此，年轻时就要树立明确的奋斗方向，有了方向学习才会有动力。

结合学校积极推进高水平大学建设的目标，周院士最后对同学们提出了四点要求：一是要工作踏实，虚心求教；二是要勤奋创新，刻苦钻研；三是要团队合作，团结一心；四是要走出学校，走向世界。

课后，土木与工程学院的陈同学表示："这样精彩特别的'开学第一课'可能在一生中都不会再遇到了，今天周院士的讲课让我感受颇深，解答了我长久以来的疑惑，更为我的研究生生涯指明了方向！"

据了解，"名师第一课"系列大讲堂为我校今年新开展的系列活动，主讲人均为各学院各学科领域的专家学者，其中既有中国工程院院士、中国科学院院士，又有国家"千人计划"专家学者等。

（广大新闻网　蔡锦姿　刘婧妤　陈翠仪）

## 9 月 10 日　生命科学学院举办 2017 级新生趣味运动会

为了让大一新生尽快适应大学生活，更好地融入班级，增强班级凝聚力，生命科学学院团委学生会于 9 月 10 日下午 2 点在理学实验楼架空层举办了 2017 级新生趣味运动会。各个新生班级自成一队参加比赛，学院团委学生会干部则作为活动嘉宾友情客串。

趣味运动会共设四项游戏，分别是任务接力赛、乒乓球接力赛、自行车慢速赛以及无敌风火轮赛。任务接力赛由五个小任务组成，考验平衡能力、心理素质及队友间的默契。乒乓球接力赛要求选手们用球拍托着乒乓球进行接力传递。而自行车慢速赛环节则要求选手以最慢的速度通过固定距离。在最让人紧张的无敌风火轮赛中，同学们真正将团队合作精神发挥得淋漓尽致，虽说在一起磨合的时间并不长，但仍然能完美配合。当长长的队伍缓慢走起来的时候，全场瞬间沸腾。赛场上洒下了汗水，洒下了欢乐，更洒下了同学们携手奋进的回忆！

本次趣味运动会的举办，不仅为同学们提供了放松身心的机会，还培养并增强了同学间的合作意识与集体荣誉感，提高了班级凝聚力，为学院创造了和谐欢乐的氛围。

（生命科学学院　郑蕴纯）

## 9月10日　新闻与传播学院举行2017级新生开学典礼

9月10日下午三点半，新闻与传播学院于图书馆副楼五楼报告厅举行2017级新生开学典礼。学院党委书记李雁、党委副书记林仲英、副院长田秋生、副院长李春雷、院长助理夏清泉等领导老师及我院363名本科生新生和20名研究生新生共聚一堂。

李雁书记主持此次开学典礼。她表达了对学院教师的衷心祝福，并向同学们介绍了出席的各位领导老师。

田秋生副院长代表学院向2017级新生表示热烈祝贺和欢迎。他以“与广州大学一同成长，与广州一同成长”为题介绍广州大学以及学院专业学科、教职工队伍、科研成果。同时，他向新生提出三点期望：成为学有所成的专业人才；成为有全球视野、家国情怀、批判性思维的创新性人才；成为身心健康、热爱生活、有良好艺术素养和审美能力的当代人才。

教师代表刘涛老师向全体教职工致以节日的问候和祝福。他通过“大学的样子”强调大学生应当有“四识”：常识、学识、见识、认识，并用网络热语寄语学生：“你必须很努力，才能看起来毫不费力。”

学院2014级学生代表朱帆发言。希望新生能够珍惜大学里的每一天，尊重自己的选择，感恩学院，并爱上具有独特气质的新闻与传播学院。

2017级新生代表李昕洋上台发言。作为新生，他相信真正做传媒的人都是真诚的人，学院自由包容的氛围将让梦想在这里绽放。同时他向新生发出号召，谨记“博学笃行，与时俱进”校训，在四年的大学生涯里刻苦学习，勇攀知识高峰。

最后李雁书记总结发言，她祝愿新生在四年的学习和生活中硕果累累，也为新的学年燃起新的希望，成就新的梦想。

（新闻与传播学院　学工办）

## 9月11日　公共管理学院开展“名师第一课”

9月11日上午，公共管理学院“名师第一课”于桂花岗图书馆三楼报告厅开讲。本次活动旨在提升新生的学习士气，开发学生们追求学术的兴趣，培养创新创业的意识。本次活动由公共管理学院党委书记谢俊贵主持，特邀广州大学名师、环境科学与工程学院二级教授、国家杰出青年基金获得者刘鸿教授出席，出席本次活动的领导和老师还有学生工作处副处长孟强、公共管理学院

党委副书记谢胜文、学生处驻桂花岗办公室王会兰、公共管理学院学工办林曼曼等。

刘鸿教授以提高科学素养和创新科技文化为主线，分三大板块向新生介绍。刘鸿教授认为广州大学建设双一流大学与地区发展和国家战略息息相关，呼吁同学们要具备基本的科学素养与创新文化，提高个人素质以适应社会发展。随后，刘鸿教授启发学生进行思考，他询问同学们四年后的发展方向，并进而强调，不管是要往创业方面还是学术方面发展，都要有创新意识。同时，他还希望，新生应当加强锻炼，具备好身体；应当好好为人，具备好性格；应当努力学习，具备专业知识与科学素养。

最后，刘鸿教授分享个人经历，引起学生共鸣。他谈到自己大学期间曾渴望得到他人认可并为之奋斗，他希望同学们也能永葆赤子之心，不懈追求自己的理想。学生们意犹未尽，积极表达个人观点，接二连三向教授发问，刘鸿教授一一解答，妙语连珠，引得学生阵阵掌声。

讲座结束之际，谢俊贵书记上台对本次“名师第一课”活动进行总结。同时，他也针对公共管理学院开设的社会学学科进行发言。他指出，社会学是一门文理兼备的学科，因此，对于公共管理学院而言，培养学生的科学素养同样重要。除此之外，谢书记还寄语新生，期待同学们能向“德才兼备、家国情怀、视野开阔，爱体育、懂艺术，能力发展性强”的目标看齐。

此次讲座留下的智慧之语，有助于启发新生，为新生的四年大学生涯发展指明道路，也有助于引领新生树立正确的世界观、人生观与价值观。

（公共管理学院　学工办）

## 9月11日　环境科学与工程学院召开2017级新生年级大会

9月11日上午，环境科学与工程学院在理南楼322室召开了2017级新生年级大会。此次大会由学院学生工作办公室主任李慧老师主持，院长肖唐付、副院长夏建荣、副院长王筱虹、党总支副书记肖杏烟等出席了本次大会。

大会伊始，肖唐付院长向新生简略介绍学院的学科基础、学科方向、学科特色以及专业设置，并对新生提出了期望。随后，夏建荣副院长进行了详细的科研工作介绍，引导新生关注科研，激发同学们的科研兴趣。最后，由院长助理张鸿郭副教授介绍学院实验室概况，对人才的培养以及多个实验支撑平台做了简要介绍，让新生对学院的实验配置有了初步的认识。

（环境科学与工程学院　学工办）

## 9月12日　教育学院召开2017级新生见面会

9月12日下午，教育学院于图书馆讲学厅召开2017级新生见面会，本学期共有276名本科新生加入广州大学教育学院大家庭，他们斗志昂扬，以饱满的精神状态迎接全新的大学生活。

党委书记麻彦坤教授、院长刘晖教授、副院长曹卫真教授与邢强教授、党委副书记陈宇红副教授、各系专业老师、新生班级班主任及辅导员均出席了本次新生见面会，学院的领导和老师都对新生的到来表示热烈欢迎和美好祝愿。

麻彦坤书记希望新生们牢记广州大学的人才培养目标，做一个“德才兼备、家国情怀、视野开阔，爱体育、懂艺术，能力发展性强”的大学生。刘晖院长寄语2017级新生，并分享了大学的三个关键词——传承、目标和专注。

老生代表刘晓芹向新生分享了心得，希望他们在大学生活中能合理规划，敢于尝试，勇于担当，并努力提升自己。2017级新生代表叶健彤发言，道出对学院、老师的感谢，以及对未来大学生活的憧憬。

新生见面会结束之后，各系专业老师为新生开展了专业教育。新生对教育学院和自己所在专业都有了进一步的理解，为全新的大学生活打下了坚实的基础。

（教育学院　学工办）

## 9 月 12 日　开学典礼：魏明海校长寄语新生“累足成步、著备成德”

9 月 12 日上午，我校分别在大学城和桂花岗两个校区举行 2017 年开学典礼。今年有 9 041 名新生迈入广州大学校门，其中本科生 7 555 名、研究生 1 486名，他们将在广州大学扬帆起航，开启人生新的篇章。校领导、名师代表、相关部门及各学院负责人、班主任等出席开学典礼。

**校长寄语新生“累足成步、著备成德”**

魏明海校长在开学典礼上致辞，祝贺并欢迎大家加入广州大学，希望同学们志存高远，立更高目标，定更严要求；创新思维、博学笃行、与时俱进，争做有“三气”（心气、志气、勇气）和“三创”（创意、创造、创业）能力的大学生。

魏明海校长表示，希望同学们朝着学校提出的“德才兼备、家国情怀、视野开阔，爱体育、懂艺术，能力发展性强”的人才培养目标而努力奋斗，把握方向、找准定位，博学创新、积蓄势能，累足成步、著备成德，最终实现为社会谋福、为邦家争光。

一是把握方向、找准定位。要看清国家未来发展的大势，把个人的成长和事业融入国家未来的发展中，始终与国家未来的发展同向而行。要志存高远，根据国家未来发展的大势找到坐标、找准定位，顺势而为，在融入国家未来的发展中获得个人事业的发展。

二是博学创新、积蓄势能。所谓博学创新，就是要以更加开放的态度兼容并包，以更大的创新勇气突破旧的思维定式，以更加执着的态度潜心求学。只有博学创新，才能积蓄更大的势能，毕业之后才有可能创出一番事业，对国家和社会作出更大的贡献。

三是累足成步、著备成德。要脚踏实地、坚韧不拔，一步一个脚印，紧跟时代，真真正正做一位广州大学这个学术共同体的参与者、建设者，真真正正做一位社会主义核心价值观的坚定信仰者、积极传播者、模范践行者，真真正正做一位实现中华民族伟大复兴事业的重要建设者和主力军。

**师长勉励新生“惜时笃行，逐梦广大”**

教师代表、国家杰出青年基金获得者、生命科学学院孔凡江研究员和“最受学生欢迎老师”——工商管理学院马大卫老师分别发言，同新生们分享了他们求学、治学的经历和体会，勉励同学们珍惜大学时光，努力学习知识，敢于追求梦想。

孔凡江老师寄语新生“惜时笃行，逐梦广大”，勉励同学们要学会与人沟通，尊重别人，以诚待人，学会把挫折和失败看作是磨炼意志的过程，使自己变得更加坚强；要珍惜青春时光，努力学习知识，培养独立思考的能力，不断追求人生理想和目标，用自己的智慧和双手去创造绚丽灿烂的人生。

马大卫老师认为，大学的目标在于帮助同学们在品格、心理、创造性、逻辑思维、社交能力、领导力、毅力、价值观、审美能力等各方面取得最大程度的发展，希望同学们不断培养和锻炼自己的综合能力、批评意识和创造思维，敢于追逐梦想。

新生代表人文学院现当代文学专业研究生罗敏仪同学和经济与统计学院本科生连曼琼同学则表达了新学子对未来大学生活的期盼与憧憬，表示一定会珍惜大学时光，努力学习，用实际行动交一份满意的答卷，为自己谱写壮丽的人生篇章。

**名师主讲“第一课”，开启学术成长之门**

在全面推进高水平大学建设的背景下，我校凝练出了“德才兼备、家国情怀、视野开阔，爱体育、懂艺术，能力发展性强”的人才培养目标。学校为2017级新生送上了意味深长的“大学第一课”：包括减震抗震领域国际一流专家周福霖院士、计算机软件教育领域顶尖学者张景中院士在内的12位顶级名师、专家将成为新生们大学之旅的首批导师，通过“名师第一课”“学院名师讲座”“名师大讲堂”与新生们面对面交流。

9月10日至11日，汇聚12名顶尖学者的“名师第一课”重在提升新生们的“心气、志气、勇气”，为其开启大学理想与学术追求提供强助力。除了周福霖院士、张景中院士，“名师第一课”还囊括了国家教学名师曹广福教授、中共中央组织部“千人计划”专家章典教授和贺鹤鸣等名家，为新生开启学术之门。同期举行的“学院名师讲座”，由各学院知名教授开展专业引导，增强新生的专业认同感；“名师大讲堂”则在本学期开展八讲，进一步开阔新生视野。

（广大新闻网）

## 9月16日　物理与电子工程学院开展2017级素质拓展训练

为了培养学生干部的团队合作意识，增强团队凝聚力，9月16日下午，物理与电子工程学院举办了“心气　志气　勇气——2017级硕本联动素质拓展训练营”，物理与电子工程学院团委书记王志杰老师、团委副书记黄毓婵老师、学院2017级硕士新生、本科班委、本科生党支部、团委学生会干部参加了本次活动。

本次活动注重“体验与分享”，通过破冰游戏、团队训练、信任背摔、雷区取水等形式，激发学生的潜力，提升学生的团队意识，使学生克服自身的恐惧，勇于承担责任，培养学生的统筹能力、团队合作精神和协调沟通能力。

（物理与电子工程学院　学工办）

## 9月17日　广州大学桂花岗校区举办四院辩论表演赛

9月17日，在广州大学法学院团委、学工办的大力支持下，由广州大学法学院辩论队主办的广州大学桂花岗校区四院辩论表演赛在桂花岗校区小礼堂顺利举办。

比赛辩题为“应不应该进入快乐机器”。充满哲学韵味的辩题让竞技性的比赛充满了对人生哲学的思辨和对真理的探讨。此次四院辩论表演赛旨在在新生中传播思辨氛围，展示辩论作为传统语言竞技活动的魅力。为更好地达到效果，本次比赛不仅由桂花岗四院（法学院、公共管理学院、工商管理学院、经济与统计学院）选派各自最优秀的辩手上场参加比赛，还邀请了校内外的成名辩手，如斩获包括新周刊华南大学生辩论赛冠军及最佳辩手在内诸多奖项的法学院 2013 级学生翟欣麟，校辩论队队长、新闻与传播学院的朱子馨同学等。

本次比赛不仅获得了很高的关注，同时也获得了观众和参与者的一致好评。许多大学城校区的同学特意赶到桂花岗校区观赛。法学院辩论队员表示，会再接再厉，继续营造和传播思辨氛围，让辩论这项传统语言竞技活动能够更好地为大家所认识。

（法学院　辩论队）

## 9 月 17 日　体育学院党委书记为全院本科生上思想政治理论课

9 月 17 日晚上，在文新楼 106 室，体育学院党委书记何蕴华为全院本科生讲了一堂思想政治理论课，主题为“当代青年的使命与成才”。

围绕主题，何书记提出了 5 个关键词：理想、学问、修养、务实、创造，并用生动的例子引导同学们理解当代青年的使命与成才的途径，鼓励同学们树立理想、勇于担当，在对国家和民族的奉献中实现人生价值；提升思想道德修养，明辨是非、美丑，保持头脑清醒，不因一时的迷茫而忘记初心；勤学苦练，把自己对祖国的热爱落实到不断的积累和创造中，在专业上有所建树。

在思想政治理论课结束前，现场的同学们积极向何书记提问，提到了在大学里如何找到良师益友，如何度过迷茫期等问题，何书记用简洁明快的语言进行了回答。

此次思想政治理论课的目的是贯彻落实《中共中央、国务院关于加强和改进新形势下高校思想政治工作的意见》和学校党委的意见，加强对学生的理想、信念教育。同学们表示深受启发，获益良多。在大学生活里，同学们都应尽早确立人生目标，同时不断提升自己的道德修养和专业能力，成为一个德才兼备、全面发展的学生！

（体育学院　张嘉怡）

## 9月18日　体育学院举行升国旗仪式

9月18日7时15分，天空还是一片浅蓝，广州大学体育学院在图书馆正对面举行了庄严的升旗仪式暨纪念“九一八”事件的爱国主义教育活动。

国歌奏响，全场肃静，鲜艳的五星红旗冉冉升起。院党委何蕴华书记在国旗下发表讲话。她表示：一是希望每位同学都怀有一颗爱国之心，每当听到国歌、看到国旗时都应当想到，作为当代青年，我们每个人身上都肩负着为国家奉献的使命。二是86年前的今天，日本对中国开始了十多年的侵虐，记住今天，记住历史，记住我们身上的担子，希望在座的每位同学都有这种国难意识、危机意识。我们生活在和平的现代化社会，但我们要了解、铭记民族的苦难历史。吾辈当自强，耻辱永不重演！

1931年的今天，“九一八”事变爆发，这是日军企图武力征服中国的开端。14年艰苦卓绝的抗日战争，换来了现在美好的生活。不忘“九一八”的血雨腥风，弘扬先烈的爱国之情，这是每一位中华儿女都应该铭记的。

（体育学院　李玉伟）

## 9月22日　旅游学院学子赴南开大学访学

9月22日早晨，开展第二校园访学的旅游学院师生，在南开大学旅游与服务学院副院长兼党委副书记李中教授的引导下参观了南开大学津南校区校园。

访学团队的师生们在图书馆中被南开大学独特的校园文化与浓厚的人文历史气息所感染。随后，第二校园访学团队师生参观了南开大学旅游与服务学院，感受该学院无处不在的科研氛围与创新精神，如专门为学生创业开设的工作室、别具一格的会展实验室、由校友资助与学校支持开设的 VR 体验间等，为学生创新精神的培养、科研素质的提高提供了广阔的发展空间。

午后，访学团队师生与南开大学旅游与服务学院的领导及专家们进行了交流座谈。双方分别从专业教学、课程设置、社会实践、科研项目等多个方面对双方学院的教学特色进行全面介绍。会上两院师生还就如何培养学生的创新科研精神以及优化教学模式的问题展开了深入的探讨。访学团队的同学在会后还与该学院学生干部就学生专业、实践、竞赛、社团等方面的情况进行了交流。

（旅游学院　学工办）

## 9 月 24 日　法学院举办班际篮球赛

9 月 24 日，为响应学校“走出网络，走出宿舍，走向球场”的号召，经过长期筹备的法学院班际篮球赛于梅苑篮球场正式拉开帷幕。学院众班级根据赛程表安排学生出战。虽然受到天气等各方面因素的影响，但在充分的准备下，篮球赛依然有条不紊地进行。

比赛的总决赛可谓精英级别的对战，双方里突外投，精彩纷呈。中场休息期间，还安排了女子投篮比赛。女将们投篮的矫健身姿丝毫不输男生，大赛主办方也为胜出的女生送上精美小礼品。

最终，在裁判的终场哨中，法学院班际篮球赛圆满结束。场上对手，场下朋友，参赛班级握手合影后为对方送上祝福与鼓励。本次班际篮球赛培养了同学们的团结精神与拼搏精神，更重要的是让同学们真切体会到了“友谊第一，比赛第二”的体育精神。

（法学院体育部）

## 9 月 25 日　环境科学与工程学院到大连理工大学开展第二校园访学活动

9 月 25 日，广州大学环境科学与工程学院第二校园访学团队在辅导员刘永慧老师和吴海威老师的带领下，开始了正式的访学交流活动。

大连理工大学环境科学与工程学院书记郑洪波、院长助理金若菲和教授代表曲振平热情接待了广州大学环境科学与工程学院的访学团队，吴海威老师和刘永慧老师一同参与了座谈会。

这次访学团的成员们除了走进专业课程的课堂，还分批进入了通识类必修课的课堂。尤其值得一提的是“大工”的英语授课方式。课堂上，老师的教学方式不局限于课本和 PPT 展示，而是采取多样化教学模式，启发学生对问题的思考，提高对知识的运用，促进学生之间的交流并激发同学们对学习的兴趣。

（环境科学与工程学院　学工办）

## 9 月 26 日　音乐舞蹈学院组织参观中共三大会址纪念馆

为推进“两学一做”学习教育，丰富纪律教育学习月活动内容，9 月 26 日，音乐舞蹈学院党总支组织师生赴中共三大会址纪念馆进行参观学习。学院苏沛祺书记、刘瑾副院长和师生代表参与了这次活动。

纪念馆中“中国共产党第

三次全国代表大会历史陈列”展览分“中共三大召开的历史背景”“中共三大的召开”“国共合作的实现”“中共三大的历史作用和深远影响”四个部分，对中共三大的历史做了全面介绍和展示。师生们认真观看展览，并在旧址前合影留念。

此次活动，旨在促使学生谨记党建精神，“不忘初心，砥砺奋进”。党员们需要提高思想理论水平，加强党风廉政建设，为建设高水平院校提供强大的精神动力。

（音乐舞蹈学院　学工办）

## 9月27日　中国科学院大学吕述望教授与广大师生谈“世界网络空间安全态势”

9月27日，应广州大学数学与信息科学学院的邀请，中国科学院大学吕述望教授到学院进行学术交流，并为教师和研究生们作了题为“世界网络空间安全态势”的学术报告。学术报告由我国著名的密码学家、广州大学裴定一教授主持。吕教授的报告紧紧围绕“数学是不是科学？”和“中国有没有互联网？”进行讲述。

吕述望教授是中国科学院信息工程研究所信息安全国家重点实验室的研究员、北京知识安全工程中心主任，主要从事密码学、信息安全领域的研究，近期主要从事信息安全关键芯片集成工作，承担国家重点基础研究发展规划项目（“973”）中的信息安全关键芯片集成及其基础研究课题和国家高科技发展计划（“863”）中的密码算法标准研究及其芯片集成项目。

（数学与信息科学学院　唐春明）

## 9月27日　音乐舞蹈学院开展本科生支部纪律教育月学习活动

9月27日下午，音乐舞蹈学院于文逸楼405会议室开展本科生党支部纪律教育月活动。参加本次活动的有学院党总支书记苏沛祺、院长罗洪、学工办老师廖争荣和本科生党支部党员。

本次活动围绕支部纪律教育月展开，加强纪律学习建设精神，学习新时代的榜样黄大年，从大学生的角度谈关于在校学习期间的所见所闻所感，以及大学生党员纪律观念、党员意识、模范作用等方面的想法。活动中，各位党员轮流发表意见，肯定了科学家黄大年的家国情怀、敬业奉献和先锋模范精神，并结合自身角度谈论党员的先锋模范作用。苏沛祺书记指出黄大年事迹与加强纪律学习具有相关性，具体还是要落实到如何去做，要发挥党员的先进性。

最后罗洪院长对党员提出了三个要求：第一，以学习为主，学以致用，团结同学，要做学生的中坚力量，发挥党员的先锋模范作用；第二，本着为同学服务的思想，落实好服务工作具体事项，为同学做实实在在的事情，让同学受益；第三，尊师重教，重视礼节，从点滴做起，做好表率作用，营造良好的氛围。

（音乐舞蹈学院　学工办）

## 9月28日　魏明海校长为新闻与传播学院播音专业学生上思政课

9月28日下午，魏明海校长在文清楼506室为新闻与传播学院播音专业新生上了一堂主题为“走好人生政治道路”的思政课。

课上，魏校长首先说明课堂主题中的“政治”二字并非是常规所理解的政治，而有着更深刻的意义。他说：“政，是指正确的方向和目标。治，是指正确的方法和手段。”他认为，人生的政治，是我们有着什么样的目标就如何去实现的过程。接着，魏校长通过与学生的问答互动，逐步引导同学们理解“政治”的含义。同学们积极发言，与校长谈论自己对人生政治的理解。魏校长还以广州大学爆发诺如病毒的事例与同学们进行讨论。魏校长充分了解同学们的想法，随后进行了耐心的解释和引

导，他指出学校在发展过程中以及同学们在学习过程中存在的问题，提出面对新形势的新要求，生动形象地展现了政治人生路的内涵。

魏校长倡导学生们树立正确的价值观，勇于作为，勇往直前，并呼吁大家对自己的人生路做好规划，提出先定一个适合自己的小目标的建议。他指出，我国正在朝着中国特色社会主义的道路稳步前进，作为国家的栋梁，更应该把握好未来世界和中国发展的趋势，有长远的眼光和目标。而广州大学经过高速发展也已走上建设高水平大学之路，同学们作为有活力、有理想、有抱负、塑造性强的新一代，要勇于担当，勇于创造创新，积极朝着成为爱体育、懂艺术、全面发展的综合人才而奋斗，做到“人生的扣子从一开始就要扣好”，向祖国和社会，也向自己交出一份满意的答卷。

课后，同学们纷纷表示魏校长是“有亲和力”“接地气”的好校长。校长幽默风趣和博学严谨的治学态度让同学们受益匪浅。此次课堂犹如一盏明灯，将指引学生今后前进的方向。

（新闻与传播学院　学工办）

## 9 月 28 日　化学化工学院举办“我想飞的更高更远”出国经验交流会

9 月 28 日晚，化学化工学院在 B19“五室一站”三楼活动室心情驿站举办“我想飞的更高更远”出国经验交流会。活动邀请了化学化工学院三位出国交流归来的同学作为主讲嘉宾，共有 17 名同学参加了此次交流会。

三位主讲嘉宾分别是到美国加州大学河滨分校交流学习的吕悦蓁、到德国

海德堡大学暑期交流学习的陈建杰和到英国剑桥大学暑期交流学习的陈俐俐。三位同学就出国交流学习前期的准备、中期和后期的所见所闻所想，借助视频和解说同大家分享。

三位同学还讲述了如何从当下开始为自己的出国交流梦做准备，并就交流项目的申请、国外导师推荐信、面试等方面的内容做了详细的介绍。

本场交流会不仅让大家对出国交流有了更加清晰的认识，而且传递了一个重要的信息——榜样就在我们身边，只要坚定信念，努力学习，刻苦钻研，及时抓住机遇，就能飞得更高、更远。

（化学化工学院　学工办）

# 我们的大学

## October 十月

## 10月5日　化学化工学院与旅游学院联合举办新生辩论赛

为了让新生更加清楚地了解大学生活，积极融入大学新生活，用清醒而富有理性的思维去思考和处理大学生活中的疑惑和问题，以阳光乐观的心态面对生活，化学化工学院与旅游学院联合举办了2017级新生辩论赛。

比赛面向两院新生，前后三场比赛历时一个月。对双方辩手而言，本次比赛为他们提供了一个展示自我风采的舞台。虽然每场比赛只有短短的两个小时，但从辩手们在场上对辩如流的激烈场面，可知他们在赛前已经做了充分的准备。积极参与的辩手们不仅增强了自身的思辨能力，更体会到了换位思考的重要性，给大家带来一场思想盛宴。

（化学化工学院　陈丹苗）

## 10月8日　公共管理学院第二校园访学团访问复旦大学

10月8日至16日，公共管理学院第二校园访学团在复旦大学开展第二校园访学活动。访学团由社会学系陈清泚博士、学院团委书记付艳、学院助理辅导员张秋君及其带领的16名学生代表组成，重点访问了复旦大学国际关系与公共事务学院和社会发展与公共政策学院。访学团一行参观复旦大学教室、食堂和宿舍，旁听了本科生课程和硕士生课程，聆听了名师名家的专业讲座，参加了丰富多彩的学生活动，收获颇丰。

访学团得到了复旦大学社会发展与公共政策学院以及国际关系与公共事务学院的高度重视和盛情接待。复旦大学社会发展与公共政策学院党委书记顾东辉教授、副院长周楚、社会工作系副主任陈虹霖、国际关系与公共事务学院副院长陈周旺分别与访学团成员进行会面与交流。交流主要围绕各自学院的专业方向、专业实习情况展开，访学团成员为复旦大学优秀的专业体制和完善的专业实习程序所折服。

在访学团成员和国际关系与公共事务学院学工组组长赵晓惠、分团委书记张雪滢和学生干部代表举行的学生干部交流会上，双方分别介绍了各自学院的学生组织架构、部门职能以及举办的特色活动，并分享了在学术科研创作、社会实践、文体活动等方面的经验，两院师生交流气氛融洽。

在一周的时间里，访学团成员带着强烈的求知欲深入复旦大学的本科和研究生课堂，旁听了“公务员制度”“公共危机管理”“中国人大与选举制度”“行政文书写作”“管理学概论”“行政法”“比较政治制度”“比较公共行政”“当代中国公共政策”“基层政治与地方治理”等十余门课程。其课堂教学深入浅出、生动活泼，师生互动频繁，学生专业能力强、参与度高，给访学团成员留下深刻印象。课堂之外，访学团成员还有幸聆听了香港大学历史系徐国琦教授、来自法国巴黎的 Philippe Büttgen 教授的讲座。知识渊博的学者，热烈讨论的场景，互动频繁的场面，使访学团成员大开眼界，并感受到浓厚的学术氛围。

课余时间，访学团成员还参观了复旦大学的图书馆、校史馆、光华楼和多个学院，感受复旦大学古典与现代完美结合的环境以及极具历史底蕴和自身特色的校园建筑。尤其是复旦大学邯郸校区的古典式建筑，散发着浓厚的历史气息，成为复旦大学区别于其他高等院校甚至世界知名大学的标志。为了更好地了解上海的风土人情以及历史变迁，访学团成员还参观了豫园、外滩等见证上海沧桑变化的著名景点。

本次访学使同学们开阔了眼界，体悟了文化，扩大了交往，是一次难得的人生体验，同时也使公共管理学院在人才培养、学风建设、学生工作等方面积累了更多的宝贵经验。

本次访学重点扶植培养一批品学兼优的学生，使其成长为不同专业、不同行业的创新型、应用型人才，这也是学风工程建设和公共管理教育综合改革工程实施的主要内容。通过访学团成员的遴选面试与专业导师的配备，公共管理学院组建了一支优秀的访学队伍，而通过本次访学交流，达到了“立德树人，经世致用”的效果。

（公共管理学院　学工办）

## 10月8日　经济与统计学院召开新生系列主题班会

10月8日，经济与统计学院2017级共15个班以“大学生活适应及职业生涯规划”为主题的系列班会于桂花岗校区有序开展，开展时长共14天。大一年级各班均在统一班会主题的基础上，结合本班的实际情况，选择适合班级的、创新有趣的班会形式，组织本班同学进行班级活动。

大一各班在班会上回望过去，将大学与高中生活、学习等各方面情况进行详细对比，旨在促使新生尽快确立积极的生活观念及学习方式。面对未来，各班班会也明确了职业生涯规划的重要性，阐述了大学学习与职业生涯规划密不可分，引导大一新生认真对待职业生涯规划，尽早确立目标并规划未来。

各班学生分享了进入大学后生活学习等方面的体会与反思，提出了大学应当重视学习、考试的观点，展现出对未来目标及职业生涯规划积极思考的态度。在本次主题班会活动中，各班邀请了导生导助、班主任、编外辅导员等嘉宾参与。受邀嘉宾结合经验，对学生的目标、规划等提出了自己的见解，从专业的角度为新生指明了前进的方向。

通过本次主题班会，大一新生综合自身经历与他人经验，更好地调整了状态，确立积极向上的生活观念与学习态度；同时，也使大一新生们充分了解职业生涯规划的重要性，学习如何确立实际目标与进行职业生涯规划，并树立奋斗目标，积极寻找正确有效的方法，朝着目标与未来前进，为成为有“三气”“三创”能力的大学生努力奋斗。

（经济与统计学院　罗幸福）

## 10 月 9 日　外国语学院师生赴北京外国语大学开展第二校园访学活动

根据学校第二校园访学工作方案的要求，10 月 9—14 日，外国语学院组织 10 名品学兼优的学生和 2 名指导老师前往北京外国语大学进行为期 6 天的第二校园访学活动，体验北京外国语大学的校园生活，参与该校日语专业课堂学习。

访学期间，外国语学院学工办主任李黎和东西语联合支部书记李莹莹分别与北京外国语大学日语系党总支书记殷莉、日语系主任邵建国、副主任徐涛副就党建、学生工作、学科建设等方面进行深入交流。于日平、孙宗成、杨超时、戴秋娟等多名北京外国语大学日语系知名教授、老师应邀为访学团师生授课。北京市日本学研究中心还为访学团安排了参观学习活动。宋金文教授介绍了该中心的基本情况。访学团师生此行感受了北京外国语大学的校园文化，体验了不同的教育理念和教学方法，开阔了眼界，启发了思路，受益匪浅。

参加访学的 10 名学生是我校 2014 级、2015 级日语和英语专业本科生，他们在前期的初试和面试中脱颖而出，外语听说熟练，综合素质较高，具有较强的创新意识和一定的科研潜质。访学前，他们在带队老师的指导下，通过研究相关学者教授的学术背景和阅读学术论文，并结合各自的专业与兴趣，提出访学计划，带着具体的研究问题和访学目的与北京外国语大学师生交流，展现广大学子的良好风貌。除了与当地师生交流以外，访学团成员内部也积极交流心得体会，每天总结访学感想，达到较好的访学效果。

（外国语学院　新媒体中心）

## 10 月 9 日　物理与电子工程学院在 B22“五室一站”召开干部见面会

10 月 9 日，为了进一步推进“五室一站”的建设，物理与电子工程学院在 B22“五室一站”党团活动室召开新学年干部见面会。出席本次会议的有物理与电子工程学院党委副书记李燕冰、团委书记王志杰、辅导员黄毓婵、助理辅导员廖晶以及“五室一站”全体值班人员。

会上，李燕冰副书记强调了建设 B22 栋特色的重要性，要求积极调动楼栋同学，大力搞好特色活动。王志杰书记强调了团队的重要性，希望所有“五室一站”工作人员把认真的态度放在第一位，努力搞好“五室一站”建设。

本次干部见面会旨在提升 B22“五室一站”干部的凝聚力，明确“五室一站”学生干部的工作职责，进一步促进“五室一站”工作水平的提升。

（物理与电子工程学院　学工办）

## 10 月 10 日　地理科学学院开展第十一届优良学风班评比

10 月 10 日下午，广州大学地理科学学院第十一届优良学风班评比大会于理南楼 522 室如期举行。学院党委副书记潘文彬、学工办主任李彩阳、团委书记林勇勇、团委副书记何荧居、辅导员钟倩欣、学工办叶晓红、受邀班主任及其他学院嘉宾莅临了本次大会。

首先上场的是 2014 级班级代表，他们用 PPT 展示的方式回顾了班级一年来的成长历程，以及班级实习风貌，表示对接近尾声的大学生活感到弥足珍贵。紧接着的 2015 级各班的风采展示也十分出彩。“忆昔相逢俱少年”，班级一起参加过的活动和度过的美好时光酿就集体回忆；“纸上得来终觉浅”，过去一年里的不足和需要改进之处也能让优秀的团体在不断反思中有所收获；

“中流击水，浪遏飞舟”，对未来的展望为莘莘学子提供了努力方向和目标。以歌唱表演、组委会讨论、对话形式最后登场的2016级的班级展示同样充满着青春活力，他们用精彩且创新的汇报形式展示过去一年的班级风采和优良班风。

各班展示完毕后，学院党委副书记潘文彬总结发言。他表示，“他山之石，可以攻玉”，学校与学院之所以重视优良学风班评比活动，就是希望各班在展示中相互学习，寻找本班与其他班级的差距。

经过计分组的严谨计算，各方面表现均很突出的地理141班、地理151班、地理161班和土管161班，荣获“优良学风班”称号。我院还对各班的学习标兵进行表彰。优秀的获奖班级还将代表学院参加校级的评比。期待优秀班级在校级的评比中有更精彩的表现，赢得更多的荣誉！

（地理科学学院　办公室）



## 10月10日　土木工程学院开展学院“十佳学生”评选活动

为不断加强土木工程学院学生思想道德建设，进一步促进校风校纪和学风建设，土木工程学院于10月10日下午在理科教学楼322室开展“十佳学生”评选活动。出席本次活动的领导有学院党委副书记邓思清、2016级辅导员詹格亮、2015级党支部书记段佩佩以及2017级辅导员黄元丰。

活动开始之际，邓思清老师致辞。他回顾了过去的工作，总结经验，表达

了对同学们的深切厚望与信任。

在决赛中，15 位参赛选手依次上台发表演讲。在紧张而又有序的投票环节之后，经过严格计算、审核，最终确定了土木工程学院十佳学生的名单。他们分别是曾冼娟、江健雄、李晓磊、陈乙轩、杨显昌、黄略轩、关青锋、黄晓遇、许宇庆以及曹舟彤。

此次活动中，参赛选手们展示了自己的丰富经历、渊博学识与优秀品质，他们无论是在学习上还是生活上，都有值得学习的地方。

（土木工程学院　土木团学秘书处）

## 10 月 10 日　土木工程学院本学年“未来工程师讲坛”开讲

10 月 10 日，由土木工程学院团委学生会就业部主办的第一期“未来工程师讲坛”在文新楼 508 室举行。本期讲坛秉承“给同学们提供接近优秀工程师的机会，让同学们更好地了解土木专业的发展现状和前景，拓展专业知识面，在未来成为更好的工程师”的宗旨，邀请了我院给排水工程专业的胡晓东教授主讲。

本期讲坛的主题是“水处理工程实例”。活动开始，胡晓东教授先向同学们讲解土木工程的专业历史和发展现状，为同学们以后的专业发展提出了宝贵意见，并对同学们将来成为优秀的工程师寄予厚望。接着，胡晓东教授结合“广东省银洲湖纸业基地集中水处理一期工程初步设计”的工程实例，和同学们探讨了土木专业的各方面话题：一是大型项目工程中更需要其他专业的配合；二是工程师要努力提高自己的专业素养；三是优秀工程师应该以最严谨、最认真的工作态度进行设计，做出令人民满意的工程项目，用自己的双手交出合格的、安全的优秀作品。

精彩的讲解结束后，同学们纷纷向胡教授提出自己的疑问，胡教授也一一认真回答。同学们都表示感触颇深，受益匪浅。

（土木工程学院　何智濠）

## 10月10日　广州大学2017年“蒲公英计划”正式开班

为了更有效发挥我校朋辈在大学生心理健康教育工作中的作用，学生处心理健康教育与咨询中心推出“蒲公英计划”。10月10日下午，广州大学2017年“蒲公英计划”开班仪式在文清楼120室正式举行。

校学生处老师王国华，土木工程学院党委副书记邓思清，心理健康教育与咨询中心主任陶剑飞、老师崔洪波，土木工程学院团委书记、2017级辅导员黄元丰参加了本次活动。参加本次活动的还有2017级全体宿舍保健员和班级心理委员以及土木心协分会的工作人员。

开班仪式上，主持本次活动的邓思清书记开场致辞，表达了对本次开班的期待与祝愿。之后，王国华老师作开班动员讲话，崔洪波老师、黄元丰老师依次发言。各位领导、老师均表达了对“蒲公英计划”的大力支持。

本计划旨在通过对蒲公英团队开展心理健康知识和朋辈辅导技能的系列培训，对其工作实践进行专业指导，进而实现蒲公英团队更广泛地向学生普及心理健康知识，帮助身边同学解决身心发展过程中的心理问题，从而提高每一个学生的心理健康水平和综合素质，促进全校学生健康成长、全面发展。

“蒲公英计划”包括岗前、在岗系列培训，蒲公英团队在接受系统岗前培训并通过结业考核后方可正式上岗工作。在蒲公英团队的工作过程中，中心将提供全程专业的指导与评估。每学年末，学院学生工作办公室将参照蒲公英团队职责标准进行考核，考核合格者由所在学院认定第二课堂学分，对表现突出者颁发“蒲公英团队优秀工作者”证书。各学院蒲公英团队优秀工作者将有资格参加每学年的校级“心理健康教育工作先进学生个人”评比。

开班仪式后，宿舍保健员和心理委员开展了一系列的素质拓展活动。本次活动在同学们的笑声中圆满结束。相信在这个项目中，“蒲公英”们能快速成长起来，并将心理健康的种子播撒到校园的各个角落，从而营造出和谐、欢乐的氛围。

（心理健康教育与咨询中心）

## 10月10日　土木工程学院举办第一届“力学笃行杯”篮球赛

金秋十月，碧空万里。为丰富土木工程学院同学们的课余生活，增强工程力学系大家庭的凝聚力，促进工程力学系各班级的相互沟通，践行学校人才培养目标的“爱体育”本色，由土木工程学院工程力学系举办的第一届“力学笃行杯”篮球赛于10月10日拉开了帷幕。土木工程学院副书记邓思清、副院长张永山，力学系主任孙作玉、副主任燕乐纬及力学教老师，与全体参赛队员一同参加篮球赛开幕仪式。伴随着裁判的哨声与同学们的欢呼声，篮球赛于11月11日圆满结束。

此次比赛共有6支参赛队伍，分别是本科结构分析方向138班、148班、158班、161班、171班及力学研究生队。比赛采用“循环+淘汰”赛制，共进行19场比赛，取积分前四名参加决赛。在这激情碰撞的一个月里，运动员们在赛场上雄姿英发，全力以赴，齐心协力，为拿下每一分而奋战。场下，啦啦队为他们呐喊助威，每一句呐喊都转化成运动员夺冠的力量。

经小组赛选拔，土木158班、148班进入决赛争夺冠军，土木161班和研究生队争夺季军。运动员们在经历多场比赛之后配合得更加默契，这使得比赛更加激烈。赛场上运动员你争我夺、你攻我守，互不相让。一场激战过后，土木161班夺得季军。决赛赛场上，土木148班奋力争胜，以微小的分差获得本次“力学笃行杯”篮球赛的冠军，土木158班获得本届比赛亚军。

本着友谊第一、比赛第二的原则，运动员们在比赛中赛出风格，赛出水平，比赛结束后不论输赢都与对方队员握手致意，充分体现了同学们的素养和体育精神。各年级同学之间的关系更加紧密和谐，班集体也更加具有凝聚力。此次“力学笃行杯”篮球赛不仅向全院师生展现了工程力学系同学积极向上的青春风采，同时也培养了同学们的集体荣誉感，增进了各班的友谊，展示了工程力学系团结、和谐、勇于拼搏的精神风貌。

（土木工程学院　工程力学系学术组）

## 10月10日　物理与电子工程学院举办大学生职业生涯规划概论讲座

10月10日下午，为了帮助2017级新同学尽快适应大学生活，完成角色转变，引导他们更好地规划和把握大学生涯，向“德才兼备、家国情怀、视野开阔，爱体育、懂艺术，能力发展性强”的人才培养目标迈进，奠定成长成才的坚实基础，物理与电子工程学院邀请了华南师范大学的陈璐老师，为学院2017级新生作了主题为“大学生职业生涯规划概论”的讲座。

陈璐老师为同学们介绍了职业生涯规划以及如何制定大学生涯规划书。同学们表示受益匪浅，纷纷在“青年之声”上高度评价本次讲座。本次讲座为2017级新生解开了心中的疑虑，让他们笃定前行，找寻未来的方向。

（物理与电子工程学院　学工办）

## 10月10日　人文学院举办第十二届“青葵杯”表演赛暨宣讲会

10月10日，人文学院辩论队第十二届“青葵杯”表演赛暨宣讲会于文新楼211室举行。参与本次活动的有人文学院团委书记张立、辩论队成员和来自各班的辩论爱好者。

此次表演赛的比赛双方分别为广州大学人文学院辩论队和广东工业大学材

料与能源学院辩论队，双方就“始终没有在一起和最终没有在一起，何者更加遗憾”这一辩题展开精彩辩论。表演赛中，辩手之间的唇枪舌剑点燃了全场观众的热情，现场掌声不断。

表演赛过后，张立老师进行点评，并对参加人文学院第十二届“青葵杯”辩论赛的同学给予支持和鼓励。本次活动还介绍了“青葵杯”相关事宜。

人文学院辩论队第十二届“青葵杯”表演赛暨宣讲会在观众的掌声中圆满结束。

（人文学院辩论队）

## 10 月 11 日　广州大学举办 2017 年迎新晚会

10 月 11 日晚，“喜迎十九大，共筑广大梦”——广州大学 2017 年迎新晚会在何世杰体育馆隆重举行。校党委书记屈哨兵，党委副书记、纪委书记张强，副校长周云、吴开俊及各相关部门负责人与现场 4 500 名新生代表一同观看晚会。

结合党的十八大以来所取得的辉煌成就、学校的办学理念和人才培养目标，整场晚会巧妙融入了羊城特色，通过歌曲、舞蹈、话剧、乐器合奏等丰富多彩的形式，努力讲好“广大故事”“广州故事”。晚会伊始，学生艺术团管弦乐团演奏的《卡门序曲》为晚会奠定了激情澎湃的基调，管弦乐团与音乐舞蹈学院的郭小青老师联袂表演的《在希望的田野上》更是表达出对我校建设高水平大学的希冀。龙狮队表演的《舞龙舞狮》充满了中国特色，闪转腾挪间寄托着人们对祥瑞和丰收的向往。校学生艺术团话剧团和新闻与传播学院新生代表携手张伟文、陈阳老师，声情并茂地朗诵了诗歌《写给未来的你》，传达出师长们对新生的殷切期盼。

随后，十佳歌手带来的红棉音乐会以及双节棍协会、武术协会、啦啦队、AC 舞协等带来的社团风采表演将现场气氛推向高潮。美术与设计学院 2017 届学生的时装秀《凝 show》表达了灵感与激情的碰撞；朱丹丹老师与舞蹈团表演的歌伴舞《我爱你中国》传达出对祖国最真挚的情感；《同行同心》和舞蹈

《融合》则用舞蹈折射生活，演绎出人与人相处之中产生的奇妙情感。话剧团的《广州大学新闻联播》图文结合，诙谐幽默地为大家播出最有价值的学校新闻。广州大学附属艺术学校的国标舞《这就是我们》融合各类舞种，进一步点燃全场激情。最后，在旅游学院合唱团的《龙的传人》与《广州大学校歌》合唱声中，晚会落下帷幕。

整场晚会以饱满的激情，充分展现青年学子牢牢把握当代历史机遇、把青春梦融于大学梦、把大学梦融于中国梦的青春力量，既是我校文化建设的一次成果展示，也是我校呈现给十九大的一份艺术献礼。特别值得一提的是，晚会还开通了网络直播，当晚通过网络直播观看的观众达 19 万人次。师生们齐赞本场晚会充分展现了广州大学学子喜迎十九大、为祖国喝彩的喜悦心情，展示了广州大学全方位涵养大学文化的精神追求和全面推进高水平大学建设的蓬勃力量。

（广大新闻网　杨丽莺　黄文琦　郑金凤　李昕洋、陈云鹏　吴婉怡）

## 10 月 12 日　屈哨兵书记参加校领导午餐会



10 月 12 日，我校第五期校领导午餐会在菊苑粤园餐厅如期举行。校党委书记屈哨兵，党委副书记、纪委书记张强，副校长吴开俊以及相关部门负责人与 16 名来自不同学生组织、社团以及新媒体学生团队的学生代表共进午餐，就高水平大学社团文化建设等相关话题热烈互动。

**与学生代表面对面，谈学生组织、社团发展现状**

午餐会上，屈哨兵书记向学生代表了解各学生组织、学生社团的发展，并邀请学生代表发言，介绍目前所取得的成果，同时希望学生代表带领所在的学生组织、社团走更好的发展道路。广州大学学生记者团、学生社团联合会、青年志愿者协会、武术协会、羽毛球协会等学生组织、学生社团的学生代表纷纷亮出各自的成果，并简要说明未来的发展目标。

来自团委新媒体中心的王同学介绍了他们正在使用的 H5 技术以及开通网络直播看迎新晚会的传播方式。屈哨兵书记也对晚会直播的方式加以称赞，并回忆起精彩绝伦的迎新晚会，感谢为迎新晚会作贡献的学生组织、学生社团。在啦啦队学生代表发言时，屈哨兵书记亲切嘱咐：“训练和表演的时候都要注意安全，安全永远要放在第一位。”并表示，学校一直支持学生组织、学生社团的发展。据了解，管弦乐团在近期购进一批价值 60 万元的新乐器以支持乐团的发展。

**书记与学生代表建言，助力学生社团新发展**

“‘德才兼备、家国情怀、视野开阔，爱体育、懂艺术，能力发展性强’这一人才培养目标，每一项都和学生社团、学生组织有关，我们要做好这方面的工作。”屈哨兵书记满怀信心地和学生代表谈及学生组织、学生社团的发展。屈哨兵书记还引用麦可思（一所在社会上具有良好公信力的第三方教育数据咨询和评估机构）数据，分析我校学生组织、社团的未来发展之路，希望学生能继续做好公益类社团的发展，同时扶持学术科技类社团，如与文学、哲学有关的文化社团的发展，还要注重艺术社团的发展，提高学生整体的艺术素养。“我们学校的学生组织、学生社团的发展要争取在整个广州名列前茅，特别是大学城地区，发展要全面上水平。”屈哨兵书记满怀期待地说道。

听完屈哨兵书记的建言，学生代表也踊跃表达自己的看法，提出发展建议。来自啦啦队的吴同学表示学生组织、社团要加强内外的联系，不断在交流中取得进步。同时也希望学校能为社团提供更多的平台和其他的对外交流机会，学生在社团风采展示中也能为学校树立好形象。屈哨兵书记点头赞许，并表示学校会为学生组织、社团提供更好的发展机会。

一所学校有没有活力，和学校的社团有很大的联系。屈哨兵书记鼓励大家：“‘大社团’要继续发展壮大，不要骄傲，‘小社团’更是要做精做好。为学校增添活力。”他表示，学校正在进行高水平大学建设，是学生成长的好时机。大家要抓住机遇，向“五四运动”时期的学生干部学习，锻炼自己，以后争当各行各业的翘楚。

**校园问题齐建议，做学校的建设者**

在午餐会接近尾声时，屈哨兵书记就目前的一些校园热点问题询问了学生代表的看法。对于垃圾分类，广大易班工作站的林同学表示，“撤垃圾桶后，楼道变干净了很多。但是我希望一楼垃圾桶的分类标志能够详细一些，能告诉我们什么是可回收的垃圾，帮大家提高对垃圾分类的认识”。屈哨兵书记表示赞同，叮嘱自律委员会的学生代表听取这个建议，并落实到行动上来。“垃圾分类还是要靠学生的自我管理意识。我们的一些社团，如自律委员会，也可以配合学校做好垃圾分类的推广工作”，今后，我校也将引进“绿岛激励中心”，通过积分兑换生活必需品等方式提高学生垃圾分类的积极性。

“读书不忘建国，建国不忘读书。”屈哨兵书记殷切寄语学生代表，学生是学校的建设者，也是国家的建设者，要做有家国情怀的当代大学生。在高水平大学建设路上，屈哨兵书记希望学生能和学校一起做好四个“一流”：“一流的专业生活”“一流的宿舍生活”“一流的实践生活”“一流的网络生活”，助力学校发展。

（广大新闻网　陈香伶）

## 10 月 13 日　教育学院学生在广东省本科高校师范生教学技能大赛中获得佳绩

第五届广东省本科高校师范生教学技能大赛于 10 月 13—14 日在肇庆学院举办，教育学院学生参加并喜获佳绩。

心理组总决赛包括教学设计、说课、授课和评委提问四个部分，主要考察的是师范生教学设计思路、课件制作、课程分析以及授课等方面的综合能力。大赛有来自华南师范大学、广东第二师范学院、肇庆学院等 10 所省内高校共 45 名优秀选手同场竞技。由教育学院党委书记麻彦坤教授、心理系主任郭斯萍教授和心理系刘百里老师带领，我校 5 名来自心理学专业的学生参加心理组的比赛。在心理系老师们的认真指导以及同学们的努力下，心理 141 班的温杰尧同学荣获二等奖。

学前教育组总决赛由幼儿故事讲述、幼儿歌曲弹唱、幼儿园教育活动设计、幼儿园保教活动与幼儿教师职业素养案例分析四个环节构成。来自华南师范大学、广东第二师范学院、岭南师范学院、肇庆学院等 11 所省内高校的 35 名优秀选手同场竞技。在教育学院学前教育系叶平枝教授、余胜美副教授以及陈穗清老师的组织和指导下，我校教育学院选派三名学前教育专业学生参赛，其中学前教育 141 班的夏雨璇同学荣获一等奖，学前教育 151 班的梁晓晴同学荣获三等奖。

此次比赛的结果，不仅充分展示了我校教育学院师范生培养模式的成效，而且为今后学生教学技能训练提供了宝贵经验。希望教育学院学子以获奖同学为榜样，突破自我，追求卓越，不断取得新的辉煌。

（教育学院　学工办）

## 10 月 13 日　体育学院开展学习党章专题党课教育活动

10 月 13 日晚上，为了认真落实中央和省市委“两学一做”学习教育常态化、制度化的要求和部署，落实《广州大学加强党内政治文化建设的实施方案（试行）》，体育学院党委书记何蕴华为全院学生党员讲了一堂主题为“学习党章　增强党性”的党课。

课上，何书记用生动的语言讲述了党章的地位、作用、主要内容和学习方法等，着重强调了作为党员要牢记党的宗旨和纪律，对党忠诚，廉洁自律，敢于作为，勇于担责。另外，何书记还采用了课堂互动的模式，组织学生党员围绕对党章的认识、党员的义务展开发言和讨论，课堂气氛活跃。

本次党章教育活动，让学生党员深刻认识到要认真学习和勤于思考，勿忘初心，用实际行动在生活和学习中发挥党员的先锋模范作用。

（体育学院　孟伟婷）

## 10 月 13 日　美术与设计学院连续五年斩获广东省本科高校师范生教学技能大赛一等奖

由广东省教育厅主办、肇庆学院承办的第五届广东省本科高校师范生教学技能大赛结果揭晓，由美术与设计学院美术组带队老师谌晓、杨开颜组织的美术组参赛团获得一、二、三等奖各一项的佳绩。其中，谌晓老师指导参赛的学生冯陇陇获得一等奖、刘赋昕获得二等奖，杨开颜老师指导参赛的冯文奇同学获得三等奖。

美术与设计学院已经连续五年在广东省本科高校师范生教学技能大赛中斩获一等奖，这份成绩来之不易，凝聚了美术与设计学院几届学生的不懈努力。

10 月 13—15 日，第五届广东省本科高校师范生教学技能大赛在肇庆学院举行。参加本次比赛的有来自华南师范大学、广州大学、韩山师范学院、惠州学院、肇庆学院和韶关学院等 10 所本科院校的学生。我校 2014 级美术专业冯陇陇、刘赋昕、冯文奇、卓潲蓝同学参与本次竞赛。

竞赛分为“说课”“讲课”两部分，内容分为小学、初中、高中三个层次。参赛选手自由选择其中一个课题，然后按抽签顺序进入教室现场模拟课堂授课，授课时间为 10 分钟，回答评委问题 3 分钟。

本次大赛为各高校美术教育提供了相互交流的平台，在竞赛的同时增长学生的教育技能，对美术教育的发展也大有裨益。

（美术与设计学院　罗兵）

## 10 月 14 日　广州大学举办第一届环境类综合技能大赛

10 月 14 日至 15 日，由教务处、环境科学与工程学院主办，广州大学环境科学与工程学院省级实验教学示范中心承办的广州大学环境类综合技能大赛在生化楼 611 室举办，大赛下设实验设计、调研报告、专题报告三项赛事。

环境科学与工程学院夏建荣副院长在现场发表简短讲话，鼓励参赛的六组选手，并预祝他们能在此次技能大赛中赛出成绩，赛出风采。担任本次环境类综合技能大赛的专家有：罗定贵教授、张鸿郭副教授、龚剑副教授；协助比赛的有：陈镇新老师、王伟彤老师、潘文澜老师。环境科学与工程学院创新班的全体同学亦到场观摩学习。

（环境科学与工程学院）

## 10 月 17 日　法学院举办班服设计大赛

在新生初入大学校园之际，广州大学法学院团委生活部策划举办班服设计活动——“壹柒绮衣，执子齐衣”，为同学们搭建一个展现自我的舞台。同时，一件件专属的班服也将成为每个班级永久的纪念。

决赛在同学们的热情期盼下于 10 月 17 日顺利举办。比赛地点为广州大学桂花岗校区五号楼教室，并邀请了法学院 2017 级辅导员、团学主席和部长担任评委。

比赛过程中，同学们为了班级的荣耀而努力。各个班级结合 PPT 讲解班服设计理念，展示本班的班服设计特色、班级特色等，讲解完毕后进行模特展示。活动最终评选出优胜班级并宣布比赛结果、颁发奖品。在同学们的掌声中，本次班服设计大赛完美落幕。

（法学院　学工办）

## 10 月 17 日　化学化工学院召开领导干部联系班级见面会

为进一步落实学校“两项制度”，加强师生交流，化学化工学院于 10 月 17 日中午，在行政西楼前座 309 室召开了 2017 年度领导干部联系班级见面会。副校长于欣伟、发展规划处副处长刘金球、教务处副处长韩伟宁、科研处副处长刘聪敏、学院党委书记周海兵、院长董文、党委副书记谭启亮、2017 级班主任及各班班长参加了本次会议。会议由学院党委副书记谭启亮主持。

学院党委书记周海兵在发言中对同学们提出了三点希望：希望同学们能创新活动形式和内容，切实解决班集体建设和发展的问题；希望同学们能善用资源，发挥好联系班集体领导干部的资源优势，促进班级的健康发展；希望同学们积极主动联系老师，合理安排时间，把“领导干部联系班级”这一制度真正落到实处。

最后，于欣伟副校长作总结讲话。她充分肯定了我院近几年来在“两项制度”落实工作方面取得的成绩，并指出：该项制度是学校建设高水平大学、重视本科教育的一项重要举措，希望师生们结合学校发展理念，有亮点、有特色地开展形式多样、卓有成效的班级活动，促进学生的全面发展。同时，于校长表示将以身作则，积极参与对应联系班级的活动，为学校建设高水平大学贡献力量。

随后，各领导干部和对应班级学生代表交换班级材料、联系方式并合影留念。

（化学化工学院　学工办）

## 10月17日　生命科学学院举办“五好学生”评比暨优良学风班评选活动

本着培养学生自强、自信、自爱、自律良好品质的目的，广州大学生命科学学院于10月17日下午在理北楼505室举办了“五好学生”评比暨优良学风班评选活动，为优秀个人及班级提供了展示良好风貌的平台。

本次活动邀请学院党委副书记曾学毛老师，学工办主任张绪庆老师、团委书记杨敏老师，学工办林敏老师作为评委。

“五好学生”的评比环节中，参选“五好学生”的14位同学分别从不同的角度阐述了他们的大学奋斗历程，分享了他们成功的经验。他们或成绩名列前茅，或热衷学术专研，或积极投身于实践活动，但都有一个共同点，那就是斗志昂扬，不懈奋斗，他们身上的正能量不断激励着大家奋发向上。

优良学风班的评选环节中，参选的九个班级，每门课的及格率都在95%以上，班上的同学有许多都是优秀的学生干部。这些班级良好学习氛围的建立，离不开班上同学的自律自觉和相互督促。良好的班级氛围需要班级中每个人的努力，希望今后会有更多这样优秀的班级出现。

展示环节结束后，杨敏老师对活动进行总结，同时为获奖的个人与班级颁奖。

（生命科学学院　梁晓玲）

## 10月17日　人文学院赴红星学校开展义教

10月17日，广州大学人文学院红十字会义教队组织队员前往红星学校展开了一场以“感受自然魅力”为主题的义教活动。活动的参与者主要是广州大学人文学院2016级学生。

14：00左右，参与义教活动的队员们到达红星学校，并进行了一系列的准备工作。14：30，义教活动正式开始。义教队员们表现良好，红星学校的同学们也积极思考，认真回答问题，课堂气氛十分活跃。义教活动达到了向同学们普及自然知识，引导同学们热爱、保护大自然的目的。通过此次活动，义教队员的个人能力和团队合作能力也得到了很好的锻炼。

（人文学院　骆羽）

## 10月17日　人文学院举办“读书的乐趣”演讲比赛

10月17日下午，广州大学人文学院“读书的乐趣”演讲比赛于文新楼423室拉开帷幕。

本次演讲比赛是“书香人文”经典百书阅读推广活动的子项目，参赛选手来自人文学院2016级与2017级。

在比赛过程中，参赛选手或介绍自己的读书心得，或介绍自己喜爱的书，他们凭借个人的优秀表现，赢得了在场评委及观众的一致认同。纵观整场比赛，工作人员精心准备，选手热情参与，观众细心聆听，评委细致点评，使本次比赛既生动有趣又富有意义。

（人文学院　新闻中心）

## 10月17日　环境科学与工程学院“思政第一课”开讲

10月17日下午，环境科学与工程学院院长肖唐付在文新楼724室为2017级环境学院学子上了一节思想政治课，主题为“两个百年奋斗目标及当代青年的使命”。

肖院长分析了中国的历史发展过程，并顺势点出了中华人民共和国成立以来的“两个百年”目标，强调青年是中国共产党的希望和未来，应全程参与实现“两个百年”奋斗目标，将自身的发展和国家命运联系在一起。最后，肖院长留下“个人前景与国家命运如何联系起来”这一问题让新生们课后探讨。

（环境科学与工程学院）

## 10月17日　音乐舞蹈学院“发现广大之美”演讲比赛

为全面提高大学生的综合素质，锻炼同学们的表达能力，音乐舞蹈学院2017级“发现广大之美”演讲比赛于10月17日晚在演艺中心111室举行。本次比赛的主持人是音乐175班陈焕翠、音乐171班黄鑫两位同学，还邀请了两位嘉宾——唐颖老师和韩若晨老师。大赛评委分别是学生会主席李嘉俊、副主席王沫涵，2016级演讲比赛亚军罗文康以及导生代表王爽。

每班有两位同学参赛，比赛中，他们的精彩表现充分显示了他们的才能和技巧，演讲内容观点鲜明，立意深刻，情理交融，紧扣演讲内容，语言表达流畅，声情并茂，每一个细节都使评委和观众赞叹，赢得热烈掌声。最终获奖的选手分别是：一等奖林忻儿，二等奖郑思潼，三等奖徐卓然，其他参赛选手均获优秀奖。

在演讲比赛落幕前，由2016级演讲比赛亚军罗文康对本次演讲比赛做总结发言。他认为，选手们的表达能力与感情还要继续加强，并强调选手们需要不断积累经验、总结，鼓励同学们多去留意身边的事物，让自己有更大的进步空间。

（音乐舞蹈学院）

## 10月17日　美术与设计学院举办“迎新杯”篮球赛

为了丰富大学生的课余生活，提高大学生的综合素质，增强团队精神和凝聚力，展现大学生积极向上的风貌，2017年美术与设计学院“迎新杯”篮球赛于10月17日拉开帷幕。

赛场上，队员们激情四溢，展开了一轮轮的进攻、防守，动作帅气利落。两队队员奋力拼搏，各显身手，挥洒热情。场下的啦啦队为他们呐喊助威。裁判在比赛过程中，严肃认真，尽最大的努力判决好每一个球，保障了比赛的公正性、连续性和观赏性。同学们积极配合，充分展现我系学生良好的精神面貌和优秀素质。

此次比赛的顺利举办，为新老同学提供了一个相互交流的机会，同时也为美术与设计学院新生工作的开展打下了良好的基础。

（美术与设计学院　学工办）



## 10月18日　马克思主义学院开展党员主题学习活动

为了深入学习十九大会议精神，在十九大盛会开幕的当天晚上，马克思主义学院全体学生党员、入党积极分子在B6“五室一站”开展“喜迎十九大，共筑中国梦”主题学习活动。本次主题学习活动由党委副书记朱晓军主持，学工办辅导员姚倩婷、辅导员江家丽、吴金

年、谢家慧等老师也参加了本次活动。

活动中，朱晓军副书记带领同学们对十九大报告进行认真学习，各位党员、入党积极分子踊跃发言，分享了十九大精神学习心得。

朱晓军副书记表示：这是在我国改革发展关键阶段召开的一次十分重要的大会，全体学生尤其是学生党员要高度重视和热情关注大会盛况，学院党委、学生党支部要精心部署、认真组织，将学习十九大精神与个人生活、思想、学习、工作、未来规划发展紧密结合起来，在青年学生中广泛开展形式多样、主题鲜明的学习活动。同时，朱晓军副书记要求学生党员、入党积极分子要坚定自身的共产主义信仰，以十九大精神为指导，树立远大的理想目标，时刻严格要求自己。最后，他还结合十九大精神，立足于学院工作重点，对学生党支部进一步认真落实好“三会一课”制度、学院党建工作要凸显思想政治教育专业特色与亮点等方面提出了明确要求。

（马克思主义学院　朱晓军）

## 10 月 18 日　环境科学与工程学院召开学生党支部组织生活会

10 月 18 日，广州大学组织各学院学生党支部集中观看党的十九大直播。环境科学与工程学院积极响应，认真学习习近平总书记在会议上的讲话。当天下午 2 点，环境科学与工程学院学生党支部在行政西楼 638 会议室举办学生党支部组织生活会，会议主题为“分享观看党的十九大报告心得”。

此次大会由院学生党支部书记李慧老师和吴海威老师主持，全体学生党员参与。李慧老师提到，作为党员，我们今后应该加强规范自己；吴海威老师对开幕式涉及的要点进行总结，向各位学生党员提出，对党理论知识的学习不能死记硬背，而应做到真正化为自己所用。紧接着，各位党员纷纷分享作为一个环境科学与工程学院的学生对十九大报告的感想，有的认为，生态环境保护任重而道远，我们需要登高望远、居安思危、永不停止、与时俱进，自觉在思想上、行动上同中央保持高度一致。

（环境科学与工程学院　学工办）

## 10 月 18 日　体育学院举办“如何充实有效度过大学四年学习生活”主题讲座

10 月 18 日晚，体育学院毛旭艳老师为 2017 级本科生作了“如何充实有效度过大学四年学习生活”的主题讲座。

本次讲座由张志明副书记主持。毛老师将个人的学习经验与体会同学生分享和交流。其讲座内容丰富、道理深刻而切合实际。他希望学生多阅读、多参加课外活动，找好奋斗目标并制订计划且付诸行动，养成好习惯等。互动环节，毛老师就同学们提出的问题热情解答。最后，毛老师用亚里士多德的名言勉励大家：“我们的习惯造就了我们。卓越不是一次行为，而是一种习惯。”

（体育学院　郭观池）

## 10 月 18 日　广州大学师生收看十九大开幕盛况，师生热议十九大

10 月 18 日上午，举世瞩目的中国共产党第十九次全国代表大会在人民大会堂隆重举行。广州大学组织师生通过电视直播收看大会开幕式实况，认真聆听习近平总书记代表十八届中央委员会向大会所作的报告。

中国共产党第十九次全国代表大会，是在全面建成小康社会的决胜阶段、中国特色社会主义进入新时代的关键时期召开的一次十分重要的大会。大会的主题是：不忘初心，牢记使命，高举中国特色社会主义伟大旗帜，决胜全面建

十月

成小康社会，夺取新时代中国特色社会主义伟大胜利，为实现中华民族伟大复兴的中国梦不懈奋斗。

师生们一致认为，习近平总书记的报告高屋建瓴，全面回顾并总结了十八大以来党带领全国人民取得的伟大胜利，并描绘了实现中华民族伟大复兴的宏伟蓝图。报告中有许多新思想、新概念、新判断和新理论，鼓舞人心，令人振奋。开幕式后，师生们纷纷通过各种方式表达自己聆听习近平总书记报告后的感想和体会，并表示要认真学习贯彻十九大精神。

校党委书记屈哨兵表示，党的十九大召开，标志着中国特色社会主义进入了新时代，开启了全面建设社会主义现代化国家的新征程。报告对实现“两个一百年”奋斗目标做了战略安排，即到2035年要基本实现社会主义现代化，到21世纪中叶要把我国建成富强、民主、文明、和谐、美丽的社会主义现代化强国，对国家未来发展描绘了宏伟的蓝图，非常鼓舞人心。打铁必须自身硬，全面从严治党永远在路上。报告对新时代党的建设提出了总要求，明确要把党建设成为始终走在时代前列、人民衷心拥护、勇于自我革命、经得起各种风浪考验、朝气蓬勃的马克思主义执政党，带领全党全国各族人民为决胜全面建成小康社会、夺取新时代中国特色社会主义伟大胜利、实现中华民族伟大复兴的中国梦、实现人民对美好生活的向往努力奋斗！屈哨兵书记强调，全校各级党组织要组织师生收看并认真学习报告全文，深刻领会报告精神，全面掀起我校学习宣传十九大精神的热潮，推动高水平大学建设。

校长魏明海说，习近平总书记所作报告，对十八大以来所取得的巨大成就进行全面回顾和总结，描绘了建设新时代中国特色社会主义的宏伟蓝图。报告中提出了许多新概念、新思想、新目标、新征程，明确了中国共产党人的初心和使命就是为中国人民谋幸福，为中华民族谋复兴；提出了如中国特色社会主义进入新时代、我国社会主要矛盾已经转化、新时代中国共产党的历史使命、新时代中国特色社会主义思想等新概念和新判断，催人奋进。报告指出，建设教育强国是中华民族伟大复兴的基础工程，必须把教育事业放在优先位置，加快教育现代化，办好令人民满意的教育，因此要优先发展教育事业。广州大学必须全面贯彻党的教育方针，落实立德树人的根本任务，培养德智体美全面发展的社会主义建设者和接班人；加强师德师风建设，培养高素质教师队伍，加快推进高水平大学建设。

校党委宣传部部长何晓晴说，习近平总书记所作报告着眼于全新的历史方位、党的历史使命，明晰了实现民族复兴伟大梦想、建设社会主义现代化强国的宏伟蓝图和行动纲领。总书记提出的“新时代、新理论、新矛盾、新目标”四个重要判断，从理论到现实，从现在到未来，为党和国家以及全国各族人民指明了举什么旗、走什么路、新时代应坚持和发展什么样的中国特色社会主义、怎样坚持和发展中国特色社会主义方向和道路，坚定了实现“两个一百年”奋斗目标的决心。我们要深入学习、深刻领悟新时代中国特色社会主义思想，将之作为行动指南并全面贯彻落实。我们坚信，在以习近平总书记为核心的党中央的坚强领导下，我们党将继续带领全国人民，披荆斩棘、破浪前进，走向新的辉煌。

马克思主义学院院长赵中源说，习近平总书记所作报告，对坚持和发展中国特色社会主义一系列重大问题做出了战略部署，并在推进马克思主义中国化的理论创新上有了重大突破。在对当今时代做出新的判断的基础上，以“新时代中国特色社会主义思想”概括党的十八大以来党中央治国理政的新理念、新思想、新战略是一个重大理论创新，集中反映了以习近平为核心的党中央高度的政治智慧与马克思主义理论水平。这一理论新概括与中国社会主要矛盾的新论断、新的“两步走”战略、建设中国特色社会主义的新目标等相互呼应，浑然一体。

人文学院党委书记王琼表示，我们要深入学习和全面掌握党的十九大精神，扎实推进十九大精神的贯彻落实。作为一名基层党务干部，要不忘初心、矢志不渝；要坚定理想信念，坚定党性原则，明确政治责任；在开展学院的各项工作中，要坚持党的领导、完善党的领导体制机制，提高党把方向、谋大局、定决策和促改革的能力和定力；要坚持以师生为本的理念，践行全心全意为人民服务的根本宗旨，把群众路线贯彻到全部工作当中；要坚持不懈、与时俱进地加强完善党的基层建设，增强政治意识、大局意识、核心意识、看齐意识，增强党的创造力、凝聚力、战斗力。

化学化工学院刘兆清老师说，自十八大以来，以习近平同志为核心的党中央不忘初心、牢记使命、真抓实干、砥砺前行，解决了许多长期想解决而没有解决的难题，办成了许多过去想办而没有办成的大事，构筑了伟大的中国梦。

作为一名党员、一名大学教师，将始终牢记中国特色社会主义的伟大理想，努力践行社会主义核心价值观；瞄准世界科技发展前沿，脚踏实地、埋头苦干，多出成果，努力培养更多理想信念坚定、志存高远、德智体美全面发展的青年优秀人才。

观看开幕式后，人文学院研究生黄颖同学深有感触地说："习近平总书记和党中央非常关心爱护青年学子，对我们寄予了厚望，为我们实现人生价值搭建了舞台。我们广大青年一定不负重托，坚定理想信念，努力学好本领，做中华优秀传统文化的忠实传承者和弘扬者。我作为一名戏剧与影视学专业的学生，更要传承中华经典戏曲文化，将理论知识和社会需求相结合，主动推广地方戏曲，勇做时代的弄潮儿，为实现中华民族伟大复兴而放飞梦想，不懈奋斗。"新闻与传播学院播音专业本科生王湘玥同学说，习近平总书记的报告让人倍感振奋，深受鼓舞，希望在党的带领下，国家能够顺利实现"两个一百年"目标。作为新闻学子，她将会把青春梦融于中国梦，努力传播青春正能量，为祖国代言，砥砺前行。

（广大新闻网）

## 10 月 19 日　计算机科学与教育软件学院启动领导干部联系学生班级工作

10 月 19 日下午，计算机科学与教育软件学院领导干部联系学生班级工作启动大会在行政西楼前座 428 会议室成功召开。网络与现代教育技术中心书记许亚武和主任谷岩、党办校办副主任许洁丹等机关教辅单位领导出席了会议，与会人员还有学院党委书记杨勇，党委副书记李小华，副院长王国军、高鹰，院长助理汤茂斌，教授彭滔，辅导员胡鉴源、2017 级班主任及各班班长。

会议由杨勇书记主持。他总结了学院近几年来领导干部联系班级工作的开展情况，并指出该项制度的实施对学生和班级的发展具有重要意义，同时介绍了我院领导干部联系学生班级相关工作。

李小华副书记重点介绍了我院2017级新生基本情况，强调了领导干部联系学生班级的相关要求和意义，并表达了认真履行责任的决心。

网络工程172班班长周建辉同学表达了自己对这项制度的一些认识和看法。他表示，领导干部联系班级工作的开展，是广州大学迈向高水平大学建设的一小步，而这将助力同学们在学习成长的道路上迈出一大步。

最后，许亚武书记作总结讲话，他指出该项制度是学校建设高水平大学、重视本科教育的一项重要举措，希望师生们结合学校发展理念，多开展形式多样、卓有成效的班级活动，促进学生的全面发展。同时，许书记表示将以身作则，积极参与对应联系班级的活动，为学校建设高水平大学贡献力量。

会后，各领导干部与对应班级班长交换班级材料、联系方式并合影留念。

（计算机科学与教育软件学院　学工办）

## 10月19日　公共管理学院开展优良学风班评比活动

10月19日下午，公共管理学院优良学风班评比活动于文逸楼509会议室开展，参加本次活动的嘉宾有公共管理学院党委副书记谢胜文、学工办主任谢玲、团委书记付艳以及学工办刘志东和林曼曼等老师。

13个参选班级就班徽、班服等班级建设与学习情况进行汇报，将班级最好的一面展现出来。展示结束后，谢胜文副书记进行总结致辞。他首先表明，优良学风班级评比活动最为重要的价值和意义在于促进班级之间的相互学习与借鉴。同时，他提及PPT展示中的一些细节问题，希望大家注重细节，并意识到班级评选等集体活动的真正意义所在。经评审，有四个班级获得优良班级称号——优良学风标兵班：2015级社会工作2班；优良学风班：2015级行政管理2班、2014级社会工作1班、2016级行政管理2班。

本次评比活动增强了学院和班级的凝聚力，大家在团队协作的过程中也认识到自身的不足之处，在相互学习的过程中得到了提高，并对班级建设有了更深入的认识。

（公共管理学院　学工办）

## 10月21日　法学院开展易班线下培训

为了帮助新生了解和熟悉新时代高校教育交流学习平台——易班，帮助辅导员有效管理班级，引导、教育学生培养正确的世界观、人生观、价值观，10月21日，广州大学法学院团委、学生会在桂花岗校区进行2017级易班线下培训，并邀请了各班学生代表、班干部参加。

本次培训分三个环节：易班平台介绍、微社区规范讲解和话题编辑工具讲解。通过对班级平时事务的举例和讲解，同学们很快了解到易班平台在大学生学习、生活方面所能提供的帮助，并纷纷对在使用易班平台中遇到的疑惑进行提问。讲解人详细解答后，同学们感到受益匪浅，对易班的使用更添兴趣。

易班方便了同学们的学习，是能在课堂外有效引导学生学习的高效平台。

（法学院　陈润祥）

## 10月22日　人文学院召开团委、学生会第一次全体见面大会

10月22日晚，人文学院团委、学生会第一次全体见面大会于图书馆讲学厅顺利召开。人文学院团委书记张立、前任学生会主席陈安怡、前任团委副书记林淑锋及现任主席团、各部长层及2017级新干事参加了本次大会。

首先，学生会主席利梓淇发表讲话。他对新干事的加入表示欢迎并强调为人文服务的责任，还提出“三心”的观点。随后，主席团及各部长上台介绍各部门日常工作和特色活动。前任学生会主席陈安怡分享个人经验，她提到，

新干事要平衡工作、娱乐及学习，以个人的全面发展带动团学进步。院团委书记张立老师对各位新干事表达了期望：对自己的选择负责；学会感恩；为人文学院服务。最后，前任团委副书记林淑锋发言，他希望新干事有为人文学院服务的觉悟，要具备人文人应有的素质。

（人文学院　新闻中心）

## 10 月 22 日　生命科学学院学生在 2017 年“华文杯”全国师范院校师范生教学技能大赛中喜获佳绩

10 月 22 日，第七届“华文杯”全国师范院校师范生教学技能大赛在山西师范大学落下帷幕，广州大学生命科学学院派出的 5 位参赛队员共获得 1 项特等奖、3 项一等奖和 1 项二等奖及教学设计 5 项一等奖。

据悉，由中国教育技术协会微格教学专业委员会主办的“华文杯”全国师范院校师范生教学技能大赛，是目前国内生物科学（师范）专业规模最大、参与高校最多、影响最广的教学技能比赛。来自全国各地 90 多所高等师范院校的 620 多名生物和政治学科选手参加了本次比赛。

大赛分为教学设计与教学技能两部分，教学设计以文本方式提前预交、单独评审；教学技能部分现场展示，在限时 13 分钟内完成说课、上课、答辩三个环节。我院 2014 级生物科学专业陈妙莹等 5 位选手以扎实的教学技能、巧妙的教学设计、准确的答辩，高质量地完成了比赛任务。

生命科学学院历来重视学生的师范技能培养，不断完善培训方案，形成了稳定的指导教师队伍，指导学生参加各级各类师范生技能竞赛，至今已连续五年参加“华文杯”全国师范院校师范生教学技能大赛，屡获佳绩。在本次大赛中，学院陈健辉、陈学梅、潘顺波等三位指导老师同时获得“优秀指导老师”荣誉称号。

（生命科学学院　陈学梅　林若怡）

## 10 月 22 日　生命科学学院到南京师范大学访学

10 月 22 日至 27 日，生命科学学院 12 位访学团成员在林敏老师和余文华老师的带领下来到南京师范大学进行为期五天的访学活动，得到对方的热情招待。时间虽短，却满载收获！

在此期间，访学团有幸与“长江学者”杨光教授就科学领域的问题进行畅谈，并一同观看奥运女排与江苏女排之间的激烈角逐，齐享学术与竞技盛宴。参加各类讲座，旁听特色课程，参与实验课，南师大浓厚的学术科研氛围深深感染着大家，激励大家在科研路上精益求精；参观实验室、标本馆、图书馆、学生宿舍，南师大精细化管理模式带给大家深刻启发。此外，访学团成员还观摩辩论赛、学生党支部会议、学生骨干交流会，对南师大的了解渗透于各方面，习得许多宝贵经验。大家还领略了南京古都深厚的文化底蕴。

此次交流不仅让访学团成员收获深厚的友谊，更令大家在生活、学习与科研等各方面都有了更全面的认识，并结合自身不足来完善自我，为梦想助航。

（生命科学学院　林敏）

## 10 月 22 日　卫斯理安学院到汕头大学进行第二校园访学

10 月 22—28 日，卫斯理安学院学生访学团到汕头大学访学，围绕着“书院制教育”这一主题，与汕头大学至诚书院的师生进行深入交流。

开营仪式上，汕头大学至诚书院的书记、副院长高见教授提到了至诚书院的育人目标——“以专业培养到全人教育”。这句话让同学们印象深刻，给大家留下了一颗好奇的种子——在书院的体制下，学校是如何将不同专业的学生紧密联系起来并且令其和谐相处的？而“全人教育”又体现在什么方面，对学生未来发展有什么影响呢？通过对汕头大学的深入考察，同学们的疑惑也逐渐得到解答。

书院宿舍采用“社区化”的管理模式。学生宿舍就像一个小型的社区，不同专业、不同年级的学生在此共处。这种模式让学生有机会认知自己专业以外的学科领域，从而丰富知识、开阔视野，养成了在社会中与不同人打交道的能力。

书院宿舍配套有许多休闲娱乐设施和场地，如舞蹈室、汇报厅、自习室、厨房及聚餐区等。至诚书院还独创性地将素质拓展项目加入到课程当中，体现了“全人教育”的目标，即学生德智体美劳全面发展。

书院特有的导师制也让同学们受益匪浅。书院经常会邀请来自社会不同行业的精英作为导师，为同学们介绍学术新思，为同学提供学业指导。作为心理学专业的学生，在访学过程中我们开展了一项关于“书院制管理对大学生焦虑感缓解作用”的问卷调查研究，结果发现书院制的人性化管理对大学新生适应焦虑和考试前后的焦虑感有很大的作用。

书院坚持以学生为核心。不管是混宿制度，还是导师辅导，它们的立足点都不仅仅是眼前的某个考试结果，而更多的是对学生以后发展的考虑。在卫斯理安学院，跨专业的学习、丰富的课外活动、开放包容的氛围与至诚书院有着异曲同工之妙。



通过这次访学活动，同学们意识到，大学的意义远不止是知识上的学习，更重要的是要学会怎样做人，如何立足。

（卫斯理安学院　张睿）

## 10 月 22 日　人文学院志愿者赴敬老院开展敬老活动

10 月 22 日，广州大学青年志愿者协会人文学院分会开展了探访老人的公益活动，以增强学生的社会责任感。

上午 9 点左右，广州大学青年志愿者协会人文学院分会的志愿者到达长洲家庭综合服务中心。在社工分配好任务及说明相关的注意事项后，各组志愿者自行前往所负责的独居老人家里进行探访。这些独居老人都很乐于跟志愿者们分享自己年轻时候的经历。在整个探访的过程中，能看到老人们脸上挂着灿烂的笑容。志愿者与老人们其乐融融，宛如家人。

志愿者用他们的真心温暖了独居老人，而独居老人则用他们的热情回馈满怀爱心的志愿者。

（广州大学青年志愿者协会人文学院分会）

## 10 月 23 日　人文学院召开新生心理班会

10 月 23—30 日，由广州大学心理卫生协会人文学院分会主办的 2017 级新生心理班会于文清楼、文新楼陆续召开。

本次心理班会的召开主要是帮助新生们缓解开学后出现的心理问题，希望通过这次班会为同学们提供心理疏导，让同学们在大学中找到方向，激发同学们对大学生活及学习的热情，提高他们克服困难的意志力；同时鼓励大家多出去走走，做自己感兴趣、有意义的事情，在自由中学会节制，尽情享受自己的大学生活。

本次活动中，心理卫生协会人文学院分会工作人员以及人文学院 2017 级新生都展现出了他们的活力和热情，使新生心理班会得以顺利召开。

（广州大学心理卫生协会人文学院分会）

## 10 月 24 日　广州大学 2016—2017 学年度“十佳学生”评选

10 月 24 日下午，广州大学 2016—2017 学年度“十佳学生”评审会在图书馆副楼报告厅顺利召开。各学院师生代表参加了此次评审会。宣传部、学生处、教务处、招生就业处、研究生处、校团委、档案馆等有关部门负责人担任评委。

评审会现场气氛热烈，25位候选人依次登台演讲，为大家展示自己丰富多彩的大学生活和学习研究上的经验及成就。有着优秀学习能力的他们，积极参加各类活动并取得优异成绩，同时，还乐于投身志愿活动，为社会贡献自己的力量。品学兼优的他们正是同学们生活及学习上的榜样。

演讲结束后，吴小强教授代表评审小组对选手们做了精彩点评。他说："这25位同学无一例外都是品学兼优、多才多艺、构思巧妙。广州大学的高水平、双一流就是体现在我们的大学生身上。希望我们广州大学能培养出更多像25位同学一样优秀的人才，也希望更多的毕业生用更多的成就为广州大学增光。"

最后是民意测评投票环节，现场参加活动的师生可以为自己心目中的"十佳学生"投上宝贵一票。

经过各环节的比拼，广州大学"十佳学生"评审小组最终拟确定陈丹琦等10名同学为2016—2017学年度"十佳学生"，陈明铭等15名同学获"十佳学生入围奖"。

观摩本次评审会的同学纷纷发表了自己的感想。新闻与传播学院的谭恩静同学表示，要以这些优秀的同学为目标并付诸行动。计算机科学与教育软件学院的李金安同学认为提早规划大学生活很有必要，希望自己也能努力成为一名优秀的毕业生。

（学生处　葛泽胜）

## 10月24日　工商管理学院召开2017年暑期社会实践表彰大会

10月24日，广州大学工商管理学院暑期社会实践表彰大会于大学城校区理南楼511室召开。我校工商管理学院学工办主任曾梅华老师、团委副书记邹婷老师、助理辅导员卢健锋老师、工商管理学院学生会秘书长钟颖戈、学生会副主席蓝碧莹、实践部部长李诗琪等参加大会。

参与暑期社会实践的五支队伍分别派代表上台分享了他们的心得与体会，让听众受益匪浅。随后曾梅华老师上台发言，感谢五支队伍为搭建接触社会的平台做出的努力，也希望高年级学生有深刻的认识并能积极参与，成为实践活动的主人翁，并且希望实践能更加专业化，与专业契合，与专业老师对接。接着由邹婷老师总结发言，她希望同学们能积极融入社会实践，为社会做更多力所能及的事，也希望同学们处理好实践与学习的矛盾，把学习放在第一位，夯实基础，稳扎稳打地走好每一步。

最后，相关老师为获奖队伍和个人颁奖并合影留念。

（工商管理学院　莫逸民）

## 10 月 24 日　三学院联合举办“活力在基层”团日活动

10 月 24 日下午，由生命科学学院、地理科学学院和计算机科学与教育软件学院联合举办的“活力在基层”团日活动设计大赛决赛在理北楼 506 室举行。

经过初赛的激烈竞争，来自三个学院的九个团支部进入了决赛。决赛中，各团支部分别介绍了他们举办的丰富多彩的团日活动，有的是学习十九大精神的团课；有的是专业特色活动，如生命科学学院的植物学实习活动、地理科学学院的测绘旅行活动；有的是参观学习活动，如参观农讲所、辛亥革命纪念馆、中共三大遗址和烈士陵园等；有的是室内分享活动，如关于外卖的辩论、新闻联播的模拟会等。

穿插在展示环节里的中场游戏环节也深受同学们喜爱，“红歌猜猜猜”引得现场观众纷纷举手抢答，而“牛郎念刘娘”绕口令比拼更是把气氛推上了高潮。

赛后，计算机科学与教育软件学院兼职辅导员王诗琪进行点评并提出改进意见，地理科学学院学工办兼职辅导员钟倩欣对此次活动进行简单的小结并提出期望，最后进行颁奖。

（生命科学学院　吴涛）

## 10月24日　物理与电子工程学院举办第二届“万新杯”学生创新创业大赛

为进一步提高学生的创新意识和实践动手能力，引导学生利用专业知识参与科技创新、自主创业活动，营造积极探索、勇于实践的学习氛围，物理与电子工程学院于10月24日下午在理北楼705室举办了第二届“万新杯”学生创新创业大赛答辩会。物理与电子工程学院实验中心主任刘佐濂老师、天体物理中心郝景萌老师、团委书记王志杰老师出席了本次答辩会。

来自物理与电子工程学院的11个小组带着他们准备一年的作品进行了最终的答辩，每组选手从实验过程、实验数据、所需材料等方面对各自项目进行了全面的介绍和展示。在认真听取项目组陈述后，评审专家从各个项目整体情况及相关细节方面对项目进行点评，并提出了针对性的建议。

在本次答辩中，各项目组都充分展示了大学生创新创业的思维和意识，并表示在下一步工作中要继续改进和优化项目，着力培育有特色、有竞争力的项目，争取在未来的比赛中取得更好成绩。

（物理与电子工程学院　学工办）

## 10月25日　生命科学学院举办生科讲坛，激发学生创新思维

10月25日晚上，生命科学学院雷德柱老师在文清楼321室举办了一场特别的生科讲坛——果冻制作培训大会。

讲座中，雷老师向同学们介绍了关于果冻的基本信息，包括果冻的构成要素和市场情况，也让同学们了解了果冻制造业现有的优势和存在的问题。雷老师还从市面上最受欢迎的喜之郎果冻入手，为同学们讲解果冻的发展历程，同时也指出了各种人群对果冻的可能需求，不仅让同学们的设计思路有了方向，也使其更深入地思考市场需求。

讲座的最后，雷老师告诉同学们，果冻设计和果冻制作首先要查阅大量的文献，拓宽自己的知识面，才能设计出受人们欢迎的果冻；同时，设计的果冻要有针对性，不能只是跟随前人的脚步，要有自己的创意。

（生命科学学院　张俊峰）

## 10月26日　马克思主义学院在B6“五室一站”举办学习十九大精神主题活动

10月26日下午，马克思主义学院学生党支部在B6“五室一站”举办了“永远跟党走，喜迎十九大”主题学习活动。出席此次活动的有学院思想政治教育系支部书记刘雪松副教授、辅导员姚倩婷老师、全体学生党员以及学生代表。

刘雪松副教授为同学们作了学习十九大精神的辅导讲座，他表示：党的十九大将习近平总书记关于新时代中国特色社会主义思想写入党章，确立为党必须长期坚持的指导思想，为新时代伟大实践提供了行动指南。我们要学而信、学而思、学而行，深入学习领会新时代中国特色社会主义思想，以此武装头脑、指导实践、推动工作，以新气象、新作为夺取新时代中国特色社会主义的新胜利。讲座尾声，黄世毅等六位同学带来主题为“永远跟党走，喜迎十九大”的诗歌朗诵，将同学们对十九大精神的学习热情又一次推向了高潮。本次主题学习活动在大家热烈的掌声中结束。

（马克思主义学院　朱晓军）

## 10月26日　人文学院开展红色经典阅读分享会

10月26日晚，人文学院B8“五室一站”党建办联合人文学院党支部及B8栋党员，在B8“五室一站”二楼党团活动室举办了红色经典阅读分享会，到会的党员及预备党员共65人。人文学院党委副书记刘军军老师、学生第三党支部书记韩宝玉老师、第四党支部书记邱锦泉老师、第五党支部书记张立老师参加了本次分享会。

本次红色经典阅读分享会由人文学院助理辅导员周雯迪主持。她首先介绍了本次分享的红色经典书籍——《邓小平文选》第三卷。随后，她就活动的流程进行了介绍。

人文学院党委副书记刘军军老师为在座的学生党员导读《邓小平文选》第三卷。刘军军老师将书中的目录大纲为学生党员进行了详细的梳理，并与具体的史实和事例相结合，从“中国特色社会主义道路”“南方谈话”“香港问题”“社会主义的本质”“现代化建设”“物质文化水平”等几个方面进行了深入分析。同时，刘军军老师鼓励学生党员在读好《邓小平文选》第三卷之外，还应该坚持阅读其他红色书籍，多读书、读好书。

各位学生党员在阅读《邓小平文选》第三卷并听了刘军军老师的导读之后，积极发表自己的阅读感受和看法，并与其他党员进行交流。

人文学院本科生党员莫华文以《邓小平文选》第三卷所提到的“法治理念，保障人权”为出发点，介绍了一些法律知识，并举出了多种贴近生活的法制案例，认为党员应该多学习法律知识。

人文学院研究生党员李凤达认为这是一本易读的红色经典，从具体的事例中反映道理，值得慢慢领会思考。

人文学院研究生党员湛宝枫从书本中的对外政策体会到，身为学生党员应该要有计划、有目的地去学习专业知识。

人文学院本科生党员张婉萍从《邓小平文选》第三卷“从谈话解决争端”这一节，感悟到应该要和平解决争端问题。

此外，张立老师从《邓小平文选》第三卷出发，强调党员应该摆正自己的态度，重视党支部的会议和活动，积极参加党支部组织的生活会。

红色经典塑造品格，滋润人心。《邓小平文选》第三卷中《用中国的历史教育青年》里讲到：“一旦中国抛弃了社会主义，就要回到半殖民地半封建社会，不要说实现小康，就连温饱也没有保证。所以了解自己的历史很重要。青年人不了解这些历史，我们就要用历史教育青年，教育人民。”身为学生党员应该以史为鉴，主动了解历史知识，从前人的事迹中吸取教训；同时，要有自己的是非观，以理论知识为基础，鼓励身边的同学积极阅读红色经典，提升自己的思想道德水平。

（人文学院　周雯迪）

## 10 月 28 日　法学院举办刑侦推理活动

为了普及法律基础知识，增强大学生法律意识，培养大学生对法律的兴趣，循序渐进地引导大学生思考法律内涵，10 月 28 日，法学院举办了普法刑侦月推理活动。

整个活动通过刑侦寻凶的游戏，将生涩难懂的法律知识以风趣幽默的形式传递给广大学生，并将法治教育普及到大学生群体之中。本次活动一方面促进了本专业学生对专业内容产生更有深度的思考，另一方面也向其他学院的学生普及相关法律知识，推动大学校园学法、用法良好风气的形成。

（法学院　朱铭遥）

## 10 月 28 日　公共管理学院举办第十二届“非同凡响”新生演讲比赛决赛

10 月 28 日 18 点，公共管理学院第十二届“非同凡响”新生演讲比赛决赛于广州大学桂花岗校区小礼堂举行。公共管理学院党委副书记谢胜文、新闻中心主任林曼曼等老师，学院团委学生会主席孔俊铿、副主席王彪穗以及第十一届演讲比赛冠军叶明珠等担任了本次比赛的评委。

决赛开始之前，林曼曼老师上台致辞。她指出，演讲是一门语言的艺术，既有助于个人形象与口才的展示，也有利于锤炼思维能力，是一种至关重要的个人技能。希望同学们在心里播下演讲的种子，积极尝试演讲，掌握演讲技巧，并能够在舞台上得到更多锻炼。

此次比赛由组内追逐赛以及冠军争夺战组成。第一轮比赛中，9 位选手分为 3 组，每组的演讲主题以古诗来命题，分别为“路漫漫其修远兮，吾将上下而求索”“长风破浪会有时，直挂云帆济沧海”以及“不畏浮云遮望眼，只缘身在最高层”。

选手个人视频播放完毕后，每位演讲者围绕其主题开始了演讲。演讲者衣着整齐，语言铿锵有力，肢体语言丰富。他们运用名人名言、事例以及生活经历，阐述了他们对主题的见解。对于选手们的表现，谢胜文副书记评价道，演讲内容应深入浅出，应将抽象的题目用浅显的实例表现出来，这样的演讲才能更加吸引人。

经过紧张激烈的比赛，陶卫同学斩获冠军，林浩铎、梁茵岚同学分获亚军和季军。此外，行政管理172班获得最佳班级组织奖，陶卫同学获得最佳人气奖。

最后，谢胜文副书记为获奖者颁奖并致辞。他对本次演讲比赛给予高度评价，希望公共管理学院能举办更多与演讲相关的比赛，还推荐了一些与演讲有关的节目。

（公共管理学院）

## 10月28日　三学院联合举办迎新晚会

10月28日晚上，由生命科学学院、地理科学学院和计算机科学与教育软件学院联合举办的“相逢如诗，梦向远方”2017级迎新晚会在演艺中心旁隆重举行，三学院领导和学工办老师出席本次晚会。

晚会节目精彩纷呈，首先，Toma舞队为大家带来了动感舞蹈，光影闪现，欢快的音乐点燃了现场气氛，舞动的荧光棒在漆黑的夜色里闪烁。紧接着，计算机科学与教育软件学院新生带来吉他弹唱《恋爱ing》，用音乐诠释恋爱的美好。地理科学学院舞蹈队的舞蹈 *You Can Really Dance* 活力四射，全场气氛持续沸腾。随后，生命科学学院新生带来话剧《白雪公主高配精美版》，出人预料的剧情走向和演员们出色的表演引得全场观众捧腹大笑。紧接着，三院导生表演的节目把整场晚会的气氛推向高潮。计算机科学与教育软件学院导生高唱《倔强》；地理科学学院导生双双出场，歌曲串烧《爱因为有我们》；生命科学学院导生唱跳结合，一首 *We do* 深情温暖，有欢乐，亦有感动。最后，人文学院模特队带来的走秀《异域》为本次迎新晚会画上圆满的句号。

（生命科学学院　庄嘉欣　史楚）

## 10 月 28 日　土木工程学院举办第十二届田径运动会

10 月 28 日，土木工程学院举办了第十二届田径运动会。

土木 154 班的陈建营挥舞着充满力量的双臂，将实心球抛出一道美丽的弧线——14.92 米！他将金牌稳收囊中。

在运动场外的单杠边上，运动员们正在热身。没错，接下来就是男子引体向上比赛。经过一轮激烈的角逐，土木 156 班的孙昂获得第一名。

再来看看女子这边的赛场，土木 152 班的吴洁茹称霸了仰卧起坐的比赛现场。

一根小小的木棒，连接的是团结和友爱；一根小小的木棒，传递的是勇气和力量；一根小小的木棒，演绎的是奋斗和拼搏。加油吧！让这激动人心的时刻一直回荡在我们心中！踏上跑道，是一种选择。离开起点，是一种勇气。驰骋赛场，是一种胜利。土木 153 班的健儿带着这种信念率先冲过终点。

十月

一条跑道，要四个人去凝聚一个信念，每次交接都是信任的传递，每次交接都是无声的支持。冲吧！向着终点，向着四个人的目标，前进！4×400 米的终点就在眼前。

随着最后一名运动员的冲线，运动会落下帷幕。本届运动会的竞争可谓异常激烈，团体总分前八名的班级分数相差无几。

（土木工程学院　卢健聪）

## 10 月 29 日　工商管理学院举办田径运动会

10 月 29 日上午，工商管理学院田径运动会在广州大学桂花岗校区隆重举行。学院辅导员李睿贤老师和梁世健老师，现任团委学生会秘书长钟颖戈、副主席蓝碧莹、副主席张嘉恩以及工商管理学院 2017 级全体新生参加了开幕式。

方阵展示结束后，全体起立奏唱国歌。李睿贤老师随后上台发言，强调“友谊第一，比赛第二”。他在鼓励运动员们发扬团结拼搏、挑战自我的精神的同时，也提醒运动员在比赛过程中要注意安全。

赛场上，运动员尽情挥洒汗水，奋力拼搏。闭幕式上，梁世健老师颁奖并致辞，他表达了对工商管理学院学子的殷切期盼，希望同学们能把握时机，好好学习，锻炼身体，实现自我价值！

（工商管理学院　沈天琪　蒋志彦　林岱龄　叶颖彤　曾嘉仪）

## 10 月 29 日　化学化工学院开展心理委员培训

10 月 29 日，化学化工学院心理协会组织开展心理委员培训活动，化学化工学院心理学专业的兼职辅导员老师主讲了本次培训。

主讲人首先向大家介绍了学院心理健康教育三级预警机制，明确了学生心理健康教育的重要性，说明了心理工作在学生工作中的重要性；其次向心理委员说明他们的责任与义务，同时让大家认识到心理委员不是一个普通的职位，而是担负着为同学们排忧解难和为向他们求助的同学保密的责任；再次向心理委员们阐述了作为心理委员的优势，让他们知道如果同学们或者自身遇到心理问题可以通过心理健康协会、辅导员、心理咨询中心、学校老师、木榕树洞等途径寻求帮助；最后，通过案例分析让大家了解到对于不同情况应当采取的处理方法。

本次活动很好地让各班的心理委员认识到自己的职责，同时也让他们了解到各种心理问题的具体表现以及相应的解决方案。

（化学化工学院　祝梦婷）

## 10月29日　公共管理学院举办“桂在一七”迎新文艺晚会

10月29日晚，公共管理学院“桂在一七”主题迎新文艺晚会在广州大学桂花岗校区小礼堂隆重举行。学院党委书记谢俊贵、新闻中心主任兼2017级辅导员林曼曼、“五室一站”负责人李晓敏、团委学生会主席团、导生团、2017级全体新生等参加了本次晚会。

学院党委书记谢俊贵教授戴上了荧光眼镜，以同学们喜爱的形式亲近学生，并代表学院对2017级新生致以热烈的欢迎。

晚会以4AM舞队的舞蹈 *FREEDOM* 热情开场。随后，社会工作171班全体同学进行了原唱歌曲的自弹自唱表演，展现了他们的班级个性和强大的班级凝聚力。歌唱队演唱的串烧歌曲《1029个伤心的理由》赢得了现场的阵阵掌声。紧接着，由社会学171班带来的节目《桂花香里“稻”青春》勾起了观众的美好回忆，令人流连忘返。而由行政管理171班带来的小品《推销不可轻信》则通过反串的表演形式，在引得台下观众捧腹大笑的同时，也提醒了同学们在生活中要提高警惕，谨防轻信。之后，行政管理172班的节目 *NEW LIFE*、行政管理173班的节目《爱在广大》和公共事业管理171班的节目 *Young at Heart* 激起同学们对大学新生活的共鸣，营造出愉悦的氛围。而话剧

十月

社和模特队分别带来的《重聚》和 *IMMORTAL* 也赢得了观众的阵阵喝彩。

作为最后登场的节目，全体导生带来的说唱《你扬帆我护航》把整场晚会推向高潮，观众们与台上导生一同举起亮灯并随着音乐摆动，气氛热烈。

本次晚会旨在欢迎2017级新同学并展现公共管理学院学子的风采，给新同学带来温暖与欢乐，大大增强了新同学对公共管理学院的归属感与认同感，有助于同学们更快地融入崭新的学习生活中。

（公共管理学院　学工办）

## 10月30日　广州大学“高雅艺术进校园”舞蹈专场盛大开演

10月30日19：00，由广州大学党委宣传部、广州大学团委、广州大学附属艺术学校共同主办的“礼赞新时代，畅想新征程”2017年“高雅艺术进校园”活动在演艺中心拉开序幕。学校党委书记屈哨兵，党委副书记、纪委书记张强，附属艺术学校副校长倪怡华等领导出席本次活动。为期三天的演出吸引了近两千名师生共同观赏，这既是广州大学一年一度的文化盛宴，也是庆祝党的十九大胜利召开的艺术献礼。

本次演出涉及古典舞、民族舞、民间舞、芭蕾舞、国际标准交谊舞、舞剧等多种表现形式，既有传统民族舞蹈，也有异域经典名作。《三鼓舞》中整齐划一的鼓点、华丽的舞步、多变的节奏透露出近代朝鲜传统舞蹈“鹤步柳手”的优雅；《绣影叠香》中的“闺中碧玉”轻扬玉手，银针闪动，轻盈如在画中；《船歌》里舞者如水般灵动的舞姿使观众深叹江南水乡的秀美；古典舞《萧鼓逸山岚》中空灵的悠悠箫鼓让人不禁想起“山岚拥月去，林下听风眠”的随心自在；芭蕾舞《晨曦》里少女的梦幻舞姿让人仿佛置身于清风暖阳之中；芭蕾舞剧《天鹅湖》和《葛蓓莉亚》中舞者以灵动舞姿诉说了爱情的忠贞与美好。曾获得第89届英国黑池舞蹈节拉丁集体舞世界冠军的国标集体舞This is us以独特的编创技法给观众带来全新的视觉体验。国标双人舞《风车》唤醒了童年寄托于风车中的种种情怀；《高粱红》诉说了一名叫九儿的女子的爱与恨，描绘了一段充满着强大生命力的历史史诗。

（广大新闻网　杨丽莺　胡嘉仪　李昕洋　吴婉怡　谭翠璐）

## 10月30日　四学院联合举办模拟招聘会

为了提高同学们的求职竞争力，广州大学土木工程学院、人文学院、化学化工学院以及物理与电子工程学院联合举办了一场模拟招聘会。

模拟招聘会分为初赛、复赛及决赛。10月30日前，要求报名选手每人提交一份简历，通过第一轮筛选后晋级的参赛者便可进入培训环节。11月3日在文清楼210室，广州朗威电子科技有限公司总经理甘达与公司HR袁伟璇为参赛者开展培训，讲授了面试和简历制作的技巧。活动结束后，参赛者自行修改简历并再次上交，再次通过筛选的参赛者可晋级复赛。11月12日在理南楼303、304、305室举办复赛，分为个人面试及无领导面试两个环节。复赛邀请广州大学优秀校友李好好、梅璐婷、黎永溢担任评委。11月21日在文清楼107室举办决赛，分为自我展示、交流问答及面试礼仪抢答三个环节。决赛现场，十位优秀的选手都将自己最优秀的一面展现出来，获得评委们的好评。

评委对各位参赛者提出自己宝贵的建议，认为模拟招聘会一系列的活动环节不仅能丰富同学们对面试与就业问题的认识，更能让他们从中学习到有利于以后求职工作的专业技巧，增强同学们对今后就业的信心。

（化学化工学院　团委学生会就业创业部）

## 10月31日　经济与统计学院举办团委学生会见面会

10月31日晚，经济与统计学院团委学生会见面会暨团学公开课第一讲在广州大学桂花岗校区综合楼举行，经济与统计学院团委书记赵梅岳参加了见面会。

活动伊始，经济与统计学院团委副书记廖亮带领新一届团委学生会干部宣誓，让“积极进取，团结合作，全心全意为学院师生服务”的信念植根于每一个人的心中。

公开课的第一部分是人力资源部部长唐栩颖发言。她着重强调要做一个有礼貌的人，“用词严谨，态度诚恳，举止得体”，这是她对团学人的期望。同时，她强调，千万不能落下学习，并同大家分享了自己在团委学生会的成长经历与感触。

接着学生会主席何晶晶提出“两要求”“两鼓励”“两期望”，她用自身经历提醒同学们要不忘初心，铭记自己最初加入团委学生会的目的。只有在部门中积极主动地去锻炼自己才能有所收获和成长，这是加入团委学生会的意义所在。

公开课的第三部分是由学生会副主席兼秘书长李晓岚对新部委进行的文书培训，通过分享自身经验，李晓岚分别从内容、格式、注意事项三方面展开讲述，全面剖析文书写作的思路。

最后，团委赵梅岳书记对本次活动进行了总结发言，她向新一届团委学生会干部提出三点要求：第一，要与时俱进、紧跟时事，关注十九大，不断提高自身的专业学习水平；第二，谨记学生干部身份，要以身作则，树立榜样，坚决不挂科；第三，要时刻保持服务意识和团体意识，绝不顾此失彼，同时要展现意气风发、积极进取的一面。

本次活动旨在让新一届团委学生会干部更好地融入组织，共创团学大家庭，服务于全院师生。

（经济与统计学院　陈俊浩）

## 10月31日　旅游学院在B9“五室一站”召开“学习民主集中制原则”组织生活会

10月31日晚，旅游学院本科会展党支部组织生活会于B9“五室一站”召开，主题为“学习民主集中制原则”。12名正式党员和预备党员，以及在会前刚刚通过考察的5名新预备党员参加了会议。学院党委副书记刘绍东也应邀参加了会议。

支部书记刘莉在会议上首先讲了“民主集中制原则”的专题党课，围绕民主集中制的形成与发展、科学内涵、六条基本原则以及“十九大”对党章中“民主集中制”的修改等方面，对民主集中制原则进行了全面的介绍和解读，特别强调了政治意识、大局意识、核心意识，并结合本科会展党支部工作的实际情况表达了自己的想法。

听完支部书记刘莉的分享后，与会党员围绕自己关于民主集中制的学习和思考，结合会展本科支部的建设，进行了热烈的交流讨论。

学院党委副书记刘绍东认真聆听发言，并就“民主集中制原则”与他人交流了自己的学习体会。他结合党的十九大对新时期党的建设总要求、对井冈山精神的学习与诠释，与支部师生党员一起学习并重温了作为党的根本组织原则的民主集中制原则的相关具体内容，强调了支部党员学习民主集中制的重要性，以及贯彻民主集中制的必要性，并且特别强调党员务必加强四个意识。此外，他还提出了坚持民主集中制在党支部建设中的具体落实措施和建议，并希望本科会展党支部进一步加强对民主集中制原则、内涵及相关内容的学习与理解；应围绕我校高水平大学建设和我院高水平学院建设，努力按照思想先进、学习标兵、实践模范、生活榜样等“四个表率”标准，团结各方面力量，朝着合格党支部、先进党支部的方向前进，共同建设更具有凝聚力和战斗力的支部。

（旅游学院　学工办）

## 10 月 31 日　人文学院举办 2017 级新生拔河比赛

10 月 31 日下午，人文学院 2017 级新生拔河比赛于东区篮球场成功举办。人文学院团委副书记韩宝玉老师出席了本次活动并担任颁奖嘉宾。

比赛场上，各班参赛队员不惧烈日，斗志昂扬。各班队伍使出九牛二虎之力为班争光。经过激烈竞争，新疆预科班获冠军，历史班获亚军，汉教 172 班获季军，中文 177 班、中文 178 班、汉教 171 班获“道德风尚班级”称号。

本次拔河比赛体现了“友谊第一，比赛第二”的原则，促进了各班交流，提升了班级凝聚力。

（人文学院　新闻中心）

## 10 月 31 日　新闻与传播学院开展党员进社区活动

10 月 31 日，“青春欢庆十九大，不忘初心跟党走”党员进社区活动在素有“珠水南华”之称的广州市海珠区南华西街道开展。该活动由中共海珠区委宣传部主办，广州大学新闻与传播学院协办。新闻与传播学院党委书记李雁、院长田秋生、分党校办公室主任张丽芬、2014 级党支部书记谭丰云带领学院 2014 级学生党支部成员、分党校成员和语言队成员参加了活动。

该活动分为两个部分，即“道德讲堂”和“学习党的十九大精神交流座谈会”。

在“道德讲堂”活动中，南华西街的老艺术家们为学院师生和居民带来了一场动听的大合唱。随后，在指挥的带领下，全场一起合唱《公民道德歌》，反响热烈。新闻与传播学院的学生们也为社区居民献上了精彩的文艺表演。

随后，南华西街相关人员与学院师生在街道工作站又开展了“学习党的十九大精神交流座谈会”，双方就刚刚闭幕的党的十九大会议主题报告进行了学习交流，分享党建工作经验和感受。2014 级学生党支部党员魏雄锋和街道退休党员代表、原广州太古港党委书记黄剑明率先分享了自己关于十九大精神的学习体会。

田秋生院长发言说：“南华西街集中展现了党的十八大以来的建设成果——建筑美而干净，人民生活幸福，这正是十九大报告中描绘的老百姓生活幸福安康的中国梦的践行，在未来学院的工作中，我们将努力践行十九大精神，推动南华西街道物质文明与精神文明在社会的广泛传播。”

李雁书记说：“借着学习贯彻党的十九大精神之际，学院专程来到南华西街道进行学习交流。从我们身边的

事情来感受南华西街在岭南文化、革命文化、历史文化的传承上所做的努力和取得的成就，感受街道为居民过上美好生活所做的努力。”同时表示，今后学院将加大同街道方面的合作，在共建经典阅读小组、十九大精神宣讲进社区等方面发挥学院师生的作用。

会上，学院学生党员代表陆蓓璇、南华西街青年党员分别就学院学生党支部党建工作、社区党建工作所取得的成就进行了交流与分享。

（新闻与传播学院　学工办）

## 10月31日　物理与电子工程学院开展学习十九大精神活动

10月31日晚，物理与电子工程学院研究生党支部、本科生党支部的党员们齐聚一堂，在B22“五室一站”党团活动室开展了贯彻落实党的十九大精神学习动员会议。物理与电子工程学院党委书记陈泽龙、研究生党支部书记薛敏、本科生党支部书记王志杰、暂缓就业党支部书记黄毓婵，以及研究生党员和本科生党员参与了本次会议。会议由薛敏书记主持。

陈泽龙书记首先与学生党员共同讨论和学习了中国特色社会主义进入新时代这一论断。陈书记指出，正是处于新时代这一崭新的历史定位，我们才有了新矛盾、新思想、新目标。以习近平同志为核心的党中央，带领广大人民群众，在新的历史起点上将要走向的，是一个国家强大、民族复兴的时代。作为一名党员，要坚定理想信念，增强使命感和责任感，勇挑重担。

陈书记对学以致用、贯彻落实好十九大精神学习还强调了三点：一是认真学习十九大精神，做到学深悟透、融会贯通、落到实处；二是坚持贯彻落实全面从严治党；三是全面贯彻党的教育方针，落实立德树人根本任务。

薛敏书记对本次会议做了总结。薛书记指出，2020—2050年是我国“两步走”全面建设社会主义现代化的三十年，是党员同志实现个人价值、为中国特色社会主义奋斗的三十年。党员同志要时刻保持正确的政治站位，加强政治意识，要牢记自身的使命与担当，树立大局意识，把国家和民族的命运及学校、学院的发展与个人发展紧密相连，不忘初心，砥砺前进。

（物理与电子工程学院　学工办）

## 10 月 31 日　环境科学与工程学院依托“千千工程”开展学习十九大主题活动

新时代的大学生唯有努力学习十九大精神，在努力学习和实践结合的同时磨砺自己的品格和意志，以保持学习上的积极性和思想道德上的纯洁性，坚定树立正确的世界观、人生观、价值观，方能真正从思想上、行动上证明自己身为新时代中国好青年的价值。“千千工程”就是学习十九大的系列活动。

10 月 31 日，环境科学与工程学院各班级都举行了学习十九大主题班会。班会介绍了十九大的主要议题和精神内涵。大部分班级结合环境专业的特性，探讨十九大和专业的结合点，总结出十九大对行业未来发展方向的指引作用。个别班级还采用了新形式，如组织学生观看十九大视频、形成讨论小组等。

（环境科学与工程学院）

# 我们的大学

November 十一月

## 11月1日　筑梦飞翔——教育学院“一人一故事”演出

11月1日，教育学院 Will Hunting 剧团在文逸楼703室，用戏剧教育的形式公开演出。淬砺·心灵剧场——成长的故事通过表现家庭经济困难学生励志成长故事以及表演角色互换的方式，引导大学生思考如何提高适应环境的能力，并对当事人进行心理疏导，使得心灵剧场的公演有着较强的心理治疗效果。

演出对宿舍矛盾与捐款纷争两个主要的冲突进行聚焦演绎，适时邀请观众上台扮演并分析角色。给观众提供时间和场地，让观众在充分的参与中体会大学生的成长，在表演中体验和感受，从而有所收获。

据悉，本年度教育学院 Will Hunting 剧团已经到过纺织中学、越秀区少年宫等地进行表演。在几个月的历练中，演员们迅速成长，不断总结经验，为观众带来一场场视听盛宴。

（教育学院　Will Hunting 剧团）

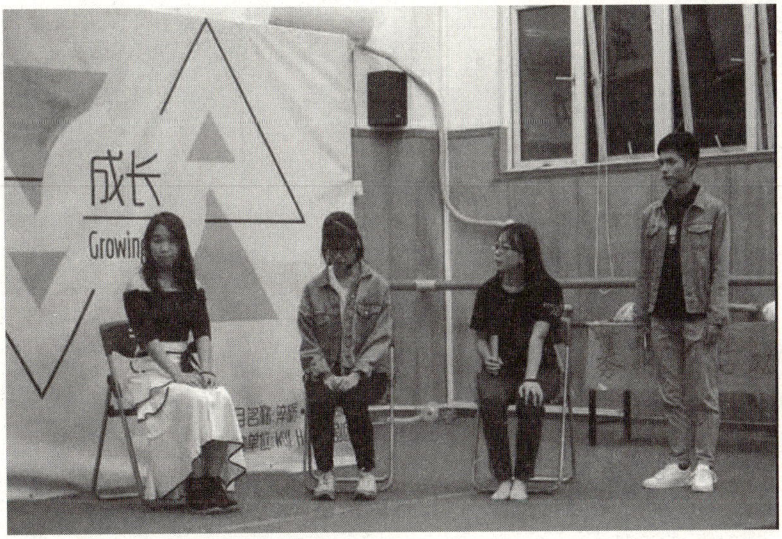

## 11月2日　汉语国际教育171班举行“读书之道”读书分享会暨领导、教授联系班级活动

11月2日下午，人文学院党委书记王琼老师、团委书记张立老师与汉语国际教育171班全体同学在文新楼222室开展了“读书之道”读书分享会暨领导、教授联系班级活动。

老师和同学们探讨如何更好地获取“读书之道”、丰富知识储备、提高文化素养。大家在本次活动中分享了自己欣赏小说、话剧、散文等的心得。同学们还向王琼书记提问：王书记是怎样实现自己的理想的？对在实现理想路途中的我们有什么建议？王书记表示自己一直努力把本职工作做好，不断完善自身，坚守在工作一线，同时努力实现自身价值，同时，她也鼓励同学们要坚持自己的理想并且不畏艰难，勇敢追梦，一步一个脚印，踏踏实实为理想而奋斗。

随后，张立老师发言，强调经典作品对大学生的重要性，并鼓励有梦想的同学努力坚持，没有梦想的同学应当从现在开始，在生活与学习中寻找属于自己的梦想，最后告诫同学们要珍惜美好的大学生活。

（人文学院　刘武南）

## 11月2日　美术与设计学院新生辩论赛决赛圆满落幕

11月2日，美术与设计学院新生辩论赛总决赛于文新楼224室举办。本次比赛的评委有现任美术与设计学院辩论队队长申畅、副队长叶昊以及前辩论队队长邱听雨、前副队长王绮梦。

首先进行的是季军争夺赛，比赛在绘画171班与视觉传达171班之间展开，双方的辩题分别为“中国电影应该推行分级制度”与“中国电影不应该推行分级制度”。历经一场激战之后，最终由绘画171班获得本次新生辩论赛的季军。

接下来，要进行的是最为激烈的冠军争夺赛。正反双方分别是服装172班

与动画173班，他们的辩题分别为“治愚比治贫更重要”与“治贫比治愚更重要”。双方在辩论赛中的表现可谓是旗鼓相当、势均力敌。双方选手在立论、驳论、质询等各个环节中思路清晰，引经据典，现场气氛迅速升温。在最后的自由辩论环节中，比赛双方把辩论话题深入化，每位辩手的精彩辩论把本场比赛推向了白热化阶段。经过激烈角逐，动画173班夺冠，服装172班夺得亚军。

比赛结束后，在评委点评环节，辩论队队长申畅充分肯定了双方辩手的精彩表现，同时也指出了他们的不足之处。

（美术与设计学院　马浩）

## 11月2日　物理与电子工程学院召开“百企调研”专题会议

11月2日上午，物理与电子工程学院“百企调研”专题会议之优秀校友周耀彬心路历程交流会在学院214会议室举行。出席交流会的人员有：学院2008届毕业生、现任广州市金升阳科技有限公司资深工程师、预研部经理周耀彬，物理与电子工程学院党委李燕冰副书记，杨汝教授，学工办主任薛敏老师，辅导员黄毓婵老师及部分学生。

周耀彬从角色转变和职业生涯规划两个方面向大家分享了自身的成长经历，赢得了在场学生的热烈掌声，在场师生踊跃提问，交流会气氛热烈。

最后，李燕冰副书记进行总结致辞。李书记指出，周耀彬取得的成功，很好地体现了“学校教育＋实践平台＋个人努力”的合力效果。同时，物理与电子工程学院以本次交流会为契机，还聘请了周耀彬作为学院的校外职业指导师。

大学毕业生是国家宝贵的人力资源，促进大学毕业生高质量就业，对建设人力资源强国和创新型国家，具有重要而深远的意义。物理与电子工程学院积极响应广州大学“百企就业调研行”活动，通过召开座谈会、发放问卷等形式，加强与用人单位的联系，开拓了校企合作，更加了解用人单位对学院学生培养方面的意见和建议，为毕业生搭建实习和就业的平台，促进学生培养工作质量不断提升。

（物理与电子工程学院　学工办）

## 11月2日　B19“五室一站”华东理工大学访学交流分享会

广州大学化学化工学院在为期五天的华东理工大学访学结束后，于11月2日、11月7日和11月9日晚在B19“五室一站”心情驿站开展了三场不同主题的访学交流分享会。

三场交流会分别以团委学生会工作、党建工作、人才培养工作为核心话题，由化学化工学院访学团不同成员分重点向大家介绍了华东理工大学的整体特色和氛围、团委学生会工作与班集体建设、学生党员培养教育、奖助贷工作、“第二课堂”等人才培养模式，与广州大学进行对比分析，汲取优秀经验并推广学习。

学校之间的学习交流提供了一个良好的平台，促进了两校的相互学习和提升，而访学交流分享会也提供了一个平台，让访学团将收获的经验分享给更多的同学，让优秀经验得以传播和推广。

（化学化工学院　祝梦婷）

## 11 月 3 日　旅游学院学子在全国商务会奖旅游策划竞赛中载誉而归

11 月 3 日至 5 日，由中国国际商会商业行业商会、中国国际贸易促进委员会商业行业分会、中国会展经济研究会和昆明市博览事务局共同主办的 2017 年全国高校商业精英挑战赛商务会奖旅游策划竞赛全国总决赛在云南省昆明市成功举办。来自全国各地 16 个省、直辖市和自治区 60 余所高校的团队报名参赛，其中包括中山大学、暨南大学、北京第二外国语学院、广州大学等高校。最终共有 34 所院校 96 支团队入围总决赛，师生共计 500 余人。经过两天的激烈比拼，2017 年商务会奖旅游策划竞赛决赛完美落幕。最终，广州大学旅游学院师生有八个小组获得一等奖，七个小组获得二等奖，两个小组获得三等奖。

广州大学旅游学院代表团队载誉满满，成绩突出，荣获 2018 年 4 月在澳大利亚举办的“2018 年亚太 MICE 与酒店管理实践竞赛”参赛资格，展现了广州大学学子们的风采。

（旅游学院　学工办）

## 11 月 3 日　外国语学院赴启德教育集团广州分公司开展用人企业回访交流活动

11 月 3 日下午，外国语学院苏远连副院长、鄢智青副书记、学工办李黎主任、英语系陈姝主任等一行，来到校外实践教学基地——启德教育集团广州分公司，开展用人企业回访交流活动。

活动由启德教育集团南一区 HR 主管朱伟奇主持。首先，启德教育集团南一区副总经理王丽霞致辞。王丽霞总经理在简单介绍启德教育集团的历史以及业务等情况后，对外国语学院英语专业翻译方向 144 班、145 班七位实习生的认真工作、虚心好学及较强的翻译能力表示高度赞赏。苏远连副院长对启德教育集团长期以来为外语专业学生提供优质的专业实习平台以及工作岗位表示衷心感谢，同时表达了外国语学院与启德教育集团开展进一步的深层次合作意愿与期待。

此行也是外国语学院响应广州大学“百企就业调研行”活动的第一站，旨在调研应届生就业形势，调查往届毕业生在各单位的工作表现以及用人单位对广州大学毕业生的评价，推进本科生培养工作。目前，在启德教育集团工作的广大外国语学院毕业生有近二十人。交流会上，毕业生所在部门主管高度评价了学院毕业生在启德教育集团的工作情况，并现场填写《广州大学毕业生质量评价调查问卷》。最后，双方围绕用人单位需求、实习工作存在的问题以及未来校企合作项目等议题展开进一步交流与讨论。

（外国语学院　学工办）

## 11 月 3 日　音乐舞蹈学院艺术团十周年晚会

11 月 3 日晚七点，广州大学音乐舞蹈学院“藝起十年”艺术团成立十周年纪念晚会在演艺中心剧院举行。

开场是民乐队演奏的《春到湘江》，接下来是阿卡贝拉的《至少我要说……》，爵士重奏 *Autumn Leaves*，R&B 弹唱 *Lay Me*

*Down*，《黑色幽默》与《你要的爱》两首歌曲的无缝连接更是让人惊喜，民乐队《不一样的凉凉》，2005 级的曾德治带来的美声独唱《黄河颂》，民乐队《西域随想》，街舞 *Girl's Crush* 刚柔并济的舞蹈，二胡合奏《新赛马》，2006 级李静独唱《九儿》，模特队 T 台秀 *Perfect*，最后是声乐队《节日欢歌》。在圆舞曲欢快、明亮的旋律中，迎来了晚会的尾声。

（音乐舞蹈学院　党工办）

## 11 月 4 日　“一挑成名”科研动员大会

11 月 4 日，化学化工学院在理南楼 110 室召开“一挑成名”学生科研动员大会，由优秀科研带队老师李燕兴主讲。李燕兴老师分别从学院的科研成果、教师的科研项目以及科研立项的流程三个方面详细介绍，让新生们充分了解学院科研动态，同时希望新生们尽快制订出适合自己的大学生涯规划，圆自己一个科研梦。

首先，李老师通过展示科研竞赛的图片和视频，让学生感受比赛现场的浓厚氛围，通过列表展示学院的科研成果，使学生对课外科技活动保持旺盛的劲头：本年度大学生创新训练项目立项 39 项，其中国家级 4 项，省级 12 项，校级 23 项；大学生创业训练项目立项 7 项，其中国家级 2 项，省级 2 项，校级 3 项；荣获第十五届“挑战杯”全国大学生课外学术科技作品竞赛国赛一等奖，2017 年中南地区高校化工原理大赛暨全国大学生化工实验大赛国赛二等奖，区域赛一等奖；学院被评为“2016—2017 学年广州大学学生课外学术科技活动先进集体”。同学们备受鼓舞。

其次，学院团委学生会学术科技部定期更新教师的科研团队，在会议上展示教师的科研方向，鼓励学生主动找专业老师，加入他们的科研团队，形成教师与学生一起做科研的联动机制。

最后李老师还详细介绍了科研从立项到结题，校赛—省赛—国赛的时间节点，让同学们尽早做好规划，为下学期开学的科研立项做好准备。

（化学化工学院　团委学术科技部）

## 11 月 4 日　经济与统计学院志愿者参与越秀区博物馆活动

11 月 4 日，广州大学经济与统计学院的十五名志愿者来到广州市越秀区博物馆，在五仙观西斋与小朋友们进行了一场别开生面的创意树叶手工制作活动。

到达博物馆后，博物馆负责人热情地向志愿者们简单介绍了活动的大致流程，并带领志愿者们游览博物馆。在小朋友展示心灵手巧的本领时，志愿者们也在用心制作自己的作品，并用心地指导小朋友完成手工作品，积极参加猜谜游戏。许多小朋友充分发挥他们的想象力，创作出许多精美的手工作品。在愉快的交谈中，志愿者们感受到小朋友们无限的活力和丰富的想象力。

志愿者们在这次活动中不仅收获了小朋友的一张张笑脸，更收获了一份份童真，广州大学学子在志愿活动过程中耐心、认真的态度也受到博物馆负责人的好评。

（经济与统计学院　郭艺）

## 11 月 5 日　学院联合运动会顺利举办

11 月 5 日，在明媚的阳光下，广州大学法学院在北区田径场迎来了一年一次的运动会。早上八点半，在院领导及同学们的见证下，法学院、新闻与传播学院以及化学与化工学院体育部团委学生会体育部联合举办的院运会正式召开。

开幕式结束后，比赛正式开始。最先开始的是激动人心的径赛项目，赛场上运动员矫健、飒爽的身姿让人着迷；与此同时，田径赛也在如火如荼地进行着。在尽职又暖心的工作人员的帮助下，比赛顺利进行。下午四点左右，比赛接近尾声，激动人心的班级接力赛开始了。各个班级在工作人员的指导下有序地等候上场。赛场上的班级按照先前的训练拼尽全力，场下观众也为本班摇旗呐喊，为失利的班级送去鼓励的掌声。最终，在观众的掌声中，运动会顺利结束。

本次学院运动会磨炼了同学们永不言弃的意志，锻炼了同学们顽强拼搏的精神，增强了班级凝聚力。

（法学院　体育部）

## 11月6日　不忘初心，以挑战者精神继续前行——记体育学院师生赴北京访学之旅



10月31日至11月6日，体育学院十一名学生在辅导员任佳妮老师的带领下，赴首都体育学院、北京体育大学开展为期7天的访学交流活动。

访学第一站是首都体育学院。11月1日，访学团来到首都体育学院，受到了首都体育学院武术与表演学院王向宏院长和陈星老师的热情接待。王院长向访学团介绍了首都体育学院的基本情况，对访学日程做了细致安排，陈星老师带领访学团成员参观了体育场馆和学生宿舍。在随后三天的日程里，访学团成员与首都体育学院师生一起上课，感受了羽毛球、篮球、排球等球类课堂，观摩了摔跤、木球、攀岩等特色课堂，体验了不同的教学方式和课堂文化，获益匪浅。

访学第二站是北京体育大学。11月4日，访学团来到北京体育大学，该校张晓莹老师对访学团的到来表示热烈欢迎。在随后三天的访学行程里，访学团成员参观了美丽的校园和专业的训练场馆，与北京体育大学的学生一起上课、交流，感受了教师们严谨的工作态度、松弛有度的教学节奏、因材施教的教学方式及高效实用的学习方法等，受益良多。

通过此次访学交流活动，访学团成员备受鼓舞，纷纷表示回到学校要将此次访学的所见所闻和亲身体验与老师和同学交流，也要将此次访学的学习和收获运用在学习和工作中，努力学习理论知识和专项技能，不断提高和完善自己，不忘初心，以挑战者精神继续前行。

（体育学院　陈细娣　许汝迎　任佳妮）

## 11月7日　经济与统计学院第二校园访学团访问上海财经大学

11月7日，广州大学经济与统计学院第二校园访学团在广州大学经济与统计学院党委林雪松副书记、学工办周文东主任、团委石红梅副书记的带领下访问了上海财经大学。

上午，访学团成员旁听了相关的专业课程。上海财经大学学子主动积极的学习态度、深厚的知识底蕴以及开阔的国际视野给访学团成员留下了深刻的印象。在教学模式方面，其大部分课堂采取小班教学模式，这样的教学模式使得老师和学生之间能够深入交流，也使得学生学习的效率与质量更佳。

下午，访学团在校史馆讲解员的带领下参观了上海财经大学的校史馆及商学博物馆。沿着百年上财的历史长廊，访学团成员深入地了解了其百年历史。

从1917年南京高等师范学校开设的商科发展成今天国内一流、世界知名的上海财经大学，这所百年名校可谓是历经坎坷：学校九易校名，十迁校址，几经烽火而弦歌不辍，与国家、民族同命运、共呼吸，与中国现代化进程紧密联系。来到商学博物馆，访学团了解了从清代晚期开始的中国商学的发展历程。宏大的结构、丰富的史料、高科技感的历史再现，让访学团成员们真切地感受到了这所百年学府的光辉历史。

此次上海财经大学访学之行，激励着访学团成员向更加优秀的目标前进。

（经济与统计学院　李晓岚）

## 11月7日　旅游学院学子在全国高校商业精英挑战赛中摘获桂冠

11月7—9日，在2017年全国高校商业精英挑战赛会展创新实践竞赛全国总决赛中，广州大学旅游学院7支参赛队伍表现优异，包揽本科学生命题组的冠、亚、季军并获丰厚奖金。其中，冠军队伍荣获代表中国大陆赴韩国参加由亚洲展览会议协会联盟主办的“2018年亚洲会展业青年挑战赛”的资格。

本次大赛是我国会展教育领域最具综合性的赛事，被纳入2017年中国（厦门）国际会展周整体规划。大赛分为会展城市营销策划赛、会展项目策划赛、会展项目调研赛和会展课程设计赛，面向全国在校生和教师。全国20多个省（市）的78支队伍进入决赛。

近年来，旅游学院党政领导围绕广州大学高水平大学建设目的，大胆探索和改革人才培养方案，鼓励学生积极参加高水平专业竞赛，将“以赛促教，以赛促学，以赛促改”的教学理念落到实处。

（旅游学院　学工办）

## 11 月 7 日　彩虹计划志愿者服务活动

11 月 7 日下午，广州大学青年志愿者协会人文学院分会的彩虹计划志愿者再次出发，来到中山一院心儿科，为医院中的患病孩子带来欢乐。

志愿者先为小朋友们讲述了彩虹花的故事。讲完故事后，志愿者们发挥个人特长，为小朋友表演小提琴、魔术与手语。此外，志愿者们还准备了很多小游戏：教小朋友们画画，用七彩蜡笔绘制他们的缤纷世界；教小朋友们绕口令，一字一句体验语言的独特魅力；让小朋友们组团拼图，在小游戏中培养合作意识。

愿这次短暂的相处，能为他们的世界添上一抹亮丽的色彩。

（人文学院　青年志愿者协会）

## 11月7日　从“心”开始——物理与电子工程学院心理委员培训大会

11月7日下午，物理与电子工程学院心理委员培训大会在文新楼414室举行。物理与电子工程学院党委李燕冰副书记，心理健康教育与咨询中心沈洪炎老师，学工办主任薛敏老师，学院心协成员、各班心理委员参加了本次培训。

李燕冰副书记强调了心理健康的重要性，并对心协成员和心理委员的工作职责提出了几点要求。沈洪炎老师为大家普及了大学生心理委员的职责与相关知识，列举了各种心理问题的相应症状，分析了大部分同学存在心理问题的原因，以及如何帮助同学解决问题。

薛敏老师对培训进行总结，希望以制定规章管理制度、开展主题班会、联合工科学院开展心理活动等多种形式来做好心理健康教育工作，畅通学校、学院、学生三级管理工作的路径，使心协成员和各班心理委员成为学院心理健康教育工作的有力助手。

本次培训使心协成员和各班心理委员明确了职责，有利于增强学生危机预防与干预效果，为广大学子提供更多的人文关怀和心理健康服务。

（物理与电子工程学院　学工办）

## 11月7日　不忘初心，牢记使命——数学与信息科学学院掀起十九大报告精神学习热潮

学习宣传贯彻十九大报告精神，是当前和今后一段时期全党全国的首要政治任务。数学与信息科学学院在十九大闭幕后已先后多次召开基层党委中心组和教师、学生党支部的专题学习会。

11月1日，院长曹道民、院党委书记黄志凯及其他院领导、各党支部书记率先组织学习党的十九大报告精神的体会交流。会上曹道民院长表达了自己学习十九大报告的感想和体会，他说，总书记在报告中一直强调人才的重要

性，自己来到数学与信息科学学院工作，也深感引进人才和培养人才是学院发展建设的第一要务，因此会好好领会报告精神，把握学校发展的大好机遇，与班子一起为学院谋发展，抓好高水平大学建设。会上，黄书记强调各位中心组成员要带头加强自身建设，当好表率，以上率下，坚决维护以习近平同志为核心的党中央权威和集中统一领导，以习近平总书记关于新时代中国特色社会主义的思想为指引，牢牢把握新时代的新特征，为学校高水平大学建设添砖加瓦。

11 月 7 日，学院党委书记黄志凯和副书记孙凌分别来到学生党支部，面向全体学生党员进行十九大报告精神的宣讲。黄书记通过介绍十九大报告关键词对十九大报告精神进行分析；对学院全体学生党员提出要求，希望同学们能够在学习上树立模范带头作用，志存高远。孙凌副书记则向学生党员做了新党章修改的 13 个要点的解读，号召同学们认真学习，以党章作为自己的行动指南。最后，在黄书记的带领下，全体学生党员举起右拳，庄严宣誓，重温了入党誓词：不忘初心，牢记使命！

（数学与信息科学学院　张昭）

## 11 月 7 日　外国语学院举行第五届班级愿景大赛

11 月 7 日，外国语学院第五届班级愿景大赛在讲学厅举办。2017 级新生班级踊跃参加，通过精美的 PPT、动听的音乐、生动的视频等形式，加以台上台下的互动，展示了各班的特色和风采。

在本次比赛中，2017 级各班级规划了班级大学四年的发展蓝图，分为考研班、创新创业班、学霸班、文体班和实践班等几大类。例如，考研班提出在专业学习、考研信息和考研备考等方面的具体措施；创新创业班认为接受创业教育、参与创业项目是班级建设的着力点；学霸班明确读写制度、课堂出勤、考试复习的重要性。

学院的班级愿景大赛作为学校“一院一品”项目的精品活动，旨在让在校生树立明确目标，激励他们以目标促努力，实现个人、班级的规划。学院形成了班委、班主任和辅导员的监督队伍，后期将进行中期检查和终期验收，保证各班的规划目标能顺利达成。

（外国语学院　任洪蔚）

## 11 月 8 日　吴开俊副校长联系小学教育 171 班互动交流

11 月 8 日下午，教育学院 2017 级小学教育 171 班领导干部联系班级活动在文新楼 402 室开展。副校长吴开俊教授作为牵手 2017 级小学教育班的领导，以“我与教育学”为主题，和班上 46 位同学互动交流。

吴开俊副校长和同学们分享了自身专业成长的经历和感悟，结合中国高等教育近 30 年的考录比变化、教育学专业的市场需求、未来大学生就业的区域选择，鼓励同学们认识教育学专业并热爱自己的专业，在大学专业学习中保持积极进取，对自己的专业发展提出高标准，把自己的大学生涯定位到更高的层次。

针对同学们提出的关于专业成长的困惑，吴校长勉励同学们要心存志气和勇气，充分认识文科专业的通识性和学术性的要求，对四年的学习尽早做好顶层设计和规划。吴校长说，大学生的可塑性很强，日常学习中，要有意识地为未来做好准备，他建议同学们注重语言的学习与提高（包括口头语言表达能力、写作能力、外语表达能力），学好数学以培养自己的数理逻辑思维，养成体育锻炼习惯，培养性情，健全人格。同时，吴校长鼓励同学们充分享受大学的读书时光，广泛阅读，把握好大学有限的时光，提升综合素质，为未来奉献教育事业夯实基础。

在本次交流会上，吴开俊副校长以平实的语言、生动的故事讲述深刻的道理，让2017级小学教育专业的本科新生对自己的大学学习和生活有了更深入的思考。

（教育学院　学工办）

## 11月8日　中文178班“读书之道”读书分享会暨领导、教授联系班级活动顺利开展

11月8日下午，中文178班“读书之道”读书分享会暨领导、教授联系班级活动于文新楼221室成功开展。招生就业处处长伍建芬老师、人文学院团委书记张立老师、班主任耿淑艳老师以及中文178班全体同学参与本次活动。

在读书分享过程中，同学们有的踊跃上台深情朗诵诗歌，有的分享读后感并推荐精彩书籍。其间，同学们还积极参与班委组织的游戏。

分享环节结束后，伍建芬老师发言，表达初次与同学们见面的激动心情。同时，她告诫同学们多读书，进一步发展个性、提升修养，并细心解答同学们提出的学习和生活问题。随后，张立老师发言，她希望同学们多读书、多思考，从书中领悟人生真谛。

最后，耿淑艳老师总结前几位同学的分享内容，并表示赞成使用网络媒介进行阅读，但同学们应注意多选择经典书籍。

此次分享会拉近了同学们与老师们的距离，也使同学们对之后如何更好地读书有了新的心得体会。

（人文学院　梁宇轩）

## 11 月 9 日　环境科学与工程学院举行环校跑活动

为增强同学们的竞争意识和集体凝聚力，激发同学们的运动热情，加强体育锻炼，环境科学与工程学院于 11 月 9 日下午举行环校跑活动。活动伊始，环境科学与工程学院助理辅导员谢国杰发表了充满激情的讲话，鼓励同学们积极参加此类体育活动。

在活动过程中，工作人员准备了穿针引线等小游戏让运动员在跑步过程中缓解疲惫，调整节奏。在观众们的加油声中，选手凭借顽强的毅力冲刺到终点。无论是否获得骄人成绩，运动员脸上都满溢着欢乐。

本次环校跑活动的顺利举行，不仅让同学们享受到锻炼的乐趣，体验到健康生活的好处，还增进了同学彼此之间的感情，培养了团队合作的能力。

（环境科学与工程学院　学工办）

十二月

## 11月9日 “十九大与大学生活”主题班会顺利召开

11月9日，化学化工学院化学171班在文新楼415室召开了“十九大与大学生活”主题班会，此次班会邀请到了学校发展规划处副处长刘金球、学院党委副书记谭启亮、“千千工程”对接党员教师陈博以及班主任荣铭聪老师。

本次班会紧紧围绕“十九大精神”与大学生活的关系进行座谈和讨论。首先，陈博老师就“新时代如何做一个‘一流’的大学生”发表了他的看法。陈老师以不同层次的运动员为例，形象地解释了“一流”是因人而异的，告诫同学们不能对自己松懈，也不要虚度年华，而应努力实现自我价值。

刘金球副处长则强烈建议同学们明确好自己的人生方向，在大学期间训练自己在专业知识、政治以及业务管理三个方面的思维能力。此外，刘处长还提出了学习与美德兼顾的要求，强调了集体意识与主人公意识的重要性。

谭启亮副书记认为，大学生应充分利用国家良好的发展趋势来实现与社会的对接。在就业竞争日益激烈的形势下，大学生不可自我满足，更不可以忽略自我目标。此外，他鼓励大家尝试科研项目并且树立考研目标，以此进一步提升自我价值和就业质量。

最后，荣铭聪老师也给同学们提出几点要求，希望同学们结合自身发展需要，做好学习规划，平衡好学习与社团之间的关系，对自己的未来要有明确的目标。

（化学化工学院　吴颖）

## 11月10日 B15“五室一站”义修服务队挂牌成立

11月10日，B15“五室一站”义修服务队正式挂牌成立。计算机科学与教育软件学院党委副书记李小华、B15“五室一站”辅导员姜仁晋以及义修服务队成员出席会议。在完成挂牌仪式和为义修队成员颁发聘书后，李小华副书记和姜仁晋老师分别发言。

姜老师首先肯定了大家的努力和表现。他谈到，义修服务队于 2017 年 5 月 20 日成立，在成立之初，成员只有寥寥几个，在学院领导和老师的帮助下，经过几个月的努力，成员已经发展到 17 人，在技术上有了很大的突破，同时也得到了一些专业机构和人员的技术支持和指导。从当初的“一穷二白”到目前与联想工程师进行合作并获得具体的技术指导，义修队一点一点地成长。他希望义修服务队成员们继续努力，认真建设好义修服务队这一特色项目。

李小华副书记表示，身为计算机科学与教育软件学院的学生，用自己所学的专业知识帮助有需要的同学，正好能够发挥特长。但是鉴于目前技术还不够全面，希望义修服务队的成员更多地向专业机构或专业人员学习，让一些有实际工作经验的专业人员为义修服务队的成员提供技术指导。最后李小华副书记希望义修服务队的成员都能用自己所学知识全力为同学们服务，打响计算机学院“一楼一特色”义修服务队的品牌。

（计算机科学与教育软件学院　学工办）

## 11 月 10 日　研讨促交流，收获共成长

11 月 10 日，广州大学经济与统计学院第二校园访学团在广州大学经济与统计学院团委石红梅副书记的带领下访问了复旦大学经济学院，与复旦大学经济学院分团委学生会部分学生干部在复旦大学经济学院 614 会议室召开研讨交流会。

交流会上，复旦大学经济学院学生会主席刘栋向大家全面介绍了复旦大学经济学院分团委学生会的组织架构、特色活动等内容，让在场的同学对复旦大学经济学院分团委学生会有了一个较为全面的认识。紧接着，广州大学访学团成员何晶晶除了介绍“财富论坛”“青马工程”等特色活动之外，还重点介绍广州大学经济与统计学院团委学生会的“绩效考核制度”“挂科退部制”等创

新制度的建立与执行，展示了一个朝气蓬勃的学生会形象。

双方介绍完后，接下来进入提问环节。在该环节中，双方学院就各自学校和学院的学生班级建设、学生职业规划、学院组织架构等方面进行了深入的交流和探讨；在提问环节后的自由讨论环节中，两院学生畅所欲言，场面甚是融洽。广州大学访学团成员和复旦大学经济学院的与会人员就考研、就业、出国等毕业方向进行了相关的交流。

此次交流会加强了两院团委学生会的联系，为广州大学经济与统计学院在今后的工作提供了改进与提高的思路。

（经济与统计学院　李晓岚）

## 11月10日　马克思主义学院党委召开新疆生座谈会

11月10日下午，马克思主义学院党委在行政楼东后座612会议室举行全体新疆生座谈会。交流会由学院党委副书记朱晓军主持，出席会议的还有院党委书记罗明星、学校新疆生管理处马玉霞、学工办主任姚倩婷、班主任黎庶乐和杨柳老师。

会上，同学们畅所欲言，反映了在校生活、学习等方面的情况以及遇到的困难，学院就学生提出的问题给予回应和疏导。为了切实解决学生实际需求和困难，学院拟于11—12月为新疆生开设免费的大学英语辅导班，以解决新疆生在英语学习上的困难，如果辅导班的收效良好将长期开办。此外，学院从培养学生高端发展的角度出发，于本学期还为考研的大四、大三的同学开设了免费的公共政治、公共英语两门辅导班，希望有更多的新疆学生加入考研的队伍，在大学期间能树立远大理想，明确学习目标，在求实中积极进取。

朱晓军副书记、马玉霞老师在会上还对同学们进行校规校纪、困难资助工作的教育，指出部分同学在学习、学风方面存在的问题，并及时进行提醒和教育。

罗明星书记在会上表示，学院一贯高度重视新疆生的教育与管理服务工作，坚持将真挚的情感融入工作，把民族团结落实到指导学生日常工作学习中，贯穿学院培育人才的全过程。他认为，同学们在校期间应以学业为重，严格遵守学校纪律，做好人生规划，刻苦学习，克服困难，适应环境，努力提升学业成绩和综合素质，为今后走向就业岗位夯实基础。

（马克思主义学院　朱晓军）

## 11 月 11 日　广州大学多个节目在广东省第五届大学生艺术展演活动中获奖

11 月 11 日，广东省第五届大学生艺术展演活动成功开展，广州大学积极响应。

音乐舞蹈学院艺术团民乐队演奏器乐组节目《春满羊城》，高胡、二胡、古筝、竹笛、扬琴、琵琶、中阮等十多种乐器交织。合唱作品《绿叶对根的情意》饮水思源，不忘那些对成长有帮助的人，《归园田居》诠释曲作者与诗人千年之隔的心灵对话。舞蹈组《逝去的光阴》由男女组合搭配，红与黑的服装色彩鲜明，舞蹈刚柔并济。最后音乐舞蹈学院的节目荣获一个一等奖，两个二等奖，充分体现了学院在专业培养上的投入。今后，学院也将积极参加此类活动，再创佳绩。

（音乐舞蹈学院　学工办）

## 11月11日　人文学院在“青春中国梦·2017南粤大学生语言艺术节”中荣获佳绩

11月11日，由省教育厅、省委宣传部、省语言文字工作委员会办公室联合主办，华南师范大学承办的“青春中国梦·2017南粤大学生语言艺术节”决赛在华南师范大学举行。广州大学人文学院蔡梓琪、曾文杰、姚思瑾、黄旭怡的小组作品《温〈论语〉，知行礼》荣获“学·辨·思——中华文化经典品读大赛”一等奖；邓家燕、张玉兰、周志方、蔡锦姿、周婉琪的小组作品《品〈九章·橘颂〉，悟屈原爱国真情》荣获二等奖；李东妍作品《姓氏系根本，家风继世长》、陈旭作品《陈姓故事》分别获得“姓·家·国——主题故事大讲坛”一等奖、二等奖。

自“青春中国梦·2017南粤大学生语言艺术节”启动，广州大学人文学院学生积极响应，组织队伍撰写文稿，积极排练，在最后的决赛中，一路披荆斩棘，获得优异成绩。

（人文学院　蔡锦姿）

## 11月11日　美术与设计学院举办2017年文艺晚会

11月11日，广州大学美术与设计学院2017年文艺晚会在演艺中心前坪隆重举行。美术与设计学院杨先艺院长等领导出席晚会。

晚会期间，对学院优秀集体和个人进行颁奖，这些获奖的同学和班级都取得了骄人的成绩，为学院再创辉煌。他们有的孜孜不倦，刻苦钻研，在学术研究上取得了骄人的成绩；有的勇于实践，在社会实践中体验了责任与奉献的深层含义。他们默默无闻、无私奉献，为学院、为同学，贡献出自己的一分力量，是我们学习的榜样！

这场视觉盛宴的主角不仅是台前的表演者，也是幕后的工作人员。他们付出精力和汗水，只为我们呈现最美好的画面，我们应该对他们说一声“谢谢”。谢谢工作人员的付出与努力，谢谢演员们的激情与汗水，文艺晚会因为有你们而精彩，你们辛苦了！

绘美设磅礴之志，展青春绚丽华章。莘莘学子，自强不息，博学笃行，与时俱进。让我们一起在广州大学的怀抱中茁壮成长，愿美术与设计学院再创辉煌！

（美术与设计学院　学工办）

## 11 月 11 日　三院联合运动会顺利举办

11 月 11 日由马克思主义学院、工商管理学院、计算机科学与软件教育学院三院联合举办的学生田径运动会在学校运动场举行。三个学院的领导、辅导员及班主任老师、运动员、学生代表近 2 000 人参加了运动会。

本次三院联合运动会设置了接力、跳远、跳高、标枪等项目，赛事精彩纷呈。同学们在赛场上挥洒汗水，赛出青春，赛出活力。运动健儿们在赛场上用力拼搏，非参赛的同学则在身后为他们呐喊、加油，为他们提供后勤保障。运动场上的一幕幕，体现着“友谊第一，比赛第二”的精神。赛场成为彼此情感互递的平台，运动会成为展现各学院特色与风采的盛会。

本次运动会是对三个学院学生的运动水平的检验，也是对全体师生精神风貌的一次全面展示。老师和同学们通过本次运动会激发了创新热情，增进了团队精神。

（马克思主义学院　朱晓军）

## 11 月 12 日　汇聚广大人才，服务广州经济

11 月 12 日，广州大学经济与统计学院携手广州注册会计师协会，在广州大学图书馆广场举办了以“未来 CPA，CPA 未来”为主题的专场招聘会。招聘会规模盛大，汇集广州和佛山地区 78 家会计师事务所，提供了 1 200 多个就业和实习机会。来自广州大学以及广州地区各兄弟院校的毕业生，总计近 2 000名学生同场竞聘。

招聘会现场，广州注册会计师协会陈海防副会长、蒋建平秘书长一行莅临指导，广州大学招生就业处罗福先副处长、宋著立老师，经济与统计学院党委林雪松副书记、夏明会教授以及院长助理、会计系主任黄琼宇副教授均到场交流工作，双方力促形成常态化合作，打造精细化实习基地，为事务所谋发展，为毕业生谋服务。

“宝剑锋从磨砺出，梅花香自苦寒来。”面对严峻的就业形势、激烈的职场竞争，毕业生早早来到招聘会现场，精神抖擞，自信坚定，充分彰显了广大学子的扎实功底和当代大学生的灼灼风华。招聘单位工作人员也满怀期待，接过手中的一份份毕业生简历，精挑细选，招揽人才。

总体看来，招聘会组织有序，招聘单位和毕业生满意度较高，总体成效明显，取得圆满成功。

（经济与统计学院　苏峻彬）

# 11月12日　外国语学院组织团委学生会骨干学习“十九大”

11月12日下午，外国语学院在B10党团活动室举行“不忘初心，牢记使命”团委学生会骨干学习十九大会议。学院党委副书记鄢智青、团委书记黄顺婷、辅导员任洪蔚及团委学生会主要干部参加了此次学习活动。

全体与会人员首先观看了纪录片《大国治理》，从供给侧改革、科技创新、环境治理等领域的案例，进一步理解中国的新发展理念和成功实践。

随后，黄顺婷书记结合工作和个人实际谈了学习十九大的体会，她要求全体团委学生会干部了解过去五年党和国家的重大发展成就，深入学习党的十九大精神，又好又快地为外国语学院广大团员青年搭建平台，敢为人先，带头创新，对自己自信、对专业自信、对外国语学院自信及对广州大学自信，做理想信念的坚定信仰者和忠实践行者，做学习与工作的排头兵。在场的团委学生会干部也积极发表自己的感想和体会，他们一致认为，学习十九大要从自己身边的每一件小事做起，运用创新的思维去思考问题，在见证国家繁荣富强的同时提高自身素质，紧跟时代的步伐，更好地学好专业和开展工作。

鄢智青副书记在总结讲话中强调，十九大报告明确提出了党对一切工作的领导，也提醒了我们要始终加强青年学生的理想信念教育。党始终和人民群众在一起，我们的学生党员、团委学生会干部从学生中来，也要在学生中起好带头和表率作用。鄢书记寄语外国语学院广大团委学生会干部，要将对十九大精神的学习转化为团委学生会工作中的创造力，以学生发展为中心，创新工作方式方法，以培养学生核心竞争力为目标，培养具有家国情怀、国际视野的外语人才，努力为学校高水平大学建设添砖加瓦，勇于承担起实现中国梦的时代责任和历史使命。

（外国语学院　新媒体中心）

## 11月13日 “读原著，学经典，作表率”读书分享会

11月13日，B11“五室一站”联合B22“五室一站”在B22党建活动室举行了以“读原著、学经典、作表率”为主题的《中国共产党历史》读书分享会，主讲嘉宾为经济与统计学院党委林雪松副书记，物理与电子工程学院党委陈泽龙书记和李燕冰副书记、校学生处宾晶老师、两院学工办老师及20多名学生党员共同出席本次分享会。

当天下午两点，同学们积极交流读书心得，并就自己在读党史过程中产生的疑惑向林雪松副书记提出，如：五四运动思潮涌现，为什么马克思主义能够坚持下来？是什么原因让党经久发展而不衰？林书记耐心解答同学们的问题，还鼓励同学们多读党史，多学习党章，积极思考问题，时刻反思自己，在思想上争取与党一同进步。此后，陈泽龙书记发表讲话，他向同学们介绍了读原著的方法：在读一本经典原著时要从当时的大背景去理解，从历史的角度来看现在的改革和变化，理解中国特色社会主义。同时，陈书记表达了对同学们继续带着问题去研读《中国共产党历史》的期望，强调读经典对同学们多有益处。

通过这次分享会，党员们不仅更加深入理解了党史，而且总结了探索发展共产主义的经验。尽管此次活动持续时间较短，但是同学们“读原著、学经典、作表率”的行动仍在继续。

（经济与统计学院　修爽）

## 11 月 14 日　坚定信念，放飞梦想——B6“五室一站”学生党员先锋行动之“读原著、学经典、作表率”系列读书活动

11 月 14 日，马克思主义学院在 B6“五室一站”举办了以“坚定信念，放飞梦想”为主题的学生党员“读原著、学经典、作表率”系列读书活动。吴阳松副教授、校学生处宾晶老师、学院辅导员以及学生党员、团员代表参加了本次活动。

吴阳松副教授为现场的同学们解读经典著作的深刻内涵，以分析论述“马克思恩格斯社会主义观的实践逻辑”为切入点，进行三个方面的精彩讲解：什么是社会主义？未来社会是怎么样的？怎么样建设社会主义？在吴教授的解读过程中，师生积极交流互动。吴教授表示，经典著作要精读和细读，学生党员要以身作则，带头学习理论，锤炼党性，始终坚定理想信念，作“思想上的明白人”的表率；带头讲规矩，始终坚守对党忠诚的政治品格，作“政治上的忠诚人”的表率；带头奉献，始终做到敢于担当、勇于创新，作“工作上的担当人”的表率；带头践行社会主义核心价值观，始终恪守社会公德、职业道德、家庭美德、个人品德，作“生活上的正派人”的表率。

在红色经典诵读环节中，学生党员饱含深情地诵读了诗歌《永远跟党走》，充分表达了对党和祖国的热爱，展现出当代大学生的良好精神面貌。

宾晶老师表示，希望马克思主义学院的同学们都能坚定信念，放飞梦想，高唱青春赞歌，向学校建设高水平大学的目标迈进。

（马克思主义学院　朱晓军）

十二月

## 11 月 14 日　“寓见你，共建温馨之家”雅室大赛

11 月 14 日，广州大学经济与统计学院第十五届雅室大赛评比活动在广州大学桂花岗校区举办。本次大赛由经济与统计学院团委学生会生活部举办，以“寓见你，共建温馨之家”为主题。

下午 3 点，经济与统计学院 2017 级辅导员石红梅老师以及生活部部委作为本次比赛评委，对桂花岗校区参赛宿舍进行评比。评比期间，石老师认真聆听参赛同学们对宿舍的介绍，对部分参赛宿舍给予评价，并与生活部部委们认真记录，客观评比。经过评委们公平公正的检查评比和紧张激烈的微信公众号投票，最终桂花岗校区 22 间参赛宿舍中共有 9 间宿舍获奖，分别为一等奖 2 间、二等奖 2 间、三等奖 3 间、优秀奖 2 间。

雅室大赛是为鼓励学生利用废弃物品与小物件等进行创意设计、合作装饰宿舍环境而举办的宿舍装饰比赛。本次比赛在充实学生课余生活的同时，提高学生的环保意识，充分发挥学生的动手创造能力，有利于增强舍友间的感情，丰富学生寝室文化，营造舒适温馨的学习生活环境。

（经济与统计学院　钟丽淇）

## 11 月 14 日　“共交流，同进步”社团成果展示交流会

11 月 14 日下午，由旅游学院团委学生会主办、实践部承办及新闻中心和宣设部协办的 2017 年旅游学院“共交流，同进步”社团成果展示交流会在文新楼 723 室举办。院党委副书记刘绍东、学工办主任陈志明、助理辅导员邓泽平、院团委副书记林咏思、院团委学生会副主席杨明辉、院团委学生会实践部部长冯怡琳，以及青年志愿者协会、心理卫生协会、红十字会、大学城广之旅实验旅行社、会展协会、美酒协会、法语协会和高尔夫协会八大社团/协会的同学们参加了交流。

青年志愿者协会、心理卫生协会、红十字会分别介绍了各自社团建设情况及取得的成果。接着，大学城广之旅实验旅行社用航班旅行的展示方式对自己社团进行介绍。会展协会介绍品牌活动“会创”论坛及新媒体尝试“会先生”、会协微广播等会展交流平台。美酒协会则进行活动回顾，介绍几款漂亮的鸡尾酒，并在现场展示玛格丽特酒的调法。法语协会着重介绍美酒节、法语歌唱大赛、法语兴趣课、美食手帐大赛和法语书法大赛等协会特色活动。高尔

夫协会的高兴班教学和高尔夫趣味体验活动别出心裁。陈志明老师对社团汇报进行点评。

刘绍东副书记对本次交流会进行总结，希望同学们增强专业展演意识，特别要提高文案策划能力。社团协会要满足广州大学的高水平建设要求，为同学们健康成才和贡献社会服务，多做精品活动，进一步发掘自己的亮点和特色。

经评选，大学城广之旅实验旅行社、会展协会、青年志愿者协会获得“2016—2017 年度旅游学院优秀社团”荣誉与社团协会发展基金。

（旅游学院　学工办）

## 11 月 14 日　人文学院第十二届“青葵杯”辩论赛决赛完美落幕

11 月 14 日，广州大学人文学院在图书馆讲学厅举办第十二届“青葵杯”辩论赛决赛。

本场辩论赛评委为来自各大高校辩论队的队长。人文学院辅导员老师、团委、学生会主席团及各部门部长，人文学院辩论队，广州大学学生会学习部嘉宾，兄弟院校学生会学习部部长及辩论队队员也出席观看本场比赛。

“青葵杯”辩论赛是人文学院的传统活动，至今已经举办了十二届，为人文学院及学校辩论队发掘了很多辩论人才。本届“青葵杯”辩论赛从 10 月启动以来，历时一个多月，经过层层比赛，最终两个班级站上了决赛舞台。比赛开始前，大家观看了这届辩论赛的赛程回顾，并通过视频及双方队伍介绍了解了两支参赛队伍。比赛期间，各个环节中，双方辩手们都表现出很强的逻辑思维和表达能力，博得现场阵阵掌声。最后，评委对此次比赛进行精彩点评并给予一定的指导和建议，随后，人文学院团委书记张立老师进行比赛总结，鼓励大家积极参与校园活动，提升综合素质。

本次比赛为人文学院辩论队补充了新的辩论人才，锻炼了新生们的口语表达能力及逻辑思维，也让各个班级在比赛的过程中形成了良好的凝聚力，促进班级建设。

（人文学院　辩论队）

## 11 月 14 日　“经典百书诵读”读书报告竞赛

11 月 14 日，“经典百书诵读”读书报告竞赛于桂花岗校区 9 号楼小礼堂拉开帷幕。王鹰老师、钟才君老师、贾秀琴老师和李倩老师莅临现场参与活动，2017 级法学院全体同学到场观看比赛。在老师和同学们的支持下，活动顺利进行。

在参赛同学开始演讲前，钟才君老师为本次活动致辞，并鼓励在场所有同学多读书、多思考，积极营造良好的阅读和学习氛围。

本次活动每班派出两名代表参加，12 名参赛选手都与大家分享了自己的阅读体会。他们在台上自信满满，激情澎湃，收获了大家的掌声。不仅如此，在中场互动环节中，老师对参赛同学的表现进行了精彩而细致的点评，让参赛选手意识到自己的优势和不足之处；老师对书籍的进一步分析更是让在场所有同学受益匪浅；同学们积极举手发言，也为活动增添了不少活力。

本次“经典百书诵读”读书报告竞赛旨在让同学们领略阅读的魅力和乐趣，鼓励同学们多看书，多读书，多思考，汲取书中的无限财富，并能通过阅读经典书籍充实自己的大学生活，提升自己的思想高度，得到了学校和各级领导的重视和支持。

（法学院　昂慧）

## 11 月 14 日　化学化工学院开展化学节活动

经过前期准备，化学化工学院的化学节活动于 11 月 14 日在广州大学红棉路隆重举办。

化学节当日，摊位形式多样，有的展示实验，负责讲解的同学除展示实验结果，还向观看者讲解其中的化学原理；有的展示学院一年的科研成果；有的展示关于化学方面的摄影评比照片；有的展示学院的就业方向；有的展示学院新生班级特色；有的展示与化学有关的 DIY 以及小游戏。这些都尽可能地让同学们从多个角度了解化学化工学院的风采，更加亲近化学。

据悉，化学化工学院化学节已经举办了八届，内容涵盖化学化工学院学生科技、学生文化、学生成果，化学节的形式也从从前的单一到现在的多元化，目前化学节已经成为化学化工学院的一个品牌。

（化学化工学院）

## 11 月 14 日　数学与信息科学学院中华经典诵读比赛



大家期待已久的中华经典诵读比赛于 11 月 14 日在理南楼 322 室举行。活动初始，主持人便向同学们介绍到场的来宾，有学院党委副书记孙凌、团委书记兼 2014 级辅导员胡敞岚、团委副书记兼 2016 级辅导员何燕惠。

首先由数学 161 班带来《岳阳楼记》，让同学们领会到范仲淹那先天下忧、后天下乐的精神。随后，数学 162 班送上《前赤壁赋》。第三位出场的是数学 165 班的一名女生，她带来《白雪歌送武判官归京》。她扔掉了以往一味念诗词的模式，加入了些许翻译及自己的见解，也是颇有特色。半场过后，比赛邀请于景任进行点评。他提出比赛队员们的情绪变

化表达不明显，还为同学们简单讲解历史结合诗词的情绪理解。

数学与信息科学学院的中华经典诵读比赛已经举办多年，为理科学子赏析中华经典文化提供了非常好的平台。

（数学与信息科学学院　林景鹏）

## 11 月 14 日　教育学院参赛作品获第十五届“挑战杯”国赛三等奖

11 月 14 日至 19 日，第十五届“挑战杯”全国大学生课外学术科技作品竞赛终审决赛在上海大学举行。广州大学再次荣获全国“挑战杯”竞赛“校级优秀组织奖”，参赛作品分别获得一等奖一项、二等奖两项、三等奖两项，连续十届获得全国发起高校资格。其中，教育学院项目“城中村流动儿童阅读环境建设研究——以广州为例”获第十五届“挑战杯”国赛三等奖，该项目指导老师为田秋华、谢建设，团队成员为李改霞、张晓琳、谢绮娴、田晓妮。

广州大学党委副书记、纪委书记张强来到项目展位为参赛队员加油。团队代表李改霞同学在 16 日和 17 日的“挑战杯”闭馆问辩环节中表现出色，最终获得第十五届“挑战杯”国赛三等奖。

（教育学院　学工办）

## 11 月 14 日　礼敬中华优秀传统文化手抄报大赛

为深入贯彻落实习近平总书记关于弘扬中华优秀传统文化系列重要讲话精神和中共中央办公厅、国务院办公厅《关于实施中华优秀传统文化传承发展工程的意见》部署，加强和改进高校共青团思想政治工作，推进高校教育和践行社会主义核心价值观，校团委在全校范围内开展“礼敬中华优秀传统文化”系列活动。化学化工学院承办礼敬中华优秀传统文化手抄报大赛。

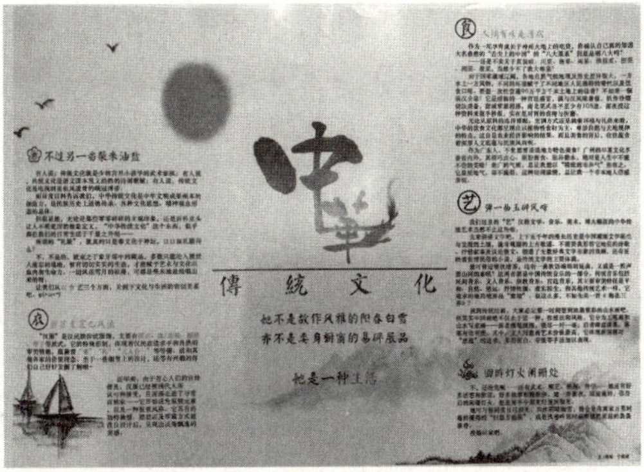


在海报和推文的大力宣传下，各学院同学积极报名，活动收到不错的反响。此次活动很好地展示了中华优秀传统文化的魅力，让广大同学了解我国璀璨的传统文化，起到有效的宣传作用，弘扬了中华优秀传统文化。

（化学化工学院　宣传部）

## 11月14日　外国语学院B10“五室一站”举办“时事热点大家谈”系列活动

11月14日下午，“时事热点大家谈”系列活动第一期于B10“五室一站”二楼党团活动室举行。本次座谈会的主题为“从双十一惊人交易额谈我国经济高速发展现象”。外国语学院辅导员任洪蔚老师、兼职辅导员尹健欣以及部分B10“五室一站”成员和外国语学院入党积极分子参与了活动。

任洪蔚老师和尹健欣首先阐明了该系列活动的意义，表示活动旨在提高学生党员、入党积极分子对当前形势、政策和社会热点的认识，深化学生党员、入党积极分子对时事的关注与思考，提高思想认识。

尹健欣指出近几年双十一电子商务网站交易额屡创新高，以自身购买农村合作医疗保险并受惠的例子，表示国家快速发展的经济以及各种惠民政策使人民富裕起来，助力双十一的巨额成交量。这一看法得到其他同学的赞同，现场讨论气氛热烈。

不少同学发表了自己的看法，畅谈双十一现象。同学们从国家的惠民政策和鼓励创新政策、物流和电子商务行业的发展、消费者心理以及国内外购买力等各个角度进行研究分析。还有同学以家乡的发展为例，指出虽然宏观上国家经济快速发展，但仍存在不可忽视的地区贫富差距问题，这一观点引人深思。

一番热烈的讨论后，座谈会接近尾声。任洪蔚老师进行小结，表明对中国经济发展的信心，同时也赞扬同学们高度参与的热情。本次座谈会在现场的欢声笑语中圆满结束。

“时事热点大家谈”系列活动是外国语学院以及B10党建办、舍区办为同学们倾力打造的了解国家大事、社会热点，发表自己见解，提升自身素质的平台。

（外国语学院 B10“五室一站”）

## 11月15日　体育学院学生勇夺“第八届中国大学生空手道锦标赛”冠军

11月13日至15日，由中国大学生体育协会主办的“第八届中国大学生空手道锦标赛”在杭州举行，由于空手道项目自2017年开始成为奥运会、全运会项目，因此吸引了来自中国内地、香港等40多所高校的500多名运动员参加此次赛事。

体育学院首次派出八名运动员代表学校参加比赛，由冯云辉老师带队。运动员顽强拼搏，发扬“更快　更高　更强”的体育精神，多名运动员在比赛中负伤仍然坚持比赛。经过三天两夜的激烈角逐，取得了优异成绩，成为本届比赛的最大黑马，共斩获个人项目冠军一项，季军一项，第五名三项，第七名两项；女子团体季军，男子团体第五名。

本次大赛是体育学院首次组队参赛，运动员训练时间较短，比赛经验远不及其他传统强队，但学院运动员运用最先进的技术和战术组合，顽强拼搏并取得佳绩，展现了广大学子的优良精神风貌，提升了广州大学的知名度，并且得到了各兄弟院校的肯定。

（体育学院　学工办）

## 11月15日　B9“五室一站”开展考研心理知识讲座

11月15日晚，B9“五室一站”考研心理知识讲座在文新楼205室如期举行。

陈莉老师为大家分析了当前大学生的考研形势，并介绍考研的流程和复习准备的时间安排以及应对考研的心态。

应届研究生陈华分享了他利用短短半年的复习时间考上“985”院校研究生的“正确操作”和心理历程——“每晚临睡前打开自己的英语学习 App 背10个单词，用不了多久，能够坚持下来就是胜利。”

应届研究生赵林鹏为大家讲述了他在已经参加工作的情况下毅然选择“双跨”考研（跨专业、跨院校）的经历——“考研是你一个人的战斗，没有朝夕相处、共同努力的同学和你谈天说地。少了些父母亲友的支持、关怀，更没有晚自习的时候在窗边察看教室状况的班主任，你所面临最大的困难是如何挨得住寂寞，当你吃过了这么多的苦，以后的就都是小 case 了。”

这次考研心理知识讲座让参会同学受益匪浅。考研同学表示，将调整好心态，向优秀同学学习，努力取得好成绩。

（旅游学院　学工办）

## 11月16日　B25“五室一站”开展“读原著、学经典、作表率”系列读书活动

11月16日晚，由体育学院负责管理的B25“五室一站”党团活动室开展“读原著、学经典、作表率”读书分享会活动。出席此次活动的有体育学院党委何蕴华书记、张志明副书记、辅导员孟伟婷老师和任佳妮老师，以及体育学院全体学生党员。本次活动由张志明副书记主持，何蕴华书记主讲《共产党宣言》。

在分享会上，何书记深入解读了《共产党宣言》的序言和第一章至第四

章的主要内容，重点谈了无产阶级政党的性质、特点、目的、理论和历史使命，并结合国际共产主义运动和中国革命的历程，谈了对《共产党宣言》历史地位的认识。何书记还分享了她开始读《共产党宣言》时的感受，她说："刚开始读的时候就像吃一颗橄榄，一进口首先品味到生涩，但细细品味后，便会品到甘甜。"

何书记讲述之后，学生党员们从不同的角度积极发表《共产党宣言》的个人读书心得，现场形成了学生党员和老师们的积极互动场面。最后，张志明副书记总结此次读书分享会，鼓励学生党员多利用空余时间读党史、读原著，在读书的时候要对照历史，带着疑问去读，时时刻刻反思自己，在思想上和行动上争取不断进步。

"读原著、学经典、作表率"系列读书活动，旨在加强广州大学学生党员的党性修养，培养学生党员爱读书、读好书、好读书的习惯，发挥党员的先锋模范带头作用，永葆党员的先进性，深受学生党员的喜爱。

（体育学院　魏智华　许汝迎）

## 11 月 17 日　创新创业年会为校添光彩

11 月 17 日，由教育部主办的"国创计划十周年"庆典暨第十届全国大学生创新创业年会在大连海事大学举行。机械与电气工程学院刘长红、张承云老师指导的国家级大学生创新创业训练计划项目——"智慧城市自行车防盗及健身系统"，经过教育部层层遴选成功入选该年会展示项目。项目组成员积极前往参加年会，在项目交流展示中解说并演示项目的特色创新功能，彰显广大学子的风采，赢得了与会企业和高校师生的高度关注，为广州大学增添了光彩。

（机械与电气工程学院　学工办）

## 11 月 18 日　“不忘初心，永远跟党走”党日活动

为了全面深入学习并贯彻落实党的十九大精神，11 月 18 日上午，马克思主义学院研究生党支部、本科生党支部组织全体党员、入党积极分子近 30 人前往广州市爱国主义教育基地——中共三大会址纪念馆，开展“不忘初心，永远跟党走”主题党日活动。

本次党日活动分为三个部分。首先是在中共三大会址遗址广场上重温入党、入团誓词。学生党员、团员在中共三大会址遗址广场上面向党旗，庄严宣誓，争做合格党员、团员。接着参观中共三大历史陈列馆、中共三大会址遗址广场，观看了大量的历史图片、模型、投影及革命先驱人物的模拟塑像等。珍贵的文物、感人的故事，昭示着共产党人对理想的不懈追求、对人民的无限深情、对事业的执着忠诚。最后是现场分享学习体会，党支部把每位同学的学习体会整理成文字并在党支部微信公众号中推送。

本次党日活动通过参观中共三大会址纪念馆，重温党的历史，使同学们感受了中共三大召开的复杂历史背景和重大的历史意义，接受了一次深刻的爱国主义教育的洗礼。党员、团员们纷纷表示要更加珍惜今天来之不易的幸福生活，要坚定理想信念，传承好党的优良传统，不忘初心，并以高度的责任感、使命感，努力学习知识，提升技能本领，为祖国社会主义事业贡献自己的力量。

（马克思主义学院　朱晓军）

## 11月18日 “美丽乡村建设之抗震救灾科普”活动

11月18日下午，广州大学土木工程学院工程力学党支部、土木工程学院青年志愿者协会、黄埔村团委在黄埔村联合举办了“‘沃土厚木’美丽乡村建设之抗震救灾科普”活动。活动以贯彻落实十九大精神为宗旨，积极响应国家美丽乡村建设新理念，用实际行动传递“三会一课”的重要内容，以抗震救灾科普为主题，为6～25岁青少年普及地震紧急避险常识和逃生技能。

活动分为室内讲座及室外科普宣传两个环节。室内讲座环节，支部书记汪大洋向参会的青少年及其家属作了一个关于防震救灾的知识讲座，介绍了地震产生的原因、危害，以及地震发生时紧急避险知识及逃生技能等。室外科普宣传活动中，以展览板结合科普讲解形式向当地社区民众宣传地震常识、避震要点、自救互救知识、逃生技能等，与当地民众进行了良好的互动交流。

（土木工程学院　学工办）

## 11月18日 外国语学院本科生党支部举行学习十九大精神交流会

11月18日下午，外国语学院本科生党支部学习十九大精神交流会在B10“五室一站”党团活动室举行。外国语学院党委副书记鄢智青、本科生党支部书记李黎老师及2014级、2015级共21名党员参与此次学习交流活动。本次会议由李黎老师主持。

李老师传达了上级党组织有关十九大精神的学习要求，努力做到“学懂、弄通、做实”。党支部开展“不忘初心、牢记使命”的主题教育，旨在全面准确学习领会十九大精神，使全体党员能“真学，真懂，真做”。参会党员及预备党员们首先一起观看纪录片《习近平治国方略：中国这五年》（*China*：*Time of Xi*）。纪录片是英文原音匹配中英字幕，生动形象地展现中国提倡“一带一路”建设的前瞻性以及中国为亚洲、非洲甚至西欧的复兴和发展所做出的不懈努力。

随后进入了高潮环节——学习心得交流。大家畅所欲言，支部党员结合自身学习、实习和实践的情况，围绕“创新”“人类命运共同体”“教育”等话题畅所欲言，纷纷谈了学习的体会。

通过本次学习活动，全体党员进一步了解十九大精神，纷纷表示要将其与自身的学习、工作、生活相结合，不忘初心，牢记使命，砥砺前行。

（外国语学院　本科生党支部）

## 11 月 19 日　化学化工学院苏昌远同学获第十五届“挑战杯”国赛一等奖

11 月 14 日至 19 日，第十五届“挑战杯”全国大学生课外学术科技作品竞赛终审决赛在上海大学举行。化学化工学院刘兆清教授指导的苏昌远同学的参赛项目“N－GCNT/CoFe 可逆氧电极的制备及其在锌空电池中的应用”获得第十五届“挑战杯”国赛一等奖。

15 日上午，校党委副书记、纪委书记张强来到比赛现场为参赛队伍加油鼓劲，参赛队员备受鼓舞。15 日下午，广东省团委副书记武一婷亲临苏昌远同学展位，与苏昌远同学亲切交流，并表示鼓励和殷切期望。

16 日全天和 17 日上午为此次“挑战杯”国赛的闭馆问辩环节。面对五位专家评委的提问，苏昌远同学自信沉稳，表现出色，最终斩获第十五届“挑战杯”国赛一等奖。

（化学化工学院　学工办）

## 11月19日　参观中国国际高新技术成果交易会

11月19日，在创客协会指导老师刘长红的带领下，机械与电气工程学院创客协会师生前往深圳参观目前中国规模最大、最具影响力、有“中国科技第一展”之称的中国国际高新技术成果交易会。

高交会集成果交易、产品展示、高层论坛、项目招商、合作交流于一体，重点展示节能环保、新一代信息技术、生物、高端装备制造、新能源、新材料、新能源汽车等领域的先进技术和产品。本次参展活动中，广州大学学生积极思考，拓宽了知识面，为今后的课外学术科技竞赛提供了良好的素材。

（机械与电气工程学院　学工办）

## 11月19日　机械与电气工程学院获“挑战杯”国赛三等奖

11月14日至19日，第十五届“挑战杯”全国大学生课外学术科技作品竞赛终审决赛在上海大学举办。机械与电气工程学院教师刘长红等指导，学生林俊杰、黎俊等参赛的作品“智慧城市自行车防盗及健身系统”夺得三等奖。

自参加“挑战杯”竞赛以来，学院共获得国家级奖项4项，省级奖项近20项，竞赛成绩长期位列学校前列。该项赛事一直是学院培养拔尖创新人才的重要载体，近几年已培养的学生获校“十佳学生”5 人，多名参赛学生毕业后继续攻读全国重点大学硕士研究生。

（机械与电气工程学院　学工办）

## 11 月 20 日　B19“五室一站”举办“巧手戏纸，点缀生活”手工活动

11 月 20 日，化学化工学院在广州大学 B19“五室一站”五楼举行了以“巧手戏纸，点缀生活”为主题的手工活动，“五室一站”勤工团队成员及部分舍区学生参与了本次活动。

本次手工活动分两部分进行，分别是制作“五彩小手链”和制作“奇异小纸伞”。运用简单的工具和材料，精心挑选和搭配，反复修整和制作，精美的小手链、小纸伞在大家手中“诞生”。这些手工装点了“五室一站”和舍区环境，更丰富了舍区生活。

手工活动的意义是沉淀心灵，用双手赋予材料生命，经过心灵手巧的小伙伴们的制作，材料有了生命，“五室一站”也变得更有灵气。

（化学化工学院　陈依婷）

## 11 月 20 日　旅游学院师生受邀参加“青年智库·南海大调研行动暨我为南海代言”校园文化月活动启动仪式

11 月 20 日下午，“青年智库·南海大调研行动暨我为南海代言”校园文化月活动启动仪式于南方报业传媒集团 402 多功能会议厅举行。本次活动由南方报业传媒集团、中共佛山市南海区委宣传部共同主办，南方日报、南方网、南方 + 客户端、佛山电视台南海分台承办，由豌豆直播协办、尔东科技策划支持。南方报业传媒集团副总编辑，南方网总裁，南方 + 总裁胡键，中共佛山市南海区委常委、区委宣传部部长黎妍，南方网副总裁、南方日报编委胡智勇等以及广佛两地十所高校的代表出席了本次活动。

旅游学院院长张河清代表广州大学旅游学院发表了热情洋溢的讲话，介绍了学院的调研团队及在本次行动中承担的调研主题。张院长指出，南海地处广府文化的核心地带，历史悠久，名人荟萃，深得岭南文化的精髓。秦皇置郡，隋朝设县，汉晋桑蚕，五代开陶。璀璨的文化基因组成了美不胜收的岭南人文景观，形成其独特魅力。如何全面挖掘南海厚重的文化遗产，使之在新时代得以活化利用并发扬光大，是广州大学旅游学院调研团队这次调研的核心主旨所在。

广州大学旅游学院调研团队由研究生和本科生共同组成，在指导老师的带领下进行了较多的岭南文化、古村落、非物质文化传承等方面的调研活动，其中“南粤古驿道文化遗产”调研成果还得到广东省副省长许瑞生的批示。广州大学旅游学院调研团队师生表示有充分的信心圆满完成调研任务。

（旅游学院　学工办）

## 11月21日　2017级环境工程专业学生开展领导干部联系班级主题班会活动

11月21日，环境科学与工程学院2017级环境工程专业1班、2班开展了领导干部联系班级主题班会活动。此次班会由刘鸿教授主持，特邀副校长周云教授和环境学院党支部常向阳书记出席本次会议，肖唐付院长、苏敏华老师、吴海威老师和2017级环境工程专业的学生参加了此次活动。

此次主题班会主要围绕“大一新生如何快速融入大学及自己的专业”来开展。首先，周云副校长提出“一本进来，不要二本出去”这一要求，分析了当代大学生的普遍心理并告诫同学们需要时刻学习。他通过自身求学经历，分享“考研、入党、美好生活”的大学目标来鼓励同学们度过有意义的大学生活，盼望在座的同学在大学能有高远的目标，不掉以轻心，继续前进。

尔后，常向阳书记也发表讲话，希望同学们不断充实自己，不断尝试。

（环境科学与工程学院　学工办）

## 11月21日　广州大学举办广州青年创新创业博览会

11月21日，由广州大学团委和旅游学院联合广州市青年就业创业服务中心、荔湾区团委、天河区团委主办的第十三届广州大学学术科技节之“青创广州”2017广州青年创新创业博览会在广州大学校园隆重举办。

博览会邀请来自文化创意、智能健康、教育培训、影视创作、时尚体育、创业服务等领域的47个项目参展，共设展位71个，为优秀青年创业项目打造展示交流及推广平台。为期三天的博览会还开展了“从无到有”路演、创客一日谈、荧光夜市 &“有志向”励志音乐会、向“无”告别青创沙龙交流酒会、集邮卡游戏等精彩纷呈的活动，为广大创客、展商及观众提供丰富的观展体验及专业的展会服务。据统计，展会每天吸引上万青年学生参观。广州大学教务处领导给予高度评价，认为博览会专业性强，是一个锻炼、提升学生素质能力的好机会。

相比往届，本次博览会在办展规模、宣传推广、活动类型、服务资源等方面均做出较大创新。在博览会配套的“互联网与移动端创业”主题沙龙中，旅游学院2007届毕业生——阿里高尔夫CEO、躺躺App创始人李太迎先生分享了创业经验，为青年创客带来最新创业成果和创业知识。在荔湾区分会场举办的“青创沙龙”中，高校创业团队和荔湾创意园区企业代表向创业青年展示了创业项目，引发现场热烈交流。

旅游学院一直坚持追求产学研一体化，呼吁、支持学生自办活动，紧密围绕学校高水平大学建设和人才培养中心任务，为学生提供展示才华、实践志趣、充实自我的平台，打造符合行业需求的应用型人才及能力发展性强的创新人才。作为学生创新创业的实验项目，本届博览会宣扬合作的团队意识、创新的精神氛围，激发学生思维，响应“大众创业，万众创新”的国家号召，为优秀青年创新、创业项目打造绝佳的展示平台，既向广大有志青年传播无所畏惧、勇于进取的创业精神，又为观众带来最新鲜的行业成果、最有价值的创业知识。现场吸引了央视新闻移动网、中展传媒等媒体的采访报道。

（旅游学院学工办　校团委）

## 11 月 21 日　物理与电子工程学院专场就业招聘会顺利举办

11 月 21 日下午，由物理与电子工程学院光电专业牵头，学工办组织，面向 2018 届毕业生的小型专场就业招聘会在文新楼 711 室顺利举办。本次招聘会吸引了广州市达森灯光股份有限公司（国内第一家舞台灯光制造企业上市公司）、广州市十牛信息科技有限公司（校友创办企业）两家优质企业到场，提供了 140 多个就业岗位，涵盖光电、电子、机械电气、行政管理等多个专业。

招聘会主要由企业宣讲、现场答疑、现场面试三个环节组成。两家优质企业分别从公司文化、岗位需求、人才培养等方面做了具体介绍。宣讲环节过后，毕业生从人才培养方式、薪酬待遇、个人发展前景等方面向两家企业提出了自己的疑问，两家企业的宣讲代表分别为毕业生做了细致的解答。

随后，两家企业分别在文新楼 708 室和文新楼 711 室进行了面试。毕业生手持精心准备的简历，主动与企业人员沟通交流，并向用人单位展示了自己的专业能力和特长，用人单位也对应聘同学的综合素质和能力进行了相应的考核。

本次招聘会响应了习近平总书记在十九大报告中提出的给高校毕业生提供更高质量、更加充分的就业机会的号召，以“立足本院，面向全校”为宗旨，在一定程度上为毕业生提供了一次直接面对招聘单位的机会，对促进院企合作、推动物理与电子工程学院本科生就业工作有着积极的意义。

（物理与电子工程学院　学工办）

## 11 月 21 日　“探索犯罪心理、预防犯罪行为”心理学讲座

11 月 21 日，广州大学法学院心理协会为了让同学们在了解心理知识的同时学习法学知识，举办了主题为“探索犯罪心理、预防犯罪行为”的犯罪心理学讲座。讲座主讲人是法学院王鹰老师。

讲座通过播放犯罪心理学的相关视频、表演心理情景剧和玩心理游戏等环节，让同学们更好地了解犯罪心理学。本次活动让同学们了解犯罪与心理的关系，也让同学们深刻认识到一个健康的心理对于预防犯罪的重要性。活动得到参与同学的肯定，让同学们受益匪浅。

（法学院　陈晓荣）

## 11月21日　“如何把握大学时光”——2017级新生教育大会

11月21日，生命科学学院党委曾学毛副书记在讲学厅为学院2017级新生举办了“如何把握大学时光”的讲座，旨在让2017级新生尽快适应大学生活，做好大学四年的规划，把握好大学时光。

曾书记围绕做好职业规划、理性对待专业、树立几种意识三个方面，结合具体案例和经典故事为同学们做了深入讲解。他希望大家在迷惘中找到自己，重新定位自己，实现更高的人生价值。

会后，同学们纷纷表示，曾书记在讲座中提到的“生于忧患，死于安乐”的忧患意识、自我超越意识、集体意识和大局观念、责任意识、健康意识等不仅适用于大学生活，更是终身受用。讲座中无不透露着曾书记对同学们的关心和寄予的期望，而且极大地激发了同学们的学习积极性，为同学们指明了努力的方向。

（生命科学学院　林敏）

## 11月21日　教育学院在易班建设评审会中喜获佳绩

11月21日晚，在“广州大学2016—2017学年度学院易班建设评奖评优评审会”中，教育学院易班工作站荣获“广州大学2016—2017学年度易班优秀学院学生工作站”称号，小学教育161班、学期教育161班、应用心理162班、学前教育141班荣获“广州大学2016—2017学年度易班优秀班集体”称号。

教育学院易班工作站在广州大学易班建设领导小组的领导下，在易班发展中心的指导下，以满腔的热情和稳健的步伐，以为学生服务为出发点和立足点，实现学院易班工作的长足发展，在圆满完成工作任务的同时积极创新，促使各项工作都有突破性的进展。一年来，教育学院易班工作站将建设学院特色易班作为工作目标，在话题、博文以及活动的发布方面，充分结合学院教育特色和心理特色，积极创新，联合学院 B3“五室一站”，主打“心灵工作坊”专业品牌、每日一推、特色活动月等，开展迎新年和荐书等主题活动，既能满足学生学习、发展、社交、服务等需求，又能充分调动学生参与易班平台建设的积极性，把易班真正变成学生自主建设、真心喜欢的校园网络互动社区。

（教育学院　学工办）

## 11 月 21 日　人文学院第十四届“不闷团课”教员招募大会顺利举行

11 月 21 日，第十四届“不闷团课”教员招募大会在文新楼 221 室顺利举行。

首先，参赛选手简要叙述参赛缘由，并围绕“博学圣贤书，笃行复兴路”这一主题展现自己生动活泼的授课方式。参赛选手分别以平等、长征、雷锋精神、“青春之歌”、“习近平的知青岁月”等作为授课内容，再加以电影欣赏和猜书名等形式多样的授课方式，展现了团课“不闷”这一特点，表现精彩。随后，专业评委与来自 2017 级的大众评委积极参与提问环节。

最后，团委书记张立老师点评了参赛选手的表现。她希望选手们通过对教学内容的调整与修改，使整体水平得到提升，并帮助大学生团员的政治思想理论水平不断提高。

（人文学院　欧芷茵）

## 11月22日　广州大学首届“自强之星”大赛复赛顺利举办

11月22日16：00—21：00，首届“自强之星”大赛复赛在文新楼708室举行。

本次比赛共吸引了全校一百多位在库生参加，经过激烈的选拔，共有60名在库生进入复赛，他们在台上展示了各自的独特风采，得到了大家的认可。最终，共有20人脱颖而出，进入最后的决赛，一展他们的风采。

“自强之星”大赛旨在增强广州大学的家庭经济困难学生的自强意识、诚信意识、感恩意识和责任意识，为他们提供一个展示平台，从而进一步挖掘和宣传广州大学青年学子的自强典范，激励大家自立自强、奋发进取，并始终把勤奋学习作为人生进步的重要阶梯，把深入实践作为成长成才的必由之路，把奉献社会作为不懈追求的优良品德。

（人文学院　寻梦园勤工中心组织部）

## 11月22日　生命科学学院举办中学生物教具设计大赛

11月22日，生命科学学院中学生物教具设计大赛在理南楼110室拉开序幕。担任本次比赛评委的是生物科学系陈学梅老师、陈健辉老师和潘顺波老师。

本次比赛共有28组参赛队伍，每个小组的讲解都十分精彩，参赛队伍设计的教具新颖，大多数为立体、可动的模型，也有结合电路来表示物质运动途径的教具，具有创意性还不失实用性。

待所有选手讲解完毕后，三位评委老师对大家的作品做出点评。接着，选手们进入互投环节，评出最具创意的教具。最后，选手的互投票数加上老师所评的创意分，总分最高者获得了最具创意奖。

（生命科学学院　梁顺智）

## 11月22日　B19“五室一站”化妆礼仪小讲堂顺利举办

11月22日19：30，广州大学B19“五室一站”工作团队在B19三楼活动室心情驿站举办了以“习礼之风　妆出心境”为主题的化妆礼仪小讲堂。讲堂邀请了化学化工学院学生刘婉仪和吴楚乔作为主讲嘉宾，就实用的化妆礼仪知识为感兴趣的舍区同学进行培训。

首先，吴楚乔和刘婉仪同学分别为大家讲授礼仪和化妆方面的知识。主讲嘉宾语言风趣，让同学们在欢乐中反思自己的言行举止。嘉宾还以现场听众为模特，边讲授边操作，方便大家更好地理解。她们认为，从眉毛到嘴唇这一整张脸就是一门学问，学好这项技能虽不是一朝一夕的事，但其中反映的应当是对自己形象的负责和对某个重要场合的重视。

最后，在互动环节，同学们对有疑问的地方进行提问，嘉宾热情解答。

同学们表示，化妆能更深层地表达现代女性优雅自信的美；一个妆容精致、气色姣好、仪态优美的外在形象更容易让人打起精神来好好生活，即使是遭遇挫折时也能坚强地应对，这才是化妆礼仪于女性的意义所在。

（化学化工学院　学工办）

## 11月24日　2017年穗港研究生论坛顺利召开

11月24日至26日，由广州大学教育学院主办、香港教育大学协办的“2017年穗港研究生论坛”召开，本次论坛的主题是“教育、心理与社会”。此次论坛特邀台湾南华大学、高雄师范大学教授共同参与研讨，采用教师主题报告、研究方法专题讲座、两校研究生分论坛研讨、师生点评等形式，呈现一场跨学科、跨时空、师生平等对话的学术盛宴。

论坛围绕主题，针对研究生的学术研究特点，精心设计了报告议程，香港教育大学、台湾南华大学、广州大学的师生作了多场与心理、教育相关的精彩报告，涵盖儒家文化、教育社会学、课程与教学、社会心理、实验心理、心理健康、研究方法等方面；对于研究生分论坛的专场报告，特别安排了教育学院多位新引进的青年教师逐一进行精彩点评。穗港研究生论坛通过师生报告、教师点评、师生同场提问与讨论等形式，为与会者提供了一场理论知识和研究方法的学术盛宴，全面展开了两校师生在学术思想上的智慧碰撞。论坛气氛轻松而不失严谨，师生双方在学术探究层面都有各自的收获。

据悉，穗港研究生论坛是在广州大学国际交流与合作处的鼎力支持下，于

2015 年由教育学院倡议创办的，意在搭建穗港两地研究生学术交流的平台，以拓展学生学术研究的国际视野。

（教育学院　学工办）

## 11 月 25 日　郭兴蓬副校长参与外国语学院新生班级活动



11 月 25 日上午，广州大学副校长郭兴蓬教授、外国语学院日语 171 班的领导深入课堂，与该班师生一起参加了“爱国情 · 青年志”支部主题团日活动。

活动伊始，日语 171 班的同学以小组为单位向大家展示了自己精心准备的一小段以爱国为主题的视频。同时，每个小组的代表还分享了自己参与此次活动的感想，气氛十分活跃。

观看视频后，郭校长就此次活动与同学们交流感想。他对班级朝气蓬勃的精神面貌表示赞赏，表示此次活动拉近了师生关系。在随后的师生交流环节中，他还向大家分享了他在日本的留学经历。郭校长借用“瓶中天地，湖中游鱼”这句耐人寻味的话语鼓励大家不忘初心，砥砺前行，不负青春。随后，郭校长还向日语 171 班的几名家庭经济困难生赠送了书籍，向他们送去温暖的关怀。

“千千工程”负责该班（团支部）的党员教师、班主任李莹莹老师以福泽谕吉的名句“天不生人上之人，也不生人下之人（天は人の上に人を造らず、人の下に人を造らず）”与同学们共勉，指出当今机遇与挑战并存，唯有牢牢把握自己的人生，不忘初心，方得始终。

（外国语学院　日语171班）

## 11月25日　旅游管理党支部开展新党员入党宣誓仪式

11月25日下午，旅游学院本科旅游管理党支部一行20名师生党员，前往中共三大会址纪念馆开展“不忘初心，牢记使命”主题学习教育活动暨新党员入党宣誓仪式，重温中共三大历史，学习党史知识，追忆峥嵘岁月。

活动中，同志们重温中共三大会议中的《中国共产党第一次修正章程》。这次党章修改的重点是严格入党手续和发挥地方委员会的作用等方面。本科旅游管理党支部的同志们结合党的十九大对党章进行修改的内容，学习新思想、新论断、新概念。

党支部就如何努力做好、学懂、弄通、做实十九大精神，分小组开展了学习交流与讨论。党小组在现场开展“重温党建历史·追忆峥嵘岁月”主题讲解活动，并就党支部如何进一步开展好党员学习教育培训工作，以及提升党员工作意识和水平方面形成提案。

参观完中共三大会址之后，党支部为4名新发展的预备党员佩戴党徽，并举行了入党宣誓仪式。

（旅游学院　学工办）

## 11 月 25 日　音乐舞蹈学院开展“学习贯彻党的十九大，民族艺术下基层进社区”系列演出活动

为更好地学习贯彻党的十九大精神，结合专业特色，音乐舞蹈学院党总支特别策划安排了系列活动，鼓励社团和党员积极分子深入基层社区，服务广大群众，展现专业风采。

10 月 28 日，蜗牛剧社很荣幸地被信息时报相关人员邀请参加荔湾区金花文化广场举行的以“敬老孝亲，情暖重阳”为主题的公益演出活动，为加装电梯和垃圾分类做政策宣传。信息时报相关人员对剧社的表演赞赏有加，并于 11 月 15 日再次邀请蜗牛剧社到沙面公园参加公益表演，这次演出的主题是“和谐沙面，拒绝毒品”，剧社精心编排的情景剧《毒品惹的祸》参演，获得成功和认可。

11 月 25 日，音乐舞蹈学院党总支苏沛祺书记、学工办廖争荣老师携院本科生党支部、研究生党支部以及学院入党积极分子，到广东省始兴县深渡水瑶族乡参加由始兴县深渡水瑶族乡人民政府主办的“游水墨画廊，品甜蜜瑶乡”2017 广东始兴（深渡水）民俗文化旅游节活动。在《印象 · 瑶乡》文艺晚会上，党员和积极分子为当地人民献上了许多具有瑶族特色的节目。活动当晚虽下起了大雨，但演员们凭借着过硬的专业素养，在大雨和寒风中坚持演出，感动了当地观众，得到了当地人民的认可，为学校和学院赢得了荣誉，晚会圆满结束。

本次系列活动中，音乐舞蹈学院党总支大力弘扬党的十九大精神，增强民族自信、文化自信，弘扬中华民族优秀传统文化；在文艺会演的同时，还深入基层与当地群众进行交流，令学生党员受益匪浅。

（音乐舞蹈学院　学工办）

## 11 月 26 日　用镜头记录每一个瞬间——记土木工程学院“唯美书影”大赛

为了让同学们充分体会书籍的意义、感受书籍中的故事，并用心感受每一个按下快门的瞬间，土木工程学院团委学生会公共部隆重举办了“唯美书影”摄影大赛。

经过了重重审核和严格筛选，20 组选手的作品从众多的作品当中脱颖而出，成功进入决赛。他们的作品，每一幅都有着耐人寻味的深意，让人对其背后的故事充满向往。最终，选手们开始角逐一、二、三等奖以及优秀奖。

参加此次大赛的同学表示，试着追寻照片背后的故事和情感，赋予照片生命，这就是摄影的意义。

（土木工程学院　团委学生会公共部）

## 11 月 26 日　关爱长者，嘉言懿行——百丈颐养中心探访活动

为发扬中华民族敬老的传统美德，广州大学生命科学学院懿行社的同学于 11 月 26 日来到位于海珠区的百丈颐养中心为敬老院的老人带去冬日的问候。

时值初冬，天气微凉，同学们分为六组分别去各楼层探访长者，和长者们聊家常，分享冬日保暖小知识，聆听长者们的故事。此次活动共有 26 名懿行社

的同学参与，活动期间，同学们和长者相处融洽，更有兴致勃勃的长者和同学们拉起歌来，画面和谐。长者们纷纷表示，年轻一辈能来看望他们，他们感到十分欣慰，这为他们的生活增添了乐趣。

通过此次活动，同学们深深了解到孤寡老人更需要社会的关心，他们需要的，不过是一声问候，一些陪伴，一点关怀，而这些正是当代大学生力所能及的。这次活动，让“感恩社会，回报社会，播种爱心”的种子在学生心中生根发芽，鼓励他们以实际行动回馈社会。

（生命科学学院　朱铭亮）

## 11 月 26 日　关爱自闭症儿童活动

11 月 26 日，地理科学学院红十字会、公共管理学院红十字会和音乐舞蹈学院红十字会三院志愿者来到广州市番禺区彩虹桥儿童康复中心联合开展了关爱自闭症儿童的“汇星计划”活动。

在这次活动中，志愿者们跟小朋友一起玩掷球游戏、画画、唱歌等，与小朋友互动，活跃了气氛。活动进入尾声时，小朋友们依依不舍。

这次活动，加深了同学们对特殊儿童的了解与尊重，增强了同学们的社会责任感。

（音乐舞蹈学院　学工办）

## 11 月 27 日　第二校园访学之南开大学访学总结宣讲会

11 月 27 日 19：00，由旅游学院团委学生会科研部和学习部共同举办的“博采众长，漫漫访学路”南开大学访学总结宣讲会在文新楼 401 室顺利举行。学生党总支书记，学工办主任陈志明，副主任刘莉，助理辅导员邓定宪、邓泽平、易静玉，学院团委副书记林咏思，以及各年级同学近 50 人参加了宣讲会。

9 月 21 日至 30 日，旅游学院第二校园访学团队 12 名同学在老师的带领

下，开启了为期十天的南开大学第二校园访学之旅。访学队员们深深感受到南开大学深厚的历史文化底蕴和浓厚的学术科研氛围，对大学生涯规划、学校建设发展有了新的认识，收获颇丰。访学队员代表通过本次宣讲活动将在南开大学所见所闻、所感所悟，毫无保留地与师生们交流分享。

第二校园访学项目基于促进学院学风建设与人才培养质量的需要，选派部分成绩优异、各方面综合表现良好的学生前往其他一流高等学府进行交流学习，并在访学结束后开展跟踪教育计划，进行“一对一”结对子计划，促进学院学子共同进步。本次访学活动主要针对南开大学旅游类学生创新能力培养模式、第二课堂活动开展及学生科研能力进行调研，并实地参观调研我国首个旅游协同创新中心，旨在引导访学学生近距离体验南开大学浓厚的学术科研氛围，了解学科专业的前沿知识，向学院其他学子反馈访学收获，借鉴调研经验，以点带面，进一步推进及改进学院人才培养模式及学院学生工作，为广州大学建设高水平大学贡献力量。

（旅游学院　学工办）

## 11 月 28 日　广州大学第十三届学术科技节之物理电子节

11 月 28 日下午，物理与电子工程学院团委在红棉路举办了以“从生活中学习物理，从物理中体验生活”为主题的“生活中的物理”游园活动暨物理电子节成果展，校团委周臻副书记、黄斌老师，物理与电子工程学

院团委书记王志杰老师、团委副书记黄毓婵老师出席了游园活动。

王志杰老师在开幕词中首先向校团委对物理电子节的大力支持表示了衷心的感谢，并指出，物理电子节作为物理与电子工程学院的特色品牌活动，助力广州大学创新型人才的培养和创新创业氛围的营造，把十九大精神落实到推动以科技创新的具体实践中，通过“挑战杯”“创青春”等系列科创活动，培养追求卓越、敢为人先的创新精神。

周臻副书记、黄斌老师分别为物理电子节系列活动“物理与天文知识竞赛”“VR 制作大赛”“焊电路大赛”的获奖者颁奖，并到成果展示摊位参观学生作品，亲身体验了 VR 作品，鼓励同学们克服困难，不断推陈出新，做出更好的作品。

本届物理电子节旨在提高学生的创新实践能力，以实际行动把十九大精神落实到推动科技创新的具体实践中，向广大学子普及物理知识，启发学生发现生活中的物理现象，感受物理的奇妙。物理电子节是提高学生科创能力的有效载体，为高水平大学建设和创新型人才培养助力。

（物理与电子工程学院　学工办）

## 11 月 28 日　数学与信息科学学院第二校园访学团前往厦门大学学习交流

11 月 28 日上午 8 点，数学与信息科学学院访学团成员一行 13 人抵达林觉世楼会议室，与厦门大学数学科学学院的金副院长、陈书记等老师进行学生工作交流。厦门大学老师向访学团重点介绍了该校的人才培养情况，并且对本科生未来定位的规划进行讲解，表示一般有三个方向：出国、读研、就业。其中，每一届学生中有三分之一的学生考上研究生，有三分之一的学生选择出国进修。

厦门大学数学科学学院对学生采取分层次培养，对特别喜欢数学的学生设置额外课程。在平时的学习中，教师非常注重学生的学业，会安排随堂考试和期中考试。此外，厦门大学的老师还介绍了研究生的选拔流程及宣传方式，每年都举办夏令营，吸引优秀学生报考该校。最后，广州大学辅导员何燕惠老师与该院负责党建工作的陈书记交流了党团建设工作。

当天下午第五六节课，访学团学生分别感受了数值代数和研讨会的课堂。在厦门大学，大部分学生提前到教室预习课程内容。课上，老师善于引导学生自主思考，课上讲解深入浅出，每位同学都认真听讲和做笔记，并且有个别同学使用平板电脑来辅助学习。此外，访学团在课间发现同学们踊跃向教师请教问题，或是同学间互相交流，学习氛围十分浓厚。访学师生普遍表示，厦门大学让他们感受到了良好的学风，要努力向这里的学生学习，争取有更好的表现。

（数学与信息科学学院　学工办）

## 11 月 28 日　法学院师生交流会顺利召开

11 月 28 日，广州大学法学院团委学生会联络部举办了 2017 年度的师生交流会。本次交流会中，联络部邀请了葛自丹老师、曹智老师以及宋尧玺老师参加并解答同学们的疑惑。在活动现场，主持人机智圆场，老师的解答风趣幽默，生动有趣的游戏让同学们积极投入师生交流会之中。

本次活动负责人采用了茶话会的形式，主持人采用了仿新闻联播式的主持风格，并穿插了一些游戏环节，使得整场交流会既有严肃认真的学习层面的探讨，也有生活方面的交流，更有师生互动，极大拉近了老师与同学们的距离。

（法学院　联络部）

## 11 月 28 日　千师万生同上一堂课　让十九大精神浸润校园

11 月 28 日，随着上课铃声响彻校园，我校“千师万生同上一堂课——学习贯彻党的十九大精神大宣讲”活动正式拉开帷幕，一千多名教师、两万多名学生分别集中在 200 多间课室，同时聆听党的十九大精神大宣讲，在全校掀起了深入学习贯彻党的十九大精神热潮。

**组建“百人宣讲团”，确保党的十九大精神原汁原味进校园**

按照中央的统一部署和省市关于认真学习宣传贯彻党的十九大精神的通知要求，我校专门组建了由校党委书记屈哨兵任团长的十九大精神“百人宣讲团”，采取合班教学、统一时间授课的方式开展“千师万生同上一堂课”活动，帮助全校师生深入学习领会党的十九大精神。

宣讲团成员中，既有校领导，也有多位被聘为市宣讲团成员的哲学社会科学领域的校内知名专家学者，同时也涵盖了各学院党委书记和副书记、马克思主义学院骨干教师。宣讲团编制了统一的十九大精神集中宣讲提纲，在授课前的集体备课环节，校党委书记屈哨兵以“学懂弄通做实，深入学习贯彻党的十九大精神”为题进行公开示范性宣讲，带领全体宣讲团成员认真领会十九大报告的精神实质，把握十九大精神的宣讲重点、热点和难点，并就具体的教学内容、教学方法进行集体设计。

**面对面、接地气宣讲，师生深受启发鼓舞**

为保证“千师万生同上一堂课”的教学效果，校党委书记屈哨兵，党委副书记、纪委书记张强深入课堂，带头宣讲。多次蝉联“最受学生欢迎教师团队”的思政课教学团队成员用生动的语言、灵活的教学方式展开宣讲，在他们精心制作、图文并茂的课件和宣讲视频中，有反映党和国家建设重大成就的实例图片，有海外政要及主流媒体对党的十九大的高度关注与评价，也有紧贴教育和师生实际的针对性讲解，信息量大、重点突出。

其他宣讲团成员如优秀辅导员代表、教师先进党员等也纷纷理论联系实际，深入浅出地就十九大报告提出的新论断、新思想、新目标、新部署、新举措、新要求进行了宣讲。宣讲团成员还围绕师生们普遍关注的热点问题，如文化自信、社会主义核心价值观、建设美丽中国、优先发展教育事业等进行详细解答和互动交流，课堂气氛活跃，宣讲成效明显。

**全方位学习宣传，覆盖三万师生**

党的十九大胜利召开以来，我校在全校范围内分层次、多渠道、多样化学习宣传贯彻党的十九大精神，组织开展了校、院两级党委中心组理论学习，习近平总书记教育思想专题学习，专家学者宣讲，各基层党支部专题学习会、专题党课、组织生活会等一系列学习活动。学校综合利用海报、宣传栏、线上线下互动等方式，在师生中广泛开展“微宣讲”“微视频教学”，将中华优秀传统文化教育、思政育人与学习贯彻十九大精神结合起来，促使学习宣传不断向基层纵深拓展。

截至目前，校院两级中心组共召开专题学习30余次，各类座谈会40余场，加上此次“千师万生同上一堂课”活动，十九大专题学习参与人数已有3万多，基本覆盖全校师生，形成了学习宣传贯彻十九大精神的良好氛围。

课后，师生们普遍反映，宣讲有力增强了自身对十九大精神的认识和理解。大家纷纷表示，要在党的十九大精神的指引下坚定理想信念，不断提高综合素质和核心竞争力，为中华民族的伟大复兴和社会主义现代化建设新征程作贡献。

新闻与传播学院田秋生院长表示，贯彻落实十九大精神，新闻与传播学院将立足学科发展，围绕粤港澳台传媒发展做好区域文章，并服务于牢牢把握意识形态工作领导权、繁荣社会主义文艺的战略需求，做好学科建设、人才培养与社会服务。

土木工程学院党委书记童华炜说，作为广东省高水平大学重点建设学科，土木工程学科要以学习贯彻十九大精神为契机，用匠人精神培养一流人才，着力提升师资队伍建设，推进学科建设内涵式发展。

校学生会副主席廖亮表示，作为一名入党积极分子和青年马克思主义者，要用实际行动贯彻落实十九大精神，努力加强理论和实践学习，为实现中国梦贡献青春力量。

人文学院周志方同学表示，作为学生党支部组织委员，将认真学好、用好党的十九大通过的《中国共产党党章（修正案）》，牢记使命，脚踏实地做好党支部工作，加强党支部建设。

化学化工学院陈家乐同学提出，要增强专业素养，努力成为一个优秀的化工人，助力国家化工产业的发展壮大。

外国语学院彭程同学表示，作为英语专业学生，见证了中国作为世界和平的建设者、全球发展的贡献者、国际秩序的维护者的责任和担当，今后一定要肩负起文化传播者的重任，使中国在世界舞台上更具话语权。

（广大新闻网）

## 11 月 28 日　化学化工学院召开班级建设评比大会

11 月 28 日上午，化学化工学院班级建设评比大会在图书馆讲学厅正式召开。学院学工办主任李燕兴，团委书记王雅丽、副书记祝梦婷及学院团委学生会主席团担任本次比赛的评委。

本次班级建设评比大会分初赛和决赛两个环节，通过班集体材料汇总、网络投票、红棉路现场展示，最终选出 12 个班级进入决赛展示环节。参赛班级紧紧围绕自身班级的特色，分别从思想建设、学风建设、制度建设、文化建设、班级特色等方面进行展示。

其中食品 152 班的班级管理制度的量化给大家许多启发，食品 172 级等班级的视频展示让人耳目一新，丰富多彩的校园文化活动极具感染力。一张张幻灯片、一段段视频向在座的同学们展示各自班级的华丽篇章。活动中，各班级展现了本班的风采与特色，用青春热情演绎出了大学生的精神，给学院这个大家庭贯注了一股永不停歇的前进动力，为创建和谐校园奉献了力量。

活动最后，李燕兴老师肯定各班级取得的成绩，并提出意见，希望同学们在思想、学习、工作、科研各方面全面发展，并向优秀班级学习。最后李老师为获奖班级——食品 152 班、化学 151 班、化学 161 班、化工 172 班、化学 172 班、食品 172 班颁发“先进班集体”锦旗。

（化学化工学院　学习部）

## 11月28日　“土木工程创新与可持续发展——2017年广东省研究生学术论坛”在广州召开

由广东省教育厅主办、广州大学土木工程学院承办的“土木工程创新与可持续发展——2017年广东省研究生学术论坛”于2017年11月28日至12月30日在广州召开，来自全国各地等二十余所高校、企事业单位的200余名专家和研究生代表参加了本次会议。与会代表在会议期间进行深入的学术讨论和交流，顺利完成了大会预期的议题讨论与总结，会议获得了圆满成功。

会议开幕式由广州大学土木工程学院副院长张永山教授主持，滕军教授、王湛教授、魏陆顺教授、王龙总经理、谢杰文总工、朱桂滨总工、陆中宇副教授7名专家学者分别作了大会邀请报告，另有来自全国各地的20余位研究生代表作了会议报告，内容涉及结构抗震减震工程、生命线工程、结构工程、岩土工程、绿色建筑工程等多个方面，反映了近几年来国际结构工程领域学术研究和工程应用的最新进展，引起了与会代表的强烈反响与共鸣。

（土木工程学院　学工办）

## 11月29日　人文学院“文学创作系列讲座”第四讲顺利开讲

11月29日，“文学创作系列讲座”第四讲在文新楼206室开讲。广东省文艺评论家协会主席、中山大学中文系林岗教授应邀作“漫谈写作与人生”的主题演讲。讲座由广州大学人文学院副院长禤健聪主持，中山大学中文系胡传吉老师，广州大学人文学院付祥喜、李俏梅、陈燕芳等老师及党委办公室唐勇老师与近百名同学一同聆听讲座。

林岗教授指出，激情是创作的动机，写作是人生的回归。写作有没有天才？林岗教授认为有，但是，所有才华都是在努力当中实现的。写作技能必须与写作者匹配才有意义，每个人都应找到适合自己的方式。林教授还说，阅读是写作最好的老师。

付祥喜教授主持了讲座的互动环节，同学们积极提出问题，林教授一一回应。本次讲座在大家热烈的掌声中圆满结束。

（人文学院　廖晓华　林晓华）

## 11 月 29 日　“图书漂流”活动顺利开展

11 月 29—30 日，广州大学寻梦园勤工中心在红棉路举办了“图书漂流”活动。此活动提供了一个十分便捷的阅读分享平台，既不需要借书证，也不需要付押金，又可长时间借阅，有效提高了同学们的阅读积极性。

“图书漂流”活动有助于加强各年级学生思想文化上的交流，也有助于为同学们推荐更多好书，陶冶情操。“图书漂流”活动虽然仅为期一天半，但是受到了许多爱读书的同学们的支持，能有效地增强学校阅读氛围。

（人文学院　寻梦园勤工中心组织部）

## 11 月 29 日　广州大学斩获全国大学生数学竞赛（广东赛区）多项大奖

11 月 29 日，第九届全国大学生数学竞赛（广东赛区）结果揭晓，广州大学学子斩获一等奖三名，二等奖四名，三等奖六名。

本次竞赛，广州大学派出数学建模创新实践基地钟育彬等老师组成指导团队，指导数学与信息科学学院、土木工程学院等的学生参加比拼，取得优异成绩，其中范伯全、蔡佳宜和王至宏获一等奖，胡粤材、容伟杰、张理钦和钟炜彭获二等奖，刘宇佩、邹汕斌、杨晓如、黄楚云、陈浩和陈梓涵获三等奖。

据了解，全国大学生数学竞赛由中国数学会主办，是国内最高级别的大学生基础数学学科竞赛。竞赛于 2009 年开始，每年举办一次。竞赛分为数学专业类和非数学专业类，参赛对象为大学本科二年级及以上在校大学生，竞赛内容以本科教学大纲规定的数学内容为准，比赛形式采用纸质试卷笔试，其目的是激发大学生学习数学的兴趣，进一步推动高等学校数学课程的改革和建设，提高大学数学课程的教学水平，培养大学生分析问题、解决问题的能力，发现和选拔数学创新人才，为青年学子提供一个展示基础知识和思维能力的舞台。

（数学建模创新实践基地　郑玉龛）

## 11 月 29 日　化学化工学院连续五年获广州大学课外学术科技活动“先进集体”称号

11 月 29 日，化学化工学院以学术科技活动综合得分第一获得 2016—2017 年广州大学课外学术科技活动“先进集体”称号，已连续五年获得该项荣誉称号。

化学化工学院坚持以“挑战杯”课外学术科技活动为龙头，结合学院特色，积极参与各种课外学术科技活动，在 2016—2017 学年成绩喜人，收获颇丰：获得第十五届“挑战杯”全国大学生课外学术科技作品竞赛一等奖 1 项；第十四届广东省“挑战杯”大学生课外学术科技作品竞赛特等奖 1 项，一等奖 1 项，二等奖 1 项；第十五届广州大学“挑战杯”大学生课外学术科技作品竞赛特等奖 2 项，一等奖 1 项，二等奖 7 项，三等奖 10 项；成功立项 4 项“攀登计划”，2 项国家级创业训练项目，2 项省级创业训练项目。

在这一年的课外学术科技活动中，化学化工学院充分展示了学院的教学育人特色，展现出师生合作交流的良好精神风貌，以学术科技创新带动学风建设，营造了浓厚的科研氛围。

（化学化工学院　学工办）

## 11 月 30 日　法学院学生党支部参加“第二届全国高校‘两学一做’支部风采展示活动”

11 月 30 日，法学院学生党支部“优秀党日”优秀事例在教育部“第二届全国高校‘两学一做’支部风采展示活动”上线展示。法学院学生党支部在 2017 年广州大学的“优秀党日”活动评比中荣获一等奖，作为学生党支部的优秀典型，被推荐作为学校的学生党支部代表参加了教育部支部风采展示活动。

法学院学生党支部深入开展“两学一做”学习教育，同时响应学校“推进高水平大学建设中争当‘四讲四有’合格党员”的号召，依托法律咨询服务社等学生公益社团组织，结合法学专业特色优势，开展以“心系群众，普法先行”为主题的系列党日活动，充分发挥法律专业学生的优势，为校园和社区提供法律咨询援助、普法宣传等，替学生群众和社区群众排忧解难。

（法学院　学工办）

## 11 月 30 日　人文学院第十届“十佳学生”评选大赛顺利举行

11 月 30 日，人文学院第十届“十佳学生”评选大赛在图书馆讲学厅拉开序幕。人文学院党委副书记刘军军老师、学工办主任冯健生老师、团委书记张立老师、团委副书记韩宝玉老师、2016 级辅导员陈楚敏老师和兼职辅导员何浏老师担任此次大赛的评委。来自各年级将近 300 位学生代表到现场为参赛选手助威。

在比赛正式开始前，2016 年人文学院“十佳学生”称号获得者之一喻斌同学与选手及在场观众分享了她的学习经验。接着，比赛进入现场展示环节，

十五位候选人以T台秀的形式展现了各自的风采。随后，十五位候选人轮番上台，进行以“不忘初心，筑梦广大”为主题的限时演讲，展现了他们的思辨能力以及口头表达能力。精彩的演讲过后，大赛进入视频拉票环节，荧屏上一个个来自父母、老师、同学和朋友的加油画面感染了在场的每一位同学。最后，由老师以及现场的观众们为其心目中的“十佳学生”投票。陈楚敏老师则对选手们的表现做出了点评，也鼓励现场的同学们都积极向优秀同学看齐。

（人文学院　刘泳仪）

## 11月30日　物理与电子工程学院本科生党支部党日活动

11月30日下午，物理与电子工程学院本科生党支部在B22党团活动室召开了以“忆井冈山故事不忘初心，学十九大精神砥砺前行”为主题的组织生活会，广州大学副校长孙延明，物理与电子工程学院党委书记陈泽龙，学院各教工、学生党支部书记，本科生党员参加了本次会议。

会议在庄严的国歌中拉开帷幕。本次党日活动有八项议程：奏唱国歌、观看视频《永恒的信念》、《一份井冈山时期的入党誓词》故事分享、观看十九大视频、新老党员宣誓、老党员为新党员佩戴党徽、校长致辞、合照留影。

会上，孙延明副校长对党员提出了三点要求：一是认真学习中共党史，深入了解中国共产党的优势，领会中国共产党建立之不易，只有真正体会、感悟党的历史，才能更加理解国家的政策方针；二是党员要树立“四个自信”，坚守信仰和社会主义核心价值观；三是各基层党支部开展组织生活会的形式和方法应该更多元化，变“要我学”为“我要学”。

历史的启迪永在，精神的价值永存。井冈山精神是在党的革命实践中形成的宝贵精神财富。物理与电子工程学院本科生党支部通过开展形式多样的党日活动，激励学生党员不忘初心，继续前进，不断创新。

（物理与电子工程学院　学工办）

# 我们的大学

December 十二月

## 12 月 1 日　2017 年体育节暨第十四届田径运动会隆重举办

12 月 1—2 日，广州大学举行 2017 年体育节暨第十四届田径运动会。校党委书记屈哨兵，校长魏明海，校党委副书记、纪委书记张强，副校长于欣伟、周云、孙延明、郭兴蓬等校领导出席开幕式，副校长吴开俊主持开幕式。本届运动会历时两天，共设甲组项目 12 个、乙组项目 15 个和大众项目 4 个，共 800 多名运动员参加比赛。校运会期间同时举行教职工趣味运动会和第十二届教职工羽毛球赛。

开幕式上，魏明海校长代表学校对运动会的顺利召开表示热烈祝贺并致辞。他指出，广州大学一直以来高度重视体育工作，在“二十四字人才培养目标”中突出了“爱体育”的鲜明要求，并强调了体育活动的三点价值：塑造坚忍不拔的意志品性、增强公平竞争的意识、培养团队合作的精神。希望广大师生积极从事体育活动，以坚韧不拔的意志、拼搏进取的姿态、团结合作的精神参与高水平大学建设，努力打造属于广大人的“学术共同体”和“命运共同体”。在运动员、裁判员代表宣誓后，屈哨兵书记宣布广州大学2017 年体育节暨第十四届田径运动会正式开幕。

1 日下午，由广州大学工会主办、体育学院承办的 2017 年教职工趣味运动会在东区篮球场顺利拉开帷幕，1 050 位教职工共分为 35 支队伍参加比赛。运动场被划分为 1 ~ 10 号场地，共设“篮球运球上篮接力赛”“足球运球射门接力赛”“穿越火线”“搭板过河”“趣味三项接力”“趣味传球”等多个项目。比赛形式较以往有新的改变，足球运球接力赛新增射门的环节，新颖的竞技形式与趣味性相结合，吸引了更多教职工的参与。赛事紧张而激烈。经过多轮角逐，广大附属中学和实验中心并列第一名，图书馆获得第二名，法学院获得第三名。

2 日上午，广州大学第十二届教职工羽毛球双打混合团体赛在何世杰体育馆举行。来自校本部各分工会的 33 支队伍共 400 余名教职工报名参赛。本次比赛继承以往的赛制，分阶段、分级别进行，为双打混合团体竞赛。随着赛况不断高涨，第一阶段的分组循环赛和第二阶段的交叉单淘汰赛后，最终甲级队由物理与电子工程学院夺得桂冠，图书馆、数学与信息科学学院分别获得第二、第三名；乙级队机关一夺得桂冠，机关五、生命科学学院分别获得第二、第三名。

2 日下午，广州大学第十四届田径运动会圆满闭幕。副校长吴开俊代表学校向本届运动会取得优异成绩的代表队和运动员表示热烈的祝贺，并对筹备本届运动会的所有幕后工作者表示衷心的感谢。本届运动会中，共有 3 人打破比赛纪录。土木工程学院荣获甲组团体总分第一名；体育学院 2017 级体育教育专业荣获乙组团体总分第一名；甲组团队中的工商管理学院、人文学院、化学化工学院、计算机科学与教育软件学院等 15 个学院，乙组团队中的 2017 级体育教育专业、2016 级社会体育专业荣获体育道德风尚奖。同时啦啦操比赛为本届运动会的新增项目，外国语学院、地理科学学院、工商管理学院、音乐舞蹈学院并列啦啦操比赛一等奖。

（广大新闻网　熊雅智　蔡锦姿　李昕洋）

## 12 月 1 日　广东省大学生田径锦标赛中体育学院田径队喜获佳绩

12 月 1—3 日，体育学院共 15 名同学代表广州大学参加 2017 年广东省大学生田径锦标赛，取得乙 A 组团体总分第一名的佳绩。

比赛三天，天空放晴，仿佛是在给场上的每一位运动员打气。

广州大学运动员在比赛中力争上游，奋力拼搏，为校争光。个人项目斩获 6 个第一名，6 个第二名，2 个第四名，1 个第五名，2 个第六名，2 个第 7 名，1 个第八名；团体项目斩获 2 个第一名，1 个第二名。

感谢所有教练员对运动员们的悉心指导和运动员们的努力拼搏！祝广州大学田径队在日后的比赛中再创佳绩，继续为广州大学争光！

（体育学院　张嘉怡）

## 12 月 1 日　2017—2018 年广州大学地理科学学院第一期“青年马克思主义者培养工程”开班仪式暨党团思想指导学习

为深入贯彻团中央研究制定的《“青年马克思主义者培养工程”实施纲要》，切真落实校团委关于组织开展学院青年马克思主义者培养工程的号召，不断提高大学生干部、团骨干、青年知识分子等青年群体的思想道德修养、科学文化素质，12 月 1 日晚上，广州大学地理科学学院在文新楼 123 室举行了第一期“青年马克思主义者培养工程”（简称“青马工程”）开班仪式以及青年马克思主义者培训班（简称“青马班”）第一课——“不忘初心跟党走”思想教育课。

与会嘉宾有地理科学学院党委副书记潘文彬、马克思主义学院张丽璇教授、校团委组织部部长郭星辰、地理科学学院团委副书记颜嘉雯和副主席何兆聪。

首先是潘文彬书记致辞，带领青马班成员深入学习党的十九大精神，并为同学们讲述了“青马工程”的目的与意义，通过学习党团史，深情回顾党的奋斗历史，热情讴歌党的光辉业绩，继承和发扬党的光荣传统和优良作风，进一步激励同学们坚定理想信念。

随后，青马班每个小组代表胸有成竹地展示了小组认真学习习近平总书记

"7·26"讲话的重要精神和党的十九大精神的学习成果。各个青马班小组以丰富多彩的形式展现爱国爱党的风采。潘书记对小组展示进行点评，充分肯定青马班成员们认真学习并辛勤准备展示成果，同时鼓励青马班成员们要与时俱进，看到自身的进步和不足，确定好个人目标，努力提升自己。

接着张丽璇教授以"青春喜迎十九大，不忘初心跟党走"为主题，指导学生密切关注并学习党团精神；密切关注十九大重要文件并深入学习十九大重要讲话精神。张教授还鼓励青马班成员要爱国爱党，确立好自己的人生目标，活出自己的价值，成为对社会有用的人，同时指导学生们理解习近平总书记"7·26"讲话的重要精神。张教授精彩的讲解让青马班成员受益匪浅，有所领悟。

通过此次青马班的教育培训和实践锻炼，青马班成员的政治信念更加坚定，道德情操也有所提升，个性人格更加健全，向开放的现代意识的新世纪优秀人才迈进了一步，同时团学组织自身建设更加完善，院属各级团组织的战斗力和凝聚力更强了，更加有利于发挥青年干部在青年学生中的领导和桥梁纽带作用。

（地理科学学院　龙全喜）

## 12 月 1 日　生命科学学院讲坛之北大名师报告会

12 月 1 日上午，国内植物学知名专家、北京大学教学名师顾红雅教授在理南楼214室为生命科学学院师生作了主题为“植物与人类生活”的学术报告，把生命科学学院的“生科讲坛”特色项目推向了高潮。

北京大学“我爱我师——最受学生爱戴的老师”金葵奖、国家教委科技进步三等奖、中国科技协会青年科技奖、国家教委优秀留学回国人员奖获得者顾红雅教授，以画开题，用北大以前的风景画揭示植物与人类的密切关系。随后，顾教授以生动风趣的语言、精彩纷呈的图片，从绿色植物的种类讲起，介绍了绿色植物的演化历史、植物的利用价值、植物的分类、作物的驯化与育种，还对当下人们普遍关注的转基因问题进行了科学阐释。她强调说，对待转基因食品，不能一概否定，而是要进行科学分析，很多转基因食品是对人类有益的，国外的转基因技术已经很发达，如果不研究，我们的国家就会落后。话里行间体现了一位知识分子对国家民族命运的担当。顾教授还从北京带来了精美的植物画册，在讲座中进行有奖问答。

90分钟的报告会在同学们的热情参与下圆满结束，时间虽短，但让同学们收获颇丰，增长了见识，开阔了视野，了解了植物学研究的前沿动态。

（生命科学学院　温佳艺）

## 12月1日　“筑梦青春”心理文化月圆满落幕

12月1日，由广州大学人文学院心理卫生协会承办，以“筑梦青春”为主题的心理文化月闭幕式于图书馆讲学厅举办，广州大学心理卫生协会指导老师崔洪波与人文学院张立老师出席了本次活动。

本次心理文化月包括征文征歌词、摄影、微电影、漫画四个子活动，得到了广大学子的积极响应。在闭幕式上，广州大学心理卫生协会及各个承办单位的代表分别为在子活动中获奖的同学颁奖，同时也对各个活动的优秀获奖作品进行展示。此间，还穿插了由广州大学人文学院心理卫生协会成员精心准备的舞台剧表演及歌唱节目等，让观众领略了多样的青春风采。

在欢笑声中，广州大学“筑梦青春”心理文化月闭幕式圆满落下帷幕。

（人文学院　心理卫生协会）

## 12 月 5 日　生命科学学院 2017 年科技文化节



12 月 5 日，生命科学学院在红棉路举办主题为“生科传彩笔，科技寄朝云”的科技文化节，生命科学学院党委副书记曾学毛、团委书记杨敏、广州迪惀司食品有限公司研发部高级工程师张晓东、品牌部设计工程师虞文强出席了本次科技文化节开幕式。

开幕式上，曾书记致辞，讲述了举办科技文化节的意义及近几年来同学们参加科技文化节取得的成绩。随后的文艺表演，点燃了全场气氛，越来越多的同学驻足红棉路，参与学院的科技文化节活动。本次科技文化节设置了三个项目：变废为宝的作品、晶莹剔透的果冻设计和各具特色的教具，引得同学们赞叹不已。

嘉宾张晓东、虞文强组成果冻设计大赛评委组，学院覃希老师、李馨老师组成变废为宝大赛评委组。两组评委对同学们的作品给予细致评价。参赛同学详细的解说，不仅让评委们理解了作品的制作与创意，还向同学们传播了科学文化知识，呼应了科学文化节的主题。

欢笑声语中，生命科学学院科技文化节接近尾声，学院领导与迪悃司公司嘉宾为获奖同学颁奖并合照留念。

（生命科学学院　庄嘉欣）

## 12 月 5 日　工商管理学院举办党团知识竞赛决赛

12 月 5 日晚上 7 点，广州大学工商管理学院党团知识竞赛决赛在桂花岗校区 5 号楼南 410 室顺利举办。

本次活动由工商管理学院学生会组织部主办，并邀请工商管理学院的辅导员李睿贤老师、秘书长钟颖戈、组织部部长韩卓蓉、学一支部代表黄若森、学二支部代表冯丽丰和学四支部代表朱家发担任评委。

参赛选手们在比赛过程中充分发挥了自身的聪明才智与团队精神。一环扣一坏的比赛环节让人称好。最后，新青年队夺得了本次比赛的一等奖并获得了丰厚奖品。

李睿贤老师对本次知识竞赛做了总结：党团知识竞赛紧跟十九大的步伐，加强对工商管理学院学子的思想政治教育，发挥了优秀中华精神的指导作用。李老师还认为主观题答题形式最能体现学生个人的思考，希望工商管理学院学子能从竞赛中打开视野，从生活中发现问题并解决问题，成为时代的新青年。

（工商管理学院　蒋志彦）

## 12 月 5 日　公共管理学院 2015 级考研动员大会

12 月 5 日下午，广州大学公共管理学院 2015 级考研动员大会在图书馆讲学厅隆重召开。学院党委副书记何瑞豪、副教授杨芳、助理教授张庆鹏、团委副书记付艳出席了此次大会。

会上，何瑞豪副书记对动员大会的召开目的进行阐述，并鼓励同学们从考研思想、操作、方式方法和报考方向等方面与老师们进行深入交流。张庆鹏和杨芳老师分别指出要明确考研的目标、路径，并提出具体的建议。他指出，希望大家要坚定信念，坚持不懈，通过自己的努力创造奇迹。

此次动员会，极大地鼓舞了同学们的考研士气，使同学们坚定了积极备战考研的信念。

（公共管理学院　学工办）



## 12 月 5 日　物理与电子工程学院第一届青年马克思主义者培训班干培活动顺利举办

12 月 5 日，物理与电子工程学院第一届青年马克思主义者培训班举办了干培活动。经过筛选，19 位同学脱颖而出，参加了青马班的首次干培活动。

干培活动针对学生干部的实际需求，侧重从增强政治素质、优化能力结构、锤炼作风品格等方面着手，开展“鸡蛋撞地球”“未来牌棉花糖”等活动，激发学员们的潜能，提升团队协作能力。

干培活动结束后，学员们纷纷表示，此次青马班的学习，使同学们增强了对团组织的了解，更加坚定了理想信念。今后，物理与电子工程学院将以青马班为平台，丰富活动载体，创新活动内容，努力开创学院共青团工作发展新局面。

（物理与电子工程学院　学工办）

## 12月5日　特色的心灵工作坊——教育学院“五室一站”工作

B3教育学院“五室一站”一直致力于发挥学科优势，打造极具专业特色的心灵工作坊，在过去的一年，本着“释放心灵”的建设理念，充分利用学院心理学专业资源，开展了许多同学们喜爱的特色活动。

学院领导高度重视“五室一站”创建工作，多次亲临B3“五室一站”，每月参与党团室学生支部生活，共计30多次。

团队依托心理学专业，开展B3宿舍心情驿站特色项目——心灵工作坊提升计划，包括“一人一故事”剧场、心理电影解析、曼陀罗绘画减压、“宣泄角”、微笑作品展。活动不仅在B3宿舍开展，也推广到了B2、B7、B9、B22等其他楼栋。

（教育学院　学工办）

## 12 月 6 日　旅游学院 2018 届毕业晚会顺利举办

12 月 6 日晚，旅游学院 2018 届“步旅不停”毕业晚会在演艺中心举办。现场 800 多名师生一起观看了晚会。

晚会以学院合唱团震撼开场。学院党委书记刘向晖老师为晚会致辞，对毕业生寄予美好的祝福。毕业生袁欣代表全体毕业生感谢老师们的长期关心与教导，回顾了大学四年生活，展望了毕业生们充满希望的未来，同时也表达了对学院最真挚的祝福。

会展 141 班的《只想一生跟你走》用动听的歌声告诉同学们珍惜身边人才是最重要的。学院舞蹈队的《同行同心》舞姿优美轻盈，动作自然流畅，为观众讲述了青春旅途中一个同行同心、步履不停的故事。中法 143 班的 *Le rêve* 讲述了世俗的人脸面具，复杂的职场剧情引人回想起快乐纯真的大学时光。旅游 142 班《走过阳光明媚的日子》则通过乘坐旅游 142 班的时光机重新回到了灿烂温暖的大学。学工办主任陈志明在中场环节为毕业生高歌一曲《祝福》，低沉浑厚的声音俘获了观众的心。曾经在新生班带过本届毕业生的导生校友们也返回母校来到了晚会现场，给毕业生们送上最温暖的祝福。各专业的精彩表演为同学们打造了听觉、视觉盛宴，让同学们真切地感受到毕业的喜悦、离别的不舍和青春的明媚。

（旅游学院　学工办）

## 12 月 6 日　人文学院“文学与文化经典读书会”系列讲座第二讲顺利开讲

12 月 6 日，人文学院“文学与文化经典读书会”系列讲座第二讲于文新楼 113 室成功开讲。主讲人林晖副教授以“语文教育：传承与发展”为主题展开了精彩的讲座。

林副教授首先对比了小学一年级新旧版语文教材内容及对学生要求的不同。紧接着，她对小学语文教材回归传统这一现象做出了详细阐述，并提倡同学们积极了解传统教育，以科学的眼光对传统教学进行探索。

除此之外，林副教授还着重介绍了张志公先生的《传统语文教育初探》一书，并向同学们推荐《中学语文教学百年史话》《文心》与《国文八百课》等相关书籍，鼓励同学们特别是师范生要多阅读相关书籍以提升自身专业素养。

最后，林副教授呼吁同学们享受阅读，以书行万里路。生动有趣的讲座在同学们的掌声中圆满结束。

（人文学院　新闻中心）

## 12 月 6 日　卫斯理安学院学生志愿者服务 2017《财富》全球论坛

12 月 6—8 日，2017《财富》全球论坛在广州隆重举行。论坛期间，广州大学选派 185 名志愿者参与交通保障、酒店参观、新闻宣传、安全保障、会务礼宾等方面的服务，同学们以优异的表现赢得了与会嘉宾、

媒体的关注与好评。

卫斯理安学院共有18名同学入选此次广州《财富》全球论坛大学生志愿服务团队，占广州大学志愿者总数的10%。学院学生在志愿服务过程中，积极主动，充分发挥自身在语言、国际理解以及外事接待等方面的经验和特长，展示了作为中外合作女子文理学院学生的知性优雅。

卫斯理安学院此次有15名学生获得论坛组委会评选的“志愿之星”荣誉称号，约占广州大学获得该荣誉学生总数（111人）的13.5%。其中，2015级经济学专业的张静琳同学，在外事礼宾过程中表现突出，获得了外宾的赞赏和媒体的关注。

“小蛮腰”精神和“女性教育”“文理教育”的理念通过此次《财富》全球论坛的志愿工作得到完美体现。

（卫斯理安学院　学工办）

## 12月7日　脚踏实地搞研究，真情妙悟铸文章——生科讲坛

12月7日下午，生命科学学院生科讲坛邀请到广州市林业和园林科学研究院代色平副院长来学院作报告，主题为“脚踏实地搞研究，真情妙悟铸文章”。学院党委副书记曾学毛主持，本科生、研究生近200人参加。

报告会上，代院长以生态修复的图片引入主题，首先，从科学的概念，科研的价值、选题、过程及科学素养的培养等方面讲述了怎样脚踏实地做科研。她还以实例介绍了课题申报书的撰写格式，在讲述过程中提出“科研要有正确的哲学思想和哲学思辨；要有合理的专业知识结构和扎实的专业接触；还要有熟练的实验手段和生物统计技术；更要有不畏艰辛、锲而不舍的精神”。代院长还展示了她坚持12年培育出的野牡丹新品种“天骄”和“心愿”，从她对该品种的命名可以看出作为一位科研工作者对自身成就的骄傲和对科研工作的坚持。其次，代院长结合自身体验讲述了撰写科研论文的方法，提出要“真情妙

悟铸文章”，就是对科研要专注和坚持，并注重平时积累，才能写出好文章。最后，代院长讲述了科研论文的基本结构和规范格式以供大家学习。

此次生科讲坛内容丰富，实用性强，能更好地引导学生步入科研的殿堂。

（生命科学学院　张绪庆）

## 12月8日　化学化工学院举办2017年化学化工类研究生论坛

为创造自由开放的学术氛围，培养研究生的学术研究兴趣，切实提高研究生的培养质量，化学化工学院于12月8—9日举办了广州大学化学化工学院第五届研究生论坛，近百名教师和研究生参加了此次论坛，在论坛作报告的研究生创造了新纪录——42名，并专门为研一同学开设了新生专场。此次论坛由广州大学研究生处主办，广州大学化学化工学院/国家级化学化工实验教学示范中心承办，化学化工学院研究生分会协办。

受邀参加本次论坛的嘉宾有原汕头大学副校长、现任暨南大学化学与材料学院院长李丹教授，华南理工大学化学化工学院院长张正国教授、彭峰教授，广州大学研究生处副处长宋智老师、崔彬老师，广州大学化学化工学院院长董文教授、副院长蔡卫权教授、郑成教授、刘自力教授、曾庆祝教授、王家海教授、刘兆清研究员和相关老师。

12月9日，学院第五届研究生论坛在主会场理北楼306室正式拉开帷幕，开幕式由学院副院长蔡卫权教授主持。

广州大学研究生处副处长宋智老师致欢迎辞，他表示校研究生处对此次活动大力支持并表达高度赞许，鼓励多举办此类学术交流活动。随后，学院院长董文教授致开幕辞，他简要介绍了化学化工学院的历史以及发展状况，并表达了对未来发展的信心。

在稍作休息并合影留念之后，进入了大会特邀报告时间。李丹教授作了题为“化学调色板——超分子配位组装体发光调控策略”的报告，郑成教授作了题为“微波能化工应用研究进展”的报告，彭峰教授作了题为“掺杂碳材料酸碱条件下氧还原电催化研究”的报告，王家海教授作了题为“纳米孔传感器”的报告。

报告结束后化工食品分论坛在生化实验楼113会议室举行，由化工系系主任吴旭副教授主持，张正国教授、彭峰教授、刘自力教授和曾庆祝教授担任评委，龚哲等13位同学汇报了各自的研究成果。

化学分论坛在理北楼203室分析测试中心培训室举行，由化学系系主任陈国术副教授主持，李丹教授、董文教授、王家海教授和刘兆清研究员担任评委，王璟瑜等9位同学汇报了各自的研究成果。

此外，12月8日晚在生化实验楼113会议室率先举行了化工食品类研一专场，由林璟副教授主持，蔡卫权教授、王家海教授、林璟副教授、周爱菊副教授担任评委。研一新生专场开始前由副院长蔡卫权教授致辞，学院研究生分会主席魏渊同学致开幕辞，胡杰涛等20位同学汇报了各自的研究成果。

通过此次论坛，各位研究生同学分享了自己的课题研究进展，展示了所取得的部分创新成果，通过与专家老师、同学们的交流认识到自己的差距和不足。与会专家老师结合自己的科研经验对相关问题提出了宝贵的建议和建设性意见，并鼓励同学们积极参加此类学术分享活动，在思想碰撞和学术交流中取得更大的进步。专家老师们的建议点燃了与会同学的学术创新热情，激发了勇于探索、勇于创新的精神，使大家更有信心在科研的道路上坚持不懈地奋斗。

论坛结束之际，董文院长对此次论坛进行总结：此次论坛通过组织研究生参与相关学科的研讨，为大家提供了一个高层次、高水平的学术交流平台。参与者通过此次论坛展示自己的近期研究成果，认识研究中还存在的不足，收获了宝贵的经验和财富。此外，他由衷地感谢学校研究生处、化学化工学院的相关领导和老师以及学院研究生分会同学的共同努力和辛勤付出，使得本次论坛得以成功举办。最后，他还希望学院和学院研究生分会将来有机会承办更大、更多的学术交流会议，并祝愿广州大学化学化工学院越办越好，为广州大学高水平大学和高水平学科建设贡献力量。

（化学化工学院　学工办）

## 12 月 9 日　传承精神，砥砺前进

12 月 9 日，正值“一二·九”运动 82 周年纪念日，广州大学经济与统计学院党委组织 50 余名党员师生代表前往惠州东江纵队纪念馆开展以“不忘初心，牢记使命，践行十九大精神”为主题的思想教育活动。

到场人员回顾了东江纵队艰苦卓绝的奋斗历史，深刻理解了“东纵精神”的具体内涵，在经济与统计学院党委卢国潜书记的带领下，全体党员师生在馆内举行了庄严的重温入党誓词仪式。重温入党誓词，不忘初心，增强为实现党的十九大提出的目标任务而奋斗的责任感和使命感。最后全体党员师生紧跟热点，开展学习十九大精神知识竞赛，全方面、有深度地贯彻了党员应有的“学懂、弄通、做实”的精神理念。

通过本次活动，党员师生纷纷表示，要立足本职，学习先辈尽职尽责的精神，不忘初心，牢记使命，更加自觉地团结在以习近平总书记为核心的党中央周围，高举中国特色社会主义伟大旗帜，为广州大学高水平大学建设增砖添瓦。

（经济与统计学院　张若彤）

## 12 月 9 日　2018 届毕业生广东省环保企业招聘专场顺利举办

12 月 9 日，由广东省环境保护产业协会联合广州大学、中山大学、华南理工大学、华南师范大学、华南农业大学、广东工业大学六所高校主办，中国证书人才网协办的“2018 届毕业生广东省环保企业招聘专场”在广州大学大学城校区成功举办。广州大学环境科学与工程学院党总支书记常向阳、副书记肖杏烟等领导来到现场指导招聘会工作。

来自全国各地的 191 家环保企业踊跃参与招聘会。招聘企业中除了广东新大禹、广东森海、广东微乐等老牌环保行业企业，还吸引了中滔环保集团、联

塑集团等一批上市企业参与。参会企业以来自珠三角地区的企业为主，也有来自清远、汕头等地的企业。招聘会共提供招聘岗位800余个，需求量达4 000人，范围覆盖环保行业多数专业，为2018届毕业生献上了一次就业盛宴。

此次环保专场招聘会是广州大学环境科学与工程学院连续第九次承办的环保企业招聘专场。过去九年，广州大学与省/市政府环保部门、省环协、珠三角及港澳地区企事业单位密切合作，搭建促进就业平台，探讨新时期环保人才培养模式、教学改革及产学研合作等问题，大力表彰积极参与招聘会的用人单位等。这些举措成为广州大学开展学生思想政治教育工作的一个强有力支撑。广东省环保企业专场招聘会作为广州大学促进大学生就业工作的传统特色项目，已在各大高校、企事业单位及社会上产生了广泛良好的影响。

（环境科学与工程学院　学工办）

## 12月9日　博览群书，步行四方——生科讲坛



12月9日，生命科学学院举办讲坛，七名优秀学子从不同的活动层面进行了心得体会的分享。

**别致的旅行——“三下乡”社会实践活动**

炎热的暑假里，24名志愿者走入从化帝田村开展“三下乡”活动。短短的一周，志愿者们通过支农、支教、社会调查等活动宣传了广州大学，也锻炼了自己，磨炼了自己吃苦耐劳的毅力，并且学到了很多社会知识。

**视野的拓宽——第二校园访学**

参与学校第二校园访学活动的同学根据自己的所见所闻为同学们描绘了所访问学校的方方面面。同学们通过此次活动认识到自己的不足，重新定位，以良好心态努力拼搏。

这次生科讲坛，既是新同学们的指路标，亦是高年级同学们的回忆录。同学们在这几名优秀学子的生动讲解下对学院的相关活动有了更深入的了解，亦

让更多的同学萌生了积极参与这些活动的想法，这对学院的发展起到了积极的作用。

（生命科学学院　郑蕴纯）

## 12月9日　土木工程学院“广大结协”代表队在全国青年科普创新实验暨作品大赛广州赛区复赛中获得第一名

12月10日，SOLVE FOR TOMORROW“探知未来”2017年全国青年科普创新实验暨作品大赛广州赛区复赛在广东科学中心举行。此次复赛共有由广州大学、广东工业大学、华南师范大学等高校学生组成的七支队伍参加，比赛内容分为方案展示与现场答辩两个环节。经过激烈的角逐，土木工程学院“广大结协”代表队在“未来出行”大学组比赛中获得第一名，将于12月23日代表广州赛区前往北京参加全国总决赛。

“广大结协”队由土木工程学院叶锡钧老师和土木154班陈振誉、156班陈舒坪和153班林浩鑫组成。他们在本次比赛中提出“斜拉拱桥”的解决江西省某农村旧桥改造问题以满足当地小学和敬老院出行需求的创新性方案，获得评委组的一致好评。队长陈振誉表示本次广州赛区复赛只是开始，该方案还存在许多不足，他们会总结比赛经验，继续完善方案，争取在决赛中取得更好的成绩。

（土木工程学院　交通土建系）

## 12月12日　巧学善思练精艺——化学实验技能大赛

12月12日，由教务处主办，化学化工科技创新实践基地承办，化学化工学院团委学生会协办的广州大学第八届化学实验技能大赛暨广州大学第二届实验安全竞赛顺利落幕。来自化学化工学院、生命科学学院、环境科学与工程学院、土木工程学院的共300位选手参加了本次大赛。

本次大赛面向修过（必修或选修均可）化学实验课程的全校学生，分专业组和非专业组，化学、化学工程专业的为专业组，其他专业的为非专业组。同时，比赛分笔试、实验操作两个部分。笔试部分着重考查选手对化学实验室安全知识、实验基础理论知识和实验规范的了解和掌握程度，最终专业组30人、非专业组30人脱颖而出进入决赛实操环节。实验操作部分则全面考查选手在实验基本操作、实验安排和设计、实验现象的观察和记录、仪器的使用和数据的采集、分析以及解决问题的能力等多方面的实验室工作和研究能力。

现场比赛中，评委老师认真负责，精心评判；选手根据比赛及实验要求严格遵守实验操作规范，一丝不苟。最终通过综合笔试成绩（30%）和实验操作成绩（70%），决出专业组一等奖3名、二等奖7名、三等奖10名，非专业组一等奖3名、二等奖6名、三等奖8名。

本次化学实验技能大赛不仅营造了积极向上的学术氛围，增强了学生的创新意识和动手能力，更有助于提高广州大学学生的实验技能水平，同时也给同学们提供了一个展示自我、交流学习的良好平台。

（化学化工学院　学工办）

## 12月12日　“挑战青春，创新未来”“挑战杯”宣讲会

为更好地宣传“挑战杯”赛事，调动广大学子的积极性，营造良好的学术氛围，12月12日下午2点，广州大学经济与统计学院于大学城校区文清楼710室隆重召开了广州大学第十三届学术科技节之《财富》论坛第三十二讲暨“挑战青春，创新未来”“挑战杯”宣讲会。本次活动邀请了广州大学团委黄斌老师、荣获第十五届“挑战杯”大学生学术科技竞赛国赛二等奖的廖金兴、荣获第十五届“挑战杯”校赛三等奖的陈婉珊等担任主讲嘉宾。嘉宾们对“挑战杯”大学生学术科技竞赛的选题、立项、比赛流程、作品要求和学校激励措施等方面进行了详细的介绍。

黄斌老师以往年广州大学“挑战杯”取得的佳绩的项目介绍为切入点，向在场的学生传授其经验：首先，“挑战杯”赛事中的选题是非常重要的，要小和巧；其次，调查研究要具备应用性、创新性，要具有指导借鉴作用；另外，若项目能被推广，那项目就更有价值。

廖金兴就选题、答辩和收获三方面为到场观众分享了他的心路历程；而陈婉珊用“缘分使然、志同道合、知根知底”这些词语来形容她组队的一路历程。她谈道，在赛事准备的过程中，难免会出现热情被消磨的情况，但总有坚持的理由，如果没有，那就创造！

两位宣讲嘉宾分享完后，广州大学经济与统计学院党委林雪松副书记对本次活动做总结发言。他认为同学们在参与“挑战杯”的过程中，最重要的是对真理、对问题勇于探索的精神，能够坚持完成到底的都是胜利者。他还指出了同学们存在的不足之处，并鼓励同学们为学院争取荣

誉、为个人谋发展，对同学们的关怀溢于言表。

本次《财富》论坛第三十二讲暨“挑战杯”宣讲会意义重大。到场的同学们不仅从中深入了解到“挑战杯”的相关内容，更是从中受到鼓舞，意识到坚持、团队分工合作等的重要性。

（经济与统计学院　艾丹强）

## 12 月 12 日　旅游学院青马工程第一堂团课开课

12 月 12 日下午 2：30，旅游学院青年马克思主义者培养工程开班仪式暨第一堂团课在文新楼 422 室启动。学院党委书记刘向晖，党委副书记刘绍东，学生党总支书记、学工办主任、青马班班主任陈志明，助理辅导员邓泽平、易静玉，团委学生会副主席宾芸芝以及 70 多名青马工程学员参加了开班仪式。

刘向晖书记为青马课程班主任、副班主任颁发聘书，并就青马工程的开班及之后的课堂建设提出了自己的意见并寄予美好的期望。陈志明老师发言表示希望骨干通过青马课堂这样一个交流学习与实践的平台，学习党团理论知识，提升自身素质，共同为助力广州大学旅游学院的发展做出努力。学员代表——会展 161 班的麦桃娟表达了自己对本次课程的期待及认真学习实践的决心。

开班仪式结束后，刘绍东副书记为培训班开讲第一课。课堂上，刘绍东老师从“五四运动”开始介绍，到团的一大直至团的十七大，再到当前共青团的发展状况。他通过共青团的发展历史，结合学校高水平大学的建设及学院人才培养工程，与学员们分享了他的实践与学习感悟，使学员们深刻认识到作为团员骨干应坚定信念，勇挑重任，承担起发奋学习、争当标兵、服务社会的使命与责任。

学员们根据课程内容积极提出自己的问题，与老师交流心得和想法，课堂气氛十分活跃。

（旅游学院　学工办）

## 12月12日　广州大学举办首届“自强之星”评选大赛

12月12日下午，由学生资助管理中心主办，人文学院、土木工程学院、数学与信息科学学院承办的广州大学首届“自强之星”评选大赛决赛在图书馆一楼讲学厅顺利举办。学生处副处长陈爱平，校团委副书记周瑧，研究生处副处长宋智，工商管理学院副书记甘健强，资助管理中心、研究生处以及学院相关负责老师出席了本次活动。

经过海选和初赛的层层选拔，来自人文学院、工商管理学院等学院的共19位参赛选手成功晋级决赛。决赛分为两个环节，在第一轮的“主题演讲”环节中，19位参赛选手通过PPT展示等方式，围绕“笃行”的主题分别展开了5分钟的演讲。选手们回顾自身经历，将对“笃行”的理解与成长故事相结合，通过一个个温暖感人的奋斗故事，向评委和观众们展现了自己的逐梦之路。来自人文学院的15号选手结合自己在博物馆工作的实践经历，用古文字解读的方式生动形象地阐释了自己对“笃”的理解，体现了广州大学学子积极向上、拼搏进取的精神风貌。在紧张激烈的第一轮竞争结束后，10名选手顺利进入了第二轮“即兴演讲”的环节，他们围绕相关新闻话题进行演讲，深度剖析了当下大学生群体中出现的重大新闻事件，声情并茂、慷慨激昂又饱含家国情怀、时代精神，赢得了在场评委和观众们的阵阵掌声。

经过两轮激烈的角逐，本次大赛共产生了一等奖两名、二等奖三名、三等奖五名和优胜奖九名，出席嘉宾依次为获奖选手们颁奖并合影留念。

甘健强副书记对选手们的精彩演讲发表了点评。他表示，19位选手的演讲都极具感染力，而选手们刻苦拼搏、自信自强的精神风貌也值得每一位同学认真学习。广州大学学子都应以“有目标、有行动，怀揣梦想，努力奋进”作为修身立德的准则，争做“有目标、有方法、有行动、有修养、有责任”的新时代大学生。随后，学生处副处长陈爱平为本次评选大赛作总结。她强调，广州大学正在切实构建资助育人体系，通过结合“扶贫”与“扶智”，实现由“满足型资助”向“发展型资助”的跨越，着重培养自强不息、知恩感恩的时代新人。此次大赛，既激励广大学子奋发向上，也有助于广州大学培养更多具有“国际视野、家国情怀”的“自强之星”。

据了解，本届“自强之星”评选大赛旨在增强广州大学家庭经济困难学生的自强意识、诚信意识、感恩意识和责任意识，为广州大学家庭经济困难的学生提供一个展示平台，从而进一步挖掘和宣传广州大学青年学子的自强典范，营造爱国奉献、自立创新、热心公益、践行自强的良好氛围。

（学生处　陈爱平）

## 12月12日　不忘初心跟党走，立德树人有作为——学习宣传贯彻党的十九大精神报告会

为深入学习宣传贯彻党的十九大精神，领会和把握党的十九大精神的思想精髓，12月12日下午，物理与电子工程学院邀请了党的十九大代表、全国辅导员年度人物、广东省“劳动模范”陈小花老师在广州大学图书馆附楼5楼报告厅开展专题报告。

陈小花老师以“新”“心”“信”“行”四个字分享了她对党的十九大报告内容的思考，并指出，党的十九大回顾了一段光辉的奋斗历程，选出了一个卓越的领导核心，形成了一个博大精深的思想理论体系，走上了一条宽广光明的复兴之路，明确了一个马克思主义执政党的时代责任，展示了一个自信负责任的大国形象，其意义是跨时代的。她表示，作为教育工作者，应当不忘教书育人初心，牢记立德树人使命，在工作实践中贯彻十九大精神。

报告结束后，同学们纷纷表示更加坚定了对未来的信心，也更加明确了奋斗的目标，将坚定理想信念，将人生追求融入党和国家的事业，在实现中国梦的生动实践中放飞青春梦想，为实现中华民族伟大复兴的中国梦做出应有贡献。老师们也表示，作为教育工作者，今后也会牢记立德树人使命，以学生为本，坚守本职岗位，争做“四有”好老师。

（物理与电子工程学院　学工办）

## 12 月 13 日　化学化工学院开展“百企就业调研行”活动

为加强与用人单位的联系，了解 2018 届毕业生就业形势，化学化工学院于 12 月 13—14 日开展了“百企就业调研行”活动。

在学院党委副书记谭启亮、食品系教授曾庆祝老师、化工系教授陈胜洲老师的带领下，调研团队分别走访了广州必维技术检测公司和广州润坤生物科技有限公司，与学院近 30 名校友进行座谈交流。

据悉，广州必维技术检测公司属于必维国际检测集团，坐落于南沙区东涌镇，2008 年至今，已有 30 余名化学化工学院毕业生在此工作，负责各类产品及样品的化学方面的检测工作。广州润坤生物科技有限公司是一家专业从事食品安全检测所需的抗原抗体、elisa 试剂盒及胶体金快速检测卡研发和生产的高科技企业，公司总部位于花都区，是花都区科技局直属生产力促进中心的入驻单位，学院有 10 名毕业生在此单位工作。

调研团队对企业进行现场参观，并发放调查问卷以了解就业形势。公司负责人介绍单位的基本情况，并主持召开学院与企业负责人和毕业生的三方座谈会。

会议上，谭书记就毕业生目前的工作状况、毕业生及企业对学院人才培养方案的建议、学校及学院目前的发展状况等问题，与企业和毕业生开展了深入交流，了解企业对人才的招聘需求。曾庆祝教授也就食品专业学生的就业问题与单位负责人进行了深入交流。

本次调研活动是化学化工学院毕业生就业服务工作的重要内容，受到学院领导的高度重视，充分了解学院往届毕业生工作表现情况及用人单位对学院学生人才培养的建议，为 2018 届毕业生顺利就业打下基础。

（化学化工学院　学工办）

## 12 月 13 日　旅游学院开展志愿服务创意设计大赛培训会

12 月 13 日晚，旅游学院“第四届志愿服务创意设计大赛培训会”在文新楼 204 室顺利举办。培训会邀请海珠区志愿者行动指导中心主任、旅游学院公益项目创新创业校外导师何丽静为 40 多名同学做选题指导与经验分享。

何主任分别从志愿服务创意设计人赛评分解读、创意点和公益创业趋势三个方面给参赛小组们做了讲解。她先是强调了正确解读大赛评分的重要性，表示做一个项目需要特别注重它的可操作性以及参与性。接着她还分享了创意点的来源可以有很多个方面，例如志愿者、服务对象、服务方式等，在寻找创意点的时候要能够找到“痛点”并解决它。最后何主任用了很多案例介绍当前公益创业的趋势，也拓宽了同学们对公益创业这一方面的知识面。

在观众提问环节，有热衷于志愿服务的心却对比赛仍有着困惑的相关参赛选手们，积极地向老师提出了相关问题。老师也对同学们的疑问逐一进行认真详细的解答。

活动的最后，学工办主任陈志明老师对本次志愿服务创意设计大赛的培训会进行总结，还表达了他对这次大赛的期待：希望同学们能够通过这个比赛真正知道怎样在社会上看到问题、解决问题，也希望大家能够真正地把公益当成习惯。

（旅游学院　学工办）

## 12 月 14 日　人文学院 2016—2017 学年学生表彰大会顺利召开

12 月 14 日，人文学院 2016—2017 学年学生表彰大会于图书馆讲学厅成功召开。本次表彰大会由人文学院团委副书记韩宝玉老师主持，党委副书记刘军军老师、学工办主任冯健生老师、2014 级辅导员邱锦泉老师、2016 级辅导员陈楚敏老师以及获奖代表、各班学生代表出席了本次大会。

大会在全体到会人员奏唱国歌与校歌中开始。随后，一段视频带领大家回顾过去一学年学生工作的点点滴滴。视频播放完毕，冯健生老师进行 2016—2017 学年学生工作总结。接着，刘军军副书记宣读《关于表彰人文学院 2016—2017 学年度先进集体、优秀个人的决定》。随后，颁奖仪式拉开序幕，学院获奖集体和个人上台领奖。期间，多位获奖集体代表和获奖个人代表发言。

最后，刘军军副书记进行总结发言。她首先对获奖的集体和个人表示祝贺，随后将“两个感谢”献给在场的老师与同学们，并鼓励同学们继续发扬优秀传统，让优秀成为座右铭。

（人文学院　新媒体编辑部）

## 12月14日　数学与信息科学学院走进优质生源基地肇庆中学开展活动

12月14日，广州大学数学与信息科学学院党委副书记孙凌及学工办辅导员张昭、陈婷、何燕惠一行赴优质生源基地肇庆中学开展交流宣传活动。肇庆中学在2015年就已经挂牌成为广州大学的优质生源基地，这两年的高考宣传都得到学校领导老师的积极支持。

当天到校后，首先由肇庆中学教务处副主任王天宝介绍肇庆中学近年来的高考情况，他表示该校近三年重本率约为75%，每年报考广州大学人数约150人，每年被广州大学录取30～50人。孙凌副书记肯定并感谢肇庆中学为广州大学输送了优秀人才，并提出两校可在多方面进行交流合作，促进学生健康成长。

交流会上，孙凌副书记应学校要求为肇庆中学全体高三级班主任做2018

年广东高考改革最新政策解读。从2018 年起，广东高考政策有较大变化，形成了分类考试、综合评价、多元录取的考试招生模式，改革主要包括十项要点，如何把握机会帮助学生和家长填报志愿讲究技巧并考验对政策的了解，对此大家做了探讨。高三的班主任们积极互动，提出了自己的一些想法，一方面希望广州大学能够面向高一、高二年级提早开展一些活动，让学生对广州大学有更加深入的了解；另一方面也希望学院能够安排院士、专家到校给学生开设科普系列讲座。孙书记在会上还专门介绍了广州大学近两年的发展情况，特别是高水平大学建设的情况，引起了老师们的积极关注。年级主任朱老师提到希望在广州大学开放日特别安排部分上了重本线但经济上不太宽裕的学生到大学城参观走访，也得到了大部分老师的认同。

（数学与信息科学学院　学工办）

## 12 月 14 日　广州大学学子在第十五届 MDV 中央空调设计应用大赛中取得佳绩

12 月 14 日晚，第十五届 MDV 中央空调设计应用大赛颁奖典礼在顺德隆重举行。全国暖通空调行业专家、设计师、经销商、高校师生以及主流媒体汇聚一堂，共同见证这个暖通行业历史最悠久、规模最大、影响力最深远的巅峰盛会。

大赛征稿于 2017 年 4 月份启动。大赛自启动征稿以来，得到全国各大设计院、工程公司、家装设计公司以及高校积极支持响应，共收到四个组别的参赛作品 4 061 份，其中学生组收

集作品412份，评选出73份获奖作品。广州大学冯锡文、聂文庆、黄斌、姬向菲、朱凯悦同学荣获杰出设计奖，黄华明同学荣获优秀设计奖，冀兆良、方赵嵩老师被评为“优秀指导老师”。

MDV中央空调设计应用大赛创建于2002年，由中国建筑学会暖通空调分会、中国制冷学会空调热泵专业委员会主办，美的中央空调协办。历年来，大赛一直秉承着“推动中央空调应用技术在中国发展”的宗旨，已成为暖通行业历史悠久、覆盖面广、行业权威性高、影响力强的比赛。不断的创新和发展，使得赛事一直保持活力，不断演绎和传承精彩。广州大学在本次比赛中取得佳绩，不仅鼓舞了学生开拓进取、积极参与设计研究事业的热情，而且培养了学生坚持不懈、吃苦耐劳的精神，增强了学生的创新意识和动手实践能力。

（土木工程学院　建筑设备工程系）

## 12月15日　2017播音专业学风建设主题班会顺利举行

为加强学风建设，提高同学们的自律意识，促进优秀班风班纪的形成以及加强学院领导干部与学生之间的联系，“2017新闻与传播学院播音主持专业加强学风建设”主题班会在12月15日上午9点于文新楼711室召开。

出席本次班会的人员有：学院党委书记李雁、副书记林仲英、班主任代表曾岑、专业教师代表肖思为、学工办2017级辅导员高莹莹、团学监察部成员以及2017级播音主持专业的同学。

会议分四个议程。第一个议程是林仲英副书记通报2017级播音主持专业本学期考勤情况。林仲英副书记指出，本学期播音主持专业学生的考勤情况并不理想，代课、逃课的现象较多，缺勤率较高，有待改进。林仲英副书记还与同学们一起回顾了学生学籍管理制度中有关考勤方面的规定以及奖惩条例，并向同学们介绍接下来学院为加强学风建设实施的相关措施。

第二个议程是曾岑老师发言。曾岑老师以中共十九大主题中的“不忘初心，牢记使命”向同学们提问：“你们的初心是什么？使命又是什么？”同学们回应热烈。曾岑老师呼吁同学们应保持当年高考艺考时的初心，同时牢记作为学生的使命，好好学习，遵守学校的校规校纪。

第三个议程是李雁书记讲话。李雁书记以著名主持人董卿的经历为例，号召同学们学习她好学的态度、一丝不苟的精神，培养学习分析应对能力以及优秀的生活学习习惯。李雁书记说，学校和学院有丰富的资源供同学们学习；对新闻与传播学院，对播音主持专业，学校给予了很大的关注和重视。她希望播音主持专业的同学们能抓住机会，努力学习，提升自我，成为学院以及学校的一道靓丽的风景线。

最后一个议程是师生代表座谈会。播音主持专业三个班级的班委向老师们提出自己平时在班级工作和学习生活中遇到的问题，老师们相应地给出建议，希望能对同学们有所帮助。此外，团学监察部的代表也向班委们分享了加强学风建设的方法。

（新闻与传播学院　学工办）

## 12 月 17 日　传递爱心，温暖山区

12 月 17 日上午 8：30，广州大学善行 100 小组从广州大学大学城校区前往天河体育中心附近的邮政局网点，进行一场为山区小朋友募捐学习用具与保暖衣物的活动。

活动从早上持续到下午，各个小组成员来到对应的网点之后，就干劲十足地投入到募捐活动之中。志愿者们虽然会遇到路人的怀疑或拒绝，但是怀着一颗舍己为人、竭尽全力为山区小朋友谋取更大的福利的赤子之心，这些困难与挫折都浇不灭他们那一颗暖暖爱心的火苗。经过长达 6 个小时的募捐活动后，各个小组收获满满，怀着丰收的喜悦回到了学校。

此次活动让参加广州大学善行100活动的志愿者们感受到了募捐的不易，更收获了自己在活动中无私付出的成就感与满足感，提高了自己的社会责任意识，认识到了努力奋斗、积极主动的必要性。相信志愿者们会把这次活动所感所思回馈到日常的学习与生活之中，为建设高水平大学贡献自己的一分力量。

（经济与统计学院　戴大淳）

## 12月18日　音乐舞蹈学院举办青年歌唱家重唱合唱音乐会

12月18日晚7点半，广州大学音乐舞蹈学院首届青年歌唱家重唱合唱音乐会于演艺中心剧场隆重开唱。音乐舞蹈学院罗洪院长、苏沛祺书记、刘瑾副院长、刘小燕副书记出席了本次晚会，广州大学多个学院师生前来观看。

节目有女声小组唱《夜来香》《女人花》，刘继东表演的巴扬独奏俄罗斯民歌连奏，女声小组唱《红莓花儿开》《玛利诺之歌》，男女声二重唱《想亲亲》《刘海砍樵》，欧阳蓓蓓、高颜仙演唱的女声二重唱《月光光》《深深的海洋》，钟敏、姚佑南演唱的男女声二重唱《紫藤花》《敖包相会》，喻晓雯、常诚演唱的男女声二重唱《让我们携手同行》《你已和我订了终身》，郑德芳、高颜仙演唱的女声二重唱《飘落》，郭博理、欧阳蓓蓓演唱的女声二重唱《你来了》《待到微风轻轻吹过》，喻晓雯、郑德芳演唱的女声二重唱《猫之二重唱》《美的夜，啊，爱的夜》，最后是大合唱*Kyrie*、《传奇》、*Sing Sing Sing*。

青年之声，传唱经典；余音绕梁，声生不息。今天，表演者们向音乐史上的经典致敬，同时在此启程，开启音乐崭新的篇章。本次音乐会充分展现了音乐舞蹈学院风采，今后音乐舞蹈学院也将推进教学工作，营造更浓厚的艺术氛围。

（音乐舞蹈学院　学工办）

## 12 月 19 日　生命科学学院学生表彰大会隆重举行

12 月 19 日下午，生命科学学院学生表彰大会在图书馆副楼讲学厅隆重举行。出席本次大会的领导有学院党委书记陈筠、副院长柯德森、党委副书记曾学毛。会议由曾学毛副书记主持。

大会伊始，全体师生庄严肃立、奏唱国歌。随后，陈筠书记宣读了《关于表彰生命科学学院 2016—2017 学年学风建设先进集体和个人的通报》，柯德森副院长、曾学毛副书记分别宣读了《关于表彰生命科学学院 2016—2017 学年课外学术科技活动获奖学生的通报》《关于表彰生命科学学院 2017 年体育运动先进个人的通报》《关于表彰生命科学学院 2016—2017 学年优秀学生干部和工作积极分子的通报》。

紧接着，隆重的颁奖仪式开始了。陈筠书记为学风建设先进集体和个人以及课外学术科技活动先进团体和个人颁发证书与奖金，柯德森副院长、曾学毛副书记分别为体育运动先进个人以及优秀学生颁发证书与奖金，为优秀学生干部颁发奖状和奖品。

颁奖结束后，广州大学“十佳”学生陈丹琦分享经验，并告诫同学们，成功可以激励人，但不可复制，要走出自己的道路。她鼓励同学们尝试从未做过的事，丰富自身的见识和阅历，从中确立好目标。她着重强调了要学会利用身边的资源，不断学习进步。

随后，陈筠书记发表讲话。他祝贺了获奖的先进集体和个人，明确指出了学院对学生成长成才的重视，并表达了对同学们的殷切期望。

本次活动通过对学院先进集体和个人进行表彰，为大一新生树立了榜样，同时也激励了广大生科人为生命科学学院辉煌的明天而奋斗。

（生命科学学院　陈宝龙）

## 12 月 19 日　广州大学2016—2017 学年度学生先进集体和个人表彰大会顺利召开

12 月 19 日下午，广州大学 2016—2017 学年度学生先进集体和个人表彰大会在演艺中心隆重举行。校党委书记屈哨兵教授，副校长周云教授，副校长孙延明教授，副校长吴开俊教授，广东中华民族文化促进会秘书长林滨先生及副秘书长卢子辉先生，镇泰集团名誉董事长、镇泰慈善基金会主席李治元先生，众人拾柴火焰高基金、华茂达投资股份有限公司董事会主席与广州市茂名商会会长陈庆南先生，以及学校有关部处领导、各学院分管学生工作的领导、获奖指导教师代表、辅导员和班主任出席此次表彰大会。此次表彰大会有五个议程，大会由吴开俊副校长主持。

第一个议程是全体起立奏唱国歌。2016—2017 学年度学生先进集体和个人表彰大会在激昂的国歌声中拉开帷幕。

接下来，由周云副校长宣读《广州大学关于表彰 2016—2017 学年度学生先进集体和个人、2017 年度学生公寓“五室一站”工作优秀单位的通报》《广州大学关于公布 2017 年各项奖助学金获得者名单的通知》《广州大学关于表彰学生课外学术科技活动先进集体和个人的通报》等相关表彰文件，学校领导和与会嘉宾对获表彰同学进行颁奖。

之后旅游学院会展 142 班袁欣同学和化学化工学院化工 141 班苏昌远同学作为获奖学生代表作了发言。袁欣同学就学习方面、活动竞赛方面介绍了自己所在班级的情况；苏昌远同学介绍了自己在学习、科研活动和课外志愿活动上所取得的成果。他们的事迹和经历激励着同学们不断努力，为高水平大学建设贡献自己的力量。

最后，屈哨兵书记发表讲话。他对过去一年来学校的工作作了四点小结，并对同学们提出了四点希望。他充分肯定了过去一学年来广州大学在人才培养、校园文化建设、校风学风建设等促进学生成长成才方面开展的工作。他希望同学们不忘初心，勤奋学习，努力成为具有广大底色的高素质创新人才；希望同学们坚定理想信念，志存高远，积极培育和践行社会主义核心价值观；希望同学们坚定文化自信，担当使命，传承发展中华优秀传统文化；希望同学们坚持崇德修身，心怀感恩，努力学习，争取更好地回报社会。

会议结束前，全体成员起立齐唱《广州大学校歌》，在嘹亮的校歌声中，广州大学 2016—2017 学年度学生先进集体和个人表彰大会闭幕。

（广大新闻网　熊雅智　易华健）

## 12 月 20 日　走访广州大学工程抗震研究中心

广州大学工程抗震研究中心是中国建筑学会抗震防灾分会、国际地震工程学会、亚洲太平洋地震工程研究中心联合体的成员单位，是国际隔震消能减震控制学会的创建成员单位，与美国、日本等国家以及中国台湾、香港地区的有关机构有着长期的合作。中心主任由我国著名的地震工程学家、中国工程院院士周福霖担任。

12 月 20 日上午，《建筑结构学报》编辑部一行 4 人走访了周福霖院士所领导的工程抗震研究中心。

编辑部一行首先参观了工程抗震研究中心的减震控制与结构安全国家重点实验室（培育）。在随后的交流活动中，周福霖院士代表工程抗震研究中心对编辑部的来访表示热烈欢迎和衷心感谢。

谭平研究员代表工程抗震研究中心详细介绍了近年来研究团队在结构减隔震（振）和控制领域的研究进展，包括在基础理论研究、应用技术研究、新型减隔震体系和装置研发等方面取得的一系列突破性成果。

最后，编辑部将近期的工作情况向周福霖院士及其研究团队进行汇报，双方就编辑部所面临的困惑以及大家关心的话题展开讨论。周福霖院士对编辑部的工作给予充分肯定并寄予厚望，期望编辑部再接再厉，打造具有国际影响力的反映我国建筑结构科研水平的学术期刊，为推动国内外学术交流、引领学术研究发挥作用。

（土木工程学院　学工办）

## 12 月 21 日　广州大学举行第七期“校领导午餐会”

12 月 21 日，广州大学第七期“校领导午餐会”在菊苑粤园餐厅如期举行。广州大学副校长郭兴蓬以及相关单位负责人围绕广州大学“爱体育、懂艺术”的人才培养目标，与文科类、体育艺术类共 12 名学生代表展开了热烈的讨论。

**充分利用广州大学资源，为学生打通提升通道**

午餐会上，各学院代表就学校开展文体类活动的情况分别阐述了自己的看法和建议。他们表示，广州大学对学生文体素质的培养非常重视，在很多方面都取得了不错的成效。其中，美术与设计学院代表反映了该学院志愿者服务队开展的手工培训活动使参与学生受益匪浅，却因缺乏场地和宣传力度导致活动难以继续展开的问题，希望此类艺术传承活动能够得到学校更加有力的支持，同时也希望学校在资源配置、宣传推广、学生组织与学校对接，以及各校级、院级组织的沟通联系等方面的工作能进一步完善。

针对宣传度不高和学校场所资源不够的问题，郭兴蓬副校长指出，要把学校存在的很多空置资源更好地利用起来，加强各社团组织之间的横向沟通以及各学生组织与学院和学校之间的纵向沟通，在学院和学校的带领下，在各组织的相互扶持下，不仅提高自身活动的宣传力度，更要打通一个资源共享的通道，切实提高广州大学文学艺术氛围，弘扬广州大学体育竞技精神。

**传颂中华经典，延续传统之声**

人文学院学生代表提出，在中华经典诵读活动开展的过程中，学生普遍发现图书馆相关书目数量较少且质量参差不齐。针对这种情况，她建议图书馆进一步参考专家推荐书单和学生阅读兴趣，增加对应书目配置。广州大学教务处负责人及时地给予回应，他细谈了广州大学关于经典百书增购方面的工作进展：“再过一段时间，不仅我们的图书馆会有足量对应书籍供学生翻阅，每一栋楼的‘五室一站’也将摆放好一系列的经典书籍。”

**立足于学生本体，推动人才培养**

午餐会接近尾声，在听取了学生代表们对人才培养工作开展的意见建议

后，郭兴蓬副校长对他们提出的问题与建议一一给予回应，同时也发表了自己对广州大学人才培养的见解，希望以此激励学生明晰自身理想，并在以后的学习生活中不断完善自身。

“每个学生都在心中描摹着自己未来的模样，大学正应是帮助学生成为理想中的自己的一个平台，而人才培养工作的开展正是要立足于学生本身。”郭兴蓬副校长强调，要想做好人才培养工作，就要牢牢抓紧学生的专业课学习，填充好学生在专业知识中的空白，然后在把学生的专业能力打牢打硬的基础上，着眼于学生自身特点，有针对性地提高学生的德智体美等各方面的素养。他坚信，在学校和学生自己的双重努力下，一定能够培养出充分体现广州大学底色的“德才兼备、家国情怀、视野开阔，爱体育、懂艺术，能力发展性强”的青年人才。

（广大新闻网　熊雅智　刘宇欢）

## 12 月 21 日　广州大学 2018 年新年音乐会隆重举行

12 月 21 日晚，由校党委宣传部、团委主办的广州大学 2018 年新年音乐会在演艺中心隆重上演。校党委书记屈哨兵，校长魏明海，校党委副书记、纪委书记张强，副校长郭兴蓬、吴开俊，原校党委副书记、校关工委主任赖卫华，原校纪委书记陈少梅和相关部门负责人、乐团特邀嘉宾及师生代表共 700 余人一同欣赏了这台音乐盛宴。

此次音乐会旨在增强校园文化活力，展示学校落实“懂艺术”人才培养目标的最新成果。屈书记在音乐会开场致新年贺词。他表示，2017 年即将过去，借助音乐会，以欢乐的形式对广州大学全体师生所取得的成就进行“集体回忆”，颇具意义。在过去的一年中，广州大学作为省委省政府、市委市政府重点建设高校，全面推进高水平大学建设，引进了包括著名院士、领军人才在内的一大批优秀学术人才，学校各方面事业蓬勃向上，成效突出。人才培养方面也可圈可点，在不断更新的过程中培育了许多杰出学生。学校将和全体师生一道努力创造有品质的大学生活，诠释“德才兼备、家国情怀、视野开阔，爱体育、懂艺术，能力发展性强”的人才培养目标。

音乐会在《春节序曲》中拉开帷幕，现场洋溢着喜庆祥和、热烈欢快的气氛，展现广大人的团结友爱，呈现辞旧迎新的动人图景。音乐舞蹈学院2016级硕士研究生窦鑫鑫带来独唱《江山》，歌曲表达了共产党“以人为本、执政为民”的理念，鼓舞全校师生在十九大精神的指引下，放飞梦想，建功立业。在之后的音乐旅程中，有《时光倒流70年》温婉优雅的钢琴曲，有《阿尔维玛序曲》慢板与小号的完美结合；从广东民乐到西藏民歌，从轻快的《茉莉花》到魔术与长号的跨界交融，精彩纷呈；一曲《我的中国心》唱出了老干部们的激昂情怀和不老青春。最后，《广州大学校歌》诠释了广州大学师生追求卓越、昂扬向上的精神风貌。应现场观众强烈要求，校学生艺术团管弦乐团、合唱团带来了返场表演《西游记序曲》，音乐会在不绝于耳的掌声中落下帷幕。

音乐会由校学生艺术团管弦乐团、校学生艺术团合唱团、老年干部合唱团联袂演出，由第七届中国音乐金钟奖最佳作品奖获得者罗中允、管乐团常任指挥黄雨加担任演出指挥，并邀请音乐舞蹈学院副教授唐馨、硕士研究生窦鑫鑫等多位嘉宾助阵。现场掌声不断，好评如潮，观众纷纷为音乐会“点赞”，称其为全校师生献上了一份高雅的新年贺礼。

（校团委　熊雅智　李昕洋）

## 12月21日　易起过冬至　弘扬传统文化

为丰富校园生活，传播传统文化，广州大学易班发展中心于12月21日晚在梅苑餐厅二楼举行了“弘扬传统文化，领略经典风俗——易班邀您共度冬至佳节”活动，同学们通过包饺子、煮汤圆的方式感受中华优秀传统文化。广州大学学生处副处长孟强、土木工程学院副书记邓思清、学生处老师王国华等领导和老师，以及各学院辅导员、易班指导教师、学生代表、广州大学易班学生工作站全体成员等160余人参加了此次活动。活动由葛泽胜老师主持。

葛泽胜老师提到，希望通过本次冬至活动增加同学们对我国优秀传统文化的了解，并鼓励同学们多使用易班、支持易班，增强易班使用黏度，增加易班在学生群体中的亲和力。

孟强副处长的发言讲到，冬至承载着民风民俗和文化生活，广州大学易班发展中心组织的“易起过冬至”活动，不仅可以扩大易班在学生群体中的影响力，还可增加学生参与易班活动的积极性，同时也能提高学生的文化自信。最后他表达了对同学们的节日祝福，对易班学生工作站全体成员在工作中的付出和努力表示感谢。

此次包饺子、煮汤圆的冬至活动，不仅可以增强易班学生工作站成员的归属感，提高他们的工作积极性，而且可以加强学校易班学生工作站与各学院易班学生工作站的联系，更可以让同学们通过这种体验式的方法亲身感受中华优秀传统文化，领略经典风俗，加深同学们对冬至及其他传统节日的了解，弘扬传统文化，增强文化自信。

（学生处　葛泽胜）

## 12 月 25 日　广州大学啦啦队在全国冠军总决赛中获佳绩

12 月 25—28 日，由国家体育总局、中国大学生体育协会等单位联合主办，全国啦啦操委员会等单位共同承办的全国啦啦操冠军赛总决赛在深圳举行，广州大学体育学院副院长周二三带队的 13 名啦啦队选手参加了比赛，荣获多项佳绩。

据了解，啦啦操运动项目自 2010 年成为国家体育总局和教育部的官方赛事以来，以独有的阳光、时尚面貌和团队精神成为全国校园体育竞赛的一大盛事。全国27个省（自治区、直辖市）300余支队伍共6 600多名运动员参加了本次比赛。经过3天的激烈角逐，广州大学代表队在众多参赛队伍中脱颖而出，荣获公开青年乙组双人爵士自选第三名、公开青年乙组小集体花球自选第五名、公开青年乙组双人花球自选优胜奖，体育学院李景红、许剑老师被评为优秀教练员，广州大学被评为全国啦啦操实验高校先进单位，并被授予“全国啦啦操星级俱乐部”称号。

此次比赛体现了广州大学师生敢于创新、勇于拼搏的精神，展现了广州大学博学笃行、与时俱进的风采。

（体育学院　学工办）

## 12月26日　物理与电子工程学院班主任专题培训会召开

为了促进班主任队伍的建设，切实提高班主任工作的专业水平，物理与电子工程学院于12月26日下午在学院会议室召开了班主任专题培训会。马克思主义学院副教授蒋义丹，物理与电子工程学院党委副书记李燕冰、学工办主任薛敏、团委书记王志杰、辅导员黄毓婵以及全体班主任老师参加了会议。

会议明确了班主任未来工作的重点，强调班主任与辅导员应该协同工作，发挥班主任在班级学风建设上的优势。同时，要利用好优良学风班和优良学风标兵班评比的平台，努力打造优良学风。随后，会议主要围绕班主任工作职责、班主任量化考核标准等内容展开，各班班主任对《班主任量化考核表》以及班主任工作内容和方式进行了讨论并提出了建议。

蒋义丹副教授阐述了自己担任班主任的经历，分享了建设优良学风标兵班的经验。她提出，班主任应该要成为班级的主心骨，树立主人翁意识；成为班级的规划师，制定发展进度表；成为班级的大当家，组建班级团委员会；成为班级的指导者，创建优良学风班；成为学生的贴心人，营造团结大家庭；成为学生的引路人，当好良师和益友。

班主任是大学生思想政治教育工作的骨干力量。物理与电子工程学院一向重视班主任的选拔、培养、考核，推动班主任工作的规范化、制度化发展。本次会议使班主任更加明确了班主任工作的职责和重点，加强了作为班主任的使命感和责任感，也有利于辅导员与班主任在工作上相互配合，助力学院学生工作水平的不断提升。

（物理与电子工程学院　学工办）

## 12月26日　环境科学与工程学院举行2016—2017学年学风建设工作总结大会

12月26日下午，环境科学与工程学院2016—2017学年学风建设工作总结大会在理南楼顺利召开，环境科学与工程学院党总支书记常向阳、院长肖唐付、党总支副书记肖杏烟、副院长夏建荣、副院长王筱虹等领导老师及各级学生代表出席了本次大会。

大会伊始，在主持人学工办主任李慧的组织下，全院师生齐唱校歌。会议上，肖杏烟副书记对本学年学风建设作了年度总结报告，对环境科学与工程学院本学年的学风建设工作进行了概括，同时也指出了在学风建设过程中存在的不良现象。此外，肖杏烟副书记还强调了学校将出台针对考研的奖励办法和海外访学项目，鼓励学生积极考研、踊跃参与科研项目和出国项目，努力进取，拓宽眼界。会上，各优秀学生代表还分享了各自在科研学习生活上的宝贵经验。之后，学院领导为优秀个人及先进集体颁发了荣誉证书。

大会在常向阳书记的讲话中圆满结束。

（环境科学与工程学院　学工办）

## 12月27日　马克思主义学院党委召开2017年B6“五室一站”总结会

12月27日下午，2017年马克思主义学院B6“五室一站”总结会在B6“五室一站”三楼党团活动室举行。出席活动的有学院党委书记罗明星、副院长黄禧祯、副书记朱晓军、学生党支部书记姚倩婷以及党团学生、勤工管理人员代表。

会上，罗明星书记肯定了过去一年来学院“五室一站”工作取得的成绩，表示“五室一站”建设工作不仅是学院“一楼一特色”学生工作精品项目，同时也是学校加强推进思想政治教育工作进公寓的重点环节。学院党委将一如既往地领导好、支持好“五室一站”的各项建设工作，积极发挥学院师资、专业、学科等优势，在经费等方面加大投入力度，为继续打造好这一育人平台奠定坚实的基础。

分管科研、学科建设工作的黄禧祯副院长为“五室一站”在加强学生科研能力方面提出了建议。他表示要根据学生的实际需要针对性地开展形式多样的学风建设活动，使“五室一站”真正成为同学们的“学习加油站”“考研加油站”，发挥围绕学生、关心学生、服务学生的作用。

朱晓军副书记为此次座谈会作了总结发言，对马克思主义学院再次荣获2017年学校学生公寓“五室一站”工作优秀单位表示了祝贺，对为建设“五室一站”做出贡献的领导、老师、学生表示感谢。他表示，马克思主义学院一年来通过在B6“五室一站”开展“助力成长、名师有约”主题系列特色活动，把党建、思想政治教育工作贯穿其中，起到了教化育人的功能。今后，将在校党委、院党委的领导下，不忘初心，牢记使命，以创新工作方式为核心，以实干为抓手，攻坚克难，团结一心，迎接挑战，为建设和进一步拓展全方位育人格局、探索和构建高校学生党建工作和思想教育工作新模式不断努力。

（马克思主义学院　朱晓军）

## 12 月 27 日　地中海俱乐部实验班迎来第二期课程

12 月 27 日下午，旅游学院地中海俱乐部（Club Med）实验班第二期课程在文俊东楼 310 室顺利开展。Club Med 华南区业务总监 Mark 和客户经理 Louis 专程来到学院，与实验班的同学们分享了休闲度假产业最新发展动态及 Club Med 的产品品牌策略，并与同学们交流。

Mark 和 Louis 通过精彩的照片、视频及生动热情的讲演为同学们介绍了

Club Med 的三大度假村产品线构成以及目前亚太地区的热门度假村品牌，并重点展示了度假村产品品牌核心价值。Mark 表示，我国休闲度假产业增长迅速，Club Med 将继续在中国迅速发展，需要大量优秀人才，特别鼓励同学们勇于尝试和挑战，在实践中不断磨炼和成长。在最后的互动环节，同学们纷纷针对度假村客源市场、不同细分市场的产品和服务需求等跟 Mark 和 Louis 进行了深入交流。

通过这种由业界管理者讲授课程的方式，同学们对产业发展动态有了更真切的理解，也对未来就业发展增添了信心。

（旅游学院　学工办）

## 12 月 28 日　广州大学网络文化作品在全国、全省作品评选中获佳绩

为深入贯彻落实中央 31 号文件精神，总结易班建设工作经验，促进易班试点高校工作交流，展示网络思想政治教育工作成果，探索易班推广模式和建设机制，2017 年 4 月以来，国家教育部思想政治工作司、中央网信办网络社会工作局举办了第二届全国大学生网络文化节活动，广东高校易班发展中心开展了 2017 年广东易班优秀工作成果征集活动，广东省教育厅举办了第二届广东高校网络媒体展示节活动。日前，此三项活动评选结果揭晓，广州大学共有 40 项网络文化作品获奖。

经过精心组织申报，各学院积极响应，师生发挥各自特长，在第二届全国大学生网络文化节活动中，广州大学共获得4项奖项，其中二等奖1项、三等奖2项、优秀奖1项。同时，广州大学易班指导老师葛泽胜获得第二届全国大学生网络文化节全国高校“校园好声音”作品征集活动暨“唱响青春中国梦”第三届全国高校“校园好声音”活动优秀指导教师称号。在第二届广东高校网络媒体展示节中，广州大学共获得5项奖项，其中一等奖2项、二等奖1项、三等奖2项。在2017年广东易班优秀工作成果征集活动中，广州大学共获得31项奖项，其中一等奖3项、二等奖9项、三等奖19项。

（学生处　葛泽胜）

## 12月28日　体育学院期末总结大会暨考风考纪教育大会

12月28日，体育学院在何世杰体育馆召开期末总结大会暨考风考纪教育大会。出席会议的有体育学院党委张志明副书记，教科办郭观池老师、薛宛秋老师，辅导员孟伟婷老师、任佳妮老师，以及体育学院2015级、2016级、2017级学生。

首先，薛宛秋老师为同学们讲解考风考纪以及考试违规的相关处理规定，告诫同学们应该树立诚信意识，形成良好的学风和考试纪律，认清考试作弊行为的危害性和不可弥补的严重后果，并提醒同学们要签署考试承诺书。

任佳妮老师对这一学期以来的团学工作进行总结，希望同学们都能配合与支持团学工作。同时，对本学期体育学院所获得的荣誉进行表彰，鼓励同学们再接再厉，在期末考试中取得好成绩。

孟伟婷老师对体育学院2017年5月以来在各项比赛中所取得的佳绩进行表彰，鼓励同学们继续努力，发挥专业优势，争取比赛资格，取得更多的优异成绩。同时，希望同学们诚信考试，争取做到零作弊。

最后，张志明副书记再次强调考试纪律，希望同学们认真备考，不要存在侥幸心理。对于即将到来的寒假，他提出几点建议：①利用寒假的时间认真思考、规划自己接下来的学习和生活；②合理地安排假期生活；③注意安全。

（体育学院　叶倚霖）

## 12 月 28 日　广州大学音乐舞蹈学院 2018 年新年歌舞晚会

12 月 28 日 19：30，广州大学音乐舞蹈学院 2018 年新年歌舞晚会于演艺中心剧场盛大开幕。广州大学校长魏明海、副校长郭兴蓬与音乐舞蹈学院院长罗洪等领导出席了本次晚会。本次晚会嘉宾阵容庞大，众多老师及同学到场观看，剧场座无虚席。

首先开场的是舞蹈《青春的旋律》，青春洋溢的舞姿让观众感受到了春天的活力。三位青年顶尖人才杜帅黎、郎逸峰、姚卉默契配合，共同演绎钢琴、小提琴、单簧管三重奏《查尔达什舞曲》，为观众展现出一幅生动的匈牙利民俗画面。喻晓雯和常诚两位老师在唐颖老师钢琴伴奏下演唱《你已和我订了终身》，每一句歌词都在发散甜蜜的光辉。喻晓雯和郑德芳演唱的女声二重唱《猫之二重唱》，以极夸张的声音和表情逗得场下观众哈哈大笑，表演别具创意。接着是民族舞剧《一把酸枣》，同学们将思想性、艺术性、观赏性有机统一，精致、深刻地诠释了晋商文化。古典芭蕾舞《天鹅》让人想起一只美丽动人的白天鹅的翩翩舞姿，重温那段童话般的爱情故事。本次晚会有幸邀请到我国国家一级演员、广东省歌剧协会理事黄虹老师献上两首富有中国民族风格的歌曲《洪湖水浪打浪》《梨花颂》，明亮的歌喉令人心驰神往。由著名配音演员祖晴老师带来的诗朗诵《假如给我三天光明》极富感染力，启示人们要珍惜光明。广州市艺术学校学生表演的《小蛮腰》，展现了女子“樱桃樊素口，杨柳小蛮腰”的别致柔美，温婉淡雅。姚佑南老师和黄虹老师在男女声二重唱《马铃儿响来玉鸟儿唱》《刘海砍樵》中表现出默契的配合互动，两人丰富的表情和肢体语言，将两首经典老歌演绎得富有生机和趣味。由广州市歌舞剧院演员表演的舞蹈《英歌舞》震撼人心，表达了英雄好汉们积极进取的精神。由音乐舞蹈学院声乐教师组成的女声小组带来歌曲《玛丽诺之歌》和《夜来香》，不同声部的合作演唱，互相的交流和自然的动作，让歌曲富有层次，带来了无与伦比的听觉享受。由广州芭蕾舞团演绎的古代芭蕾舞《巴赫塔》将高水平的舞蹈技术与音乐完美结合，博得全场观众的阵阵掌声。

晚会最后邀请到我国著名的花腔女高音歌唱家吴碧霞教授，她是我国首位将民族唱法和西洋唱法集于一身，并获得了众多国际金奖的歌唱家，被誉为“中西合璧的夜莺”。在晚会中，吴碧霞教授演唱了《你来了》《一杯美酒》，并在观众们的热烈响应下额外献上清唱《多谢了》《枉凝眉》。雷鸣般的掌声过后，吴碧霞教授表示深感荣幸，并希望有朝一日能在广州大学开独唱音乐会，大家对此无比期待。晚会在热烈的气氛中谢幕。

（音乐舞蹈学院　学工办）

## 12 月 29 日　外国语学院学子首次出征“华文杯”并创佳绩

12 月 29—31 日，第七届“华文杯”全国师范院校师范生英语教学技能大赛在位于福建省漳州市的闽南师范大学隆重举行。来自全国 48 所高校的 204 名选手同场竞技，各显才能。

外国语学院何爱晶教授带领由研究生和本科生组成的四人参赛队伍参加了本次大赛。经过教案设计评比、说课、模拟授课和现场答辩四个环节的激烈比拼，外国语学院选手以扎实的专业功底、巧妙的教学设计、娴熟的授课技能和严谨的答辩能力得到了评委的认可，最终夺得授课比赛、教学设计比赛特等奖、一等奖和二等奖的佳绩。

这是学院首次派出选手参加“华文杯”大赛，选手包括本科2014级英语（教师教育）专业的陈巧琪、何嘉泳、刘晓萍同学，以及2013级英语（教师教育）推免生、现研究生2017级课程与教学论专业的梁嘉齐同学。英语系教师教育教研室老师对四位参赛同学进行了细心指导，组织了多次集体试讲辅导。本次比赛检验了外国语学院师范生理论与实践相结合的能力，展示了外国语学院师范生人才培养的成效。

（外国语学院　新媒体中心）

## 12月30日　广州大学第三次学生代表大会胜利召开

12月30日，广州大学第三次学生代表大会胜利召开，会议审议通过了广州大学学生会第二届委员会工作报告，选举产生了广州大学学生会第三届委员会。广东省学联、广州市学联代表，校党委书记屈哨兵、党委副书记张强、副校长吴开俊及相关部门负责人出席大会。浙江大学、南京大学、四川大学、华南理工大学等多所省内外兄弟院校学生会为大会发来贺信、贺电。

大会在庄严的国歌声中隆重开幕。市学联执行主席李淑婷、省学联执行主席钟裕分别在大会上致辞，对大会的召开表示热烈的祝贺。随后，屈哨兵书记在讲话中对过去三年来全校各级学生会组织的工作给予了充分的肯定。在举国上下深入学习宣传贯彻党的十九大精神、学校全面推进高水平大学建设之际，屈哨兵书记对广大青年学生提出了三点期望：坚定理想信念，把牢人生航向；勤奋学习实践，增长才干本领；自觉修身养德，引领时代新风。同时，也希望各级团学组织能牢记使命、勇担服务重任，以本次大会召开为新的起点，在服务学生成长成才、推进学校科学发展的生动实践中创造出新业绩，展现出新风采，努力谱写属于广州大学学子的精彩篇章。

校学生会主席陈天朗代表广州大学学生会第二届委员会向大会作题为“立足新起点，拥抱新时代，开启新征程”的报告。报告从拓宽育人工作渠道、强化组织自身建设、创新活动育人载体、凸显维权服务宗旨四个方面，回顾了广州大学学生会第二届委员会在四维格局下各方面工作所取得的成效；同时审视当下，结合学校高水平大学建设的现状，提出了学生会组织未来发展的工作方向和目标，寄寓了对新时代、新征程的美好期盼。

本次大会收到来自全校 24 个学院的各类提案共 189 份，涉及学校管理与发展、学术科研与教学、学生自我管理、校园生活与后勤等方面的工作。大会选取并整理相关提案反馈到学校相应部门，得到了积极回应。大会审议通过了《广州大学学生会章程（修正案）》，对学生会组织的性质、基本任务、组织体系等加以完善。

大会在青春洋溢、团结民主的氛围中落下帷幕。会后，新当选的 33 名学生会第三届委员会委员举行了第一次会议，选举产生了广州大学第三届学生会主席团和学生会主席。

（校团委）

## 12 月 31 日　环境科学与工程学院 2017 年“环院人物志”系列活动圆满结束

2017 年 12 月，环境科学与工程学院开启“环院人物志”系列活动。截至 2017 年 12 月 31 日，活动已开展了两期。

“环院人物志”通过当面访问、从身边人间接了解等形式，对洪恒、谢杰辉两位环境科学与工程学院准毕业班优秀学生代表进行了采访。采访涉及学业学习、社团生活、考研就业和生活习惯等方面，力求全面还原优秀学生代表的真实面貌。

“环院人物志”系列活动为学生认识了解身边优秀同学提供了途径，帮助学生更好地学习本专业前辈的优秀学习和生活经验，同时也促进了年级之间的沟通和交流，为优良学风的传承提供了有效的平台。

（环境科学与工程学院　学工办）

## 12月31日　广州大学本科生获全国大学生数学建模竞赛国家一等奖奖项全省最多

2017高教社杯全国大学生数学建模竞赛结果日前揭晓，广州大学派出42支参赛队伍，有37支获得省三等奖以上，获奖率达88.1%，远超全省50%的获奖率。据统计，广州大学有20支队伍获得广东赛区一等奖，其中5支送评国家一等奖，5支送评国家二等奖，达到同一年每校最多只能送评10支队伍参评国家奖的上限，最后有4支队伍同时获国家一等奖、广东赛区一等奖，4支队伍同时获国家二等奖、广东赛区一等奖，12支队伍获广东赛区一等奖、10支队伍获二等奖、7支队伍获三等奖、4支队伍获优胜奖。这既是广州大学获得国家一等奖和广东赛区一等奖最多的一年，也是广州大学本科生获全国大学生数学建模竞赛国家一等奖奖项全省最多的一年。

在学校教务处和学院党政领导的关怀下，广州大学本次竞赛派出了钟育彬、陈蓉西、秦剑、佘立中、杨洁霞、傅荣林、冯永平、李进、梁达宏、彭俊好、赵红星、邵任翔、麦红等老师组成指导团队，组织了42支参赛队伍参加竞赛，参赛学生分别来自数学与信息科学学院、土木工程学院、经济与统计学院、物理与电子工程学院、机械与电气工程学院、计算机科学与教育软件学院和生命科学学院等。

据了解，全国大学生数学建模竞赛创办于1992年，每年一届，目前已成为全国高校规模最大的基础性学科竞赛，也是世界上规模最大的数学建模竞赛。广州大学本次取得佳绩，不仅鼓舞了学生开拓进取、积极投身科技事业的热情，而且增强了学生的创新意识和团队精神，培养了学生的创造能力和应用能力。

（数学建模创新实践基地　邓文杰）

## 12 月 31 日　广州大学“红棉行动”系列毒品预防教育活动圆满结束

为加强大学生的禁毒意识，切实提高学生抵御毒品的能力，使大学生真正意识到毒品的危害，远离毒品陷阱，学会保护自己，共青团广州大学委员会主办、共青团广州大学物理与电子工程学院委员会承办了广州大学“红棉行动”系列毒品预防教育活动，该活动于 11 月至 12 月举办。

本次广州大学“红棉行动”系列毒品预防教育活动，共开展了“禁毒圆桌”青年之声线上讨论、“无毒青春，健康生活”主题知识竞赛、“健康同行，远离毒品”禁毒进社区宣传、“健康运动，远离毒品”运动会宣传、广东省青少年禁毒暨法制宣传创意大赛（广州大学内选拔赛）等形式多样的活动。活动期间，共收到 14 份宣传创意作品，有 12 份获奖作品被推荐上省赛；青年之声平台的禁毒话题讨论共收到 3 010 条评论、979 个赞；组织了 6 支队伍前往番禺区洛浦街一佳百货、番禺区洛浦街社区卫生服务中心以及番禺区桔树村村委会进行禁毒知识宣传。

本次毒品预防教育活动扩大了校园禁毒宣传的覆盖面，加大了禁毒宣传力度，普及了相关法律法规和知识，增强了全民识毒、拒毒、防毒的意识，让“珍爱生命，远离毒品”的观念更加深入人心。

（物理与电子工程学院　学工办）

# 附录：2017 年日志（未收录部分）

## 1 月

1 月 12 日　广州大学首届“团干部讲团课”竞赛活动落下帷幕

## 2 月

2 月 28 日　易班培训动员大会

## 3 月

3 月 7 日　第十五届全国“挑战杯”校赛终审决赛在图书馆广场举行

3 月 16 日　数学与信息科学学院 B20“五室一站”学生党员宿舍环境整治统一行动

3 月 16 日　学生党员亮身份，环境整治齐发力

3 月 19 日　人文学院青年志愿者协会长洲街办探访老人活动

3 月 21 日　关注“两会”，我与祖国共奋进

3 月 21 日　第九届教育学院读书节系列活动

3 月 23 日　人文学院第六届“人文巨 sing”歌唱大赛圆满落幕

3 月 25 日　教育学院昊琛养老院活动

3 月 28 日　人文学院心理卫生协会第五届心理知识竞赛完满结束

3 月 28 日　教育学院定向越野活动

## 4 月

4 月 6 日　广州大学社团活动月开幕

4 月 6 日　人文学院中文 155 班领导联系班级活动圆满成功

4 月 11 日　法学院举行“戴党徽、亮身份、树形象、作表率”活动启动仪式

4 月 11 日　外国语学院“戴党徽、亮身份、树形象、作表率”活动启动

4月11日　教育学院启智义教活动
4月11日　人文志愿讲解队讲解技能培训会顺利举行
4月11日　人文学院开展“学习贯彻人才培养工作会议精神”大讨论
4月12日　“6+4+2，你准备好了吗？”主题大讨论圆满结束
4月12日　人文学院中文151班领导联系班级活动圆满成功
4月16日　人文学院“博物妙话，细听清雅”讲解比赛初赛顺利结束
4月17日　2017“我行我素”环校夜跑圆满结束
4月17日　数学与信息科学学院升旗仪式暨校歌合唱比赛
4月18日　星伴我行，不忘初心
4月19日　人文、机电、建筑三院院艺术团“我们仨”联合会演
4月21日　数学与信息科学学院教师带队参加信息安全铁人三项赛圆满落幕
4月21日　人文学院中文162班“成语大会”活动顺利开展
4月24日　人文学院第一届“星动杯”篮球比赛个人赛顺利举行
4月24日　人文学院中文161班“寓思致知，筑梦偕行”领导联系班级活动圆满落幕
4月25日　人文学院分党校第二十三期入党积极分子培训班第一次培训课顺利举行
4月25日　音乐舞蹈学院第十二期入党积极分子培训班第一讲
4月25日　“博物妙话，细听清雅”讲解比赛决赛完美谢幕
4月25日　广州大学中华诗词大会复赛圆满结束
4月27日　音乐舞蹈学院本科生党支部举行关于“习总书记对广东工作作出重要批示精神”专题学习会
4月28日　计算机科学与教育软件学院学习贯彻“高水平大学建设人才培养工作会议精神”交流会

**5月**

5月2日　音乐舞蹈学院第十二期入党积极分子培训班第二讲
5月2日　人文学院2017年第一届“星动杯”体育节
5月2日　人文学院分党校第二十三期入党积极分子第二次培训顺利结束
5月4日　历史161班“五四”主题团日活动
5月4日　教育学院“花开半夏”艺术团成果展
5月6日　三校快题比赛暂告一段落

5月7日　人文学院团委学生会与土木工程学院团委学生会联合干部培训圆满落幕
5月7日　教育学院与华南师范大学文学院工作经验交流会
5月9日　法学院举办模拟法庭活动
5月9日　人文学院班团日志大赛圆满成功
5月12日　“淬砺成长论坛——反哺之爱”感恩活动
5月14日　法学院举办“飞舞吧——广大”新生团体操比赛
5月16日　教育学院举办第五届班主任技能大赛
5月16日　“让电影遇见生活”——人文学院第六届微电影创作大赛首映礼圆满落幕
5月20日　教育学院首届优秀班级评比大赛
5月21日　长洲街志愿服务圆满结束
5月21日　教育学院淬砺工作站“2017年快乐成长，感恩前行”公益活动
5月23日　外国语学院举办2014级师范生教学技能比赛
5月24日　数学与信息科学学院第二校园清华访学纪实
5月25日　教育学院2017届“国家助学贷款”毕业生诚信教育座谈会
5月25日　教育学院“蓝丝带”心理电影展播
5月25日　人文学院书香文化节之第六届微电影创作大赛颁奖礼圆满落幕
5月26日　名师与学生面对面第四讲之“因材施教、切勿克隆”学术讲座
5月26日　人文学院第二十三期入党积极分子培训班调研报告会顺利召开

**6月**

6月3日　专家讲座系列 & 大师班之雅马哈艺术家 Lisa Yui 博士
6月5日　音乐会系列 & 大师班
6月6日　第七届全国大学生电子商务“创新、创意及创业”挑战赛广东赛区决赛圆满落幕
6月6日　人文学院心理卫生协会换届大会顺利召开
6月8日　马克思主义学院两名同门应届硕士毕业生考上博士
6月9日　外国语学院选举产生新一届团委会和学生委员会委员
6月12日　人文学院毕业晚会精彩节目路演
6月13日　人文学院团委、学生会第四届委员会委员增补大会圆满结束

6 月 16 日　人文学院艺文讲坛第五期——“当代戏剧的现代性追求”讲座圆满结束

6 月 22 日　青春飞扬，梦想起航

6 月 23 日　体育学院公体部教工党支部、研究生党支部开展学习党史活动

6 月 23—25 日　2017 工程力学高峰论坛在广州大学成功召开

**7 月**

7 月 1 日　工商管理学院 2016 级军训动员大会暨军歌大比拼

7 月 2 日　音乐舞蹈学院军训

7 月 3 日　心系千千　情暖军训

7 月 4 日　经济与统计学院党委书记亲临训练场视察

7 月 12 日　军训进行时——大步向前

7 月 13 日　2017 年梅州大埔“国家资助和助学贷款政策下乡行”第一天

7 月 14 日　物理与电子工程学院赴台山市水步镇开展暑期“三下乡”社会实践活动

7 月 14 日　领思国际管理咨询有限公司实地调研

7 月 14 日　“飞粤计划”航模科普教育为留守儿童的航天梦想插上翅膀

7 月 14 日　工商管理学院 2017 年暑期社会实践系列活动之肇庆春晖实验学校支教

7 月 14 日　成功抵达梅州大埔

7 月 14 日　公共管理学院 2017 年暑期学生社会实践全面开展

7 月 15 日　外国语学院学生党员赴肇庆封开农村开展教育实践活动

7 月 16 日　邓奇峰——不要局限自己

7 月 17 日　热情如火的开学第一课

7 月 24 日　2017 年，我们让艺术之花绽放——山区黄沙支教活动

7 月 30 日　仰空军——许我向你看，吾辈当自强！

7 月　青春在实践中闪光——教育学院开展暑期社会实践

**8 月**

8 月 1 日　物理与电子工程学院开展“寻访校友足迹”活动

8 月 19 日　寻访校友足迹 | 莫旭君——兴趣是最好的老师

8 月 22 日　寻访校友足迹 | 方旭昌——善待时光

8月30日　多学习，重实践——生命科学学院与广州林科院交流

**9月**

9月4日　数学与信息科学学院2016级各班开展班委换届大会
9月9日　数学与信息科学学院喜迎新生报到　家长学生齐来听课
9月9日　马克思主义学院2017级迎新工作暨“一对一”师生结对活动启动仪式
9月9日　人文学院2017级迎新报到工作顺利开展
9月10日　人文学院名师讲座第一讲顺利开讲
9月11日　物理与电子工程学院名师第一课
9月11日　讲座回顾：对话多变的大师——伊东丰雄
9月11日　美术与设计学院2017级新生开学典礼顺利举行
9月11日　人文学院2017级新生专业教育暨青春健康教育讲座顺利召开
9月12日　全国人大代表谈心得，砥砺前行喜迎十九大
9月12日　开学典礼丨起航吧，音舞人！
9月13日　人文学院2017级开学典礼暨名师讲座顺利举办
9月13日　公共管理学院2017级新生开学典礼暨南国讲堂第130讲顺利举办
9月14日　招新面试丨终于见到你！
9月15日　我的大学——遇见最好的自己
9月17日　体育学院开展“积极向党组织靠拢，争做时代先锋”主题讲座
9月19日　工商管理学院院长、书记思想政治理论课
9月19日　人文学院礼仪修养讲座成功召开
9月19日　人文学院名师讲座第二讲顺利举办
9月19日　田秋生院长为新闻与传播学院2017级学生上思政课
9月19日　学院党委书记开设思想政治教育课
9月19日　小老师
9月19日　走进生命科学，探索多彩人生——2017级名师讲座
9月19日　教育学院党委书记为2017级新生上党课
9月21日　2017秋季学期院长上思想政治理论课
9月21日　树立良好学术道德风尚——研究生思想道德教育讲座
9月22日　了解形势政策，激扬中国梦想
9月22日　践行社会主义核心价值观

9 月 23 日　旅游学院师生在南开大学访学参观

9 月 23 日　美术与设计学院 2017 级外省新生座谈会圆满结束

9 月 26 日　物理与电子工程学院院长思政课第一讲

9 月 26 日　物理与电子工程学院书记思政课第一讲

9 月 26 日　人文学院 B8“五室一站”大扫除暨宿舍检查

9 月 26 日　聚焦政治形势，培育公共精神

9 月 28 日　旅游学院学子在南开大学举行第二校园访学总结会

9 月 29 日　地理 151 班团日活动

10 月

10 月 8 日　行知合一，做视野开阔的地理学人

10 月 10 日　教育学院名师讲座暨成长论坛开讲

10 月 10 日　人文学院“苒苒青葱，毓秀人文”迎新晚会节目初审工作顺利进行

10 月 11 日　人文学院中文 161 班“千千工程”教育实践活动暨团日活动顺利开展

10 月 13 日　人文学院中文 166 班开展“千千工程”教育实践活动

10 月 15 日　广州大学青年志愿者协会人文学院分会关爱流浪猫狗活动

10 月 15 日　人文学院寻梦园勤工中心干部培训大会

10 月 17 日　法学院班委交流会顺利召开

10 月 17 日　马克思主义学院 2017 级新生教育讲座

10 月 17 日　人文学院“苒苒青葱，毓秀人文”迎新晚会节目选拔决赛圆满结束

10 月 17 日　物理与电子工程学院第七次团员、学生代表大会圆满召开

10 月 17 日　人文学院领导师生见面会成功召开

10 月 17 日　青协义教 | 与爱同行，全新出发

10 月 18 日　德国数学会主席 Michael Röckner 教授和天津大学王凤雨教授访问广州大学并作精彩学术报告

10 月 18 日　聆听学者沐春风，学绘人生蓝图路

10 月 19 日　青春喜迎十九大

10 月 20 日　走进班级贴近学生——数学与信息科学学院把领导干部联系班级工作落到实处

10月20日　马克思主义学院党员大会顺利召开
10月20日　第二期未来工程师讲坛顺利举办
10月24日　人文学院中文154班开展“千千工程”活动
10月24日　广州大学十佳学生刘雨希同学介绍
10月24日　美术与设计学院召开党员大会
10月24日　第三期未来工程师讲坛顺利举办
10月25日　2017年音乐舞蹈学院新干部见面大会
10月25日　物理与电子工程学院“百企调研”专题会议
10月25日　人文学院历史161班世界史课题研讨分享会顺利召开
10月26日　人文学院汉语国际教育172班领导、教授联系班级活动顺利开展
10月30日　Soma Hewa教授引导学生走向健康的未来
10月30日　人文学院中文177班“读书之道”读书分享会暨领导、教授联系班级活动顺利开展
10月30日　本科旅游管理党支部召开预备党员通表会
10月30日　旅游管理学生党支部组织生活会
10月31日　体育学院召开领导干部联系班级工作会
10月31日　党日活动迈步新时代，争创新业绩
10月31日　美术与设计学院召开传达学习党的十九大精神教职工大会

**11月**

11月2日　“学习十九大，共筑中国梦”主题班会
11月2日　B9“五室一站”开展“读原著、学经典、作表率”系列读书活动
11月3日　你准备剁手？她们巧手变废为宝
11月3日　数学与信息科学学院贫困生大会
11月4日　迎新那晚的故事
11月4日　人文、机电、教院三院联合田径运动会成功举办
11月5日　人文学院举行第十二届“青葵杯”辩论赛半决赛
11月5日　院运会
11月5日　教育学院成功举办“新语·新愿”迎新晚会
11月7日　我们的大学
11月7日　“拉近距离，团结协作”新生班级团体辅导活动
11月7日　2017年迎新晚会举行

11 月 7 日　法学院“梦远扬，帆远航”迎新晚会
11 月 7 日　化学化工学院开展团体辅导活动
11 月 8 日　新闻与传播学院党委书记为学院团学开设讲座
11 月 8 日　人文学院中文 167 班开展“读书之道”读书分享会暨领导、教授联系班级活动
11 月 8 日　人文学院中文 161 班“学习十九大，共筑中国梦”主题班会
11 月 9 日　人文学院 B8“五室一站”中华经典诗词比赛
11 月 9 日　“‘研’途有花香”分享交流会
11 月 9 日　化学化工学院喜获“广州大学 2017 年就业工作先进集体”荣誉称号
11 月 9 日　音乐舞蹈学院青年教师独唱独奏音乐会
11 月 9 日　人文学院中文 161 班开展“千千工程”团日活动
11 月 9 日　十九大之我们身边的变化
11 月 9 日　人文学院历史 161 班“学习十九大，共筑中国梦”主题班会暨“千千工程”活动召开
11 月 9 日　人文学院中文 166 班“读书之道”读书分享会暨领导、教授联系班级活动顺利开展
11 月 9 日　黄宗贤教授学术讲座：艺术转向与价值重构
11 月 9 日　人文学院中文 161 班开展“读书之道”读书分享会活动
11 月 10 日　人文学院“艺文讲坛”第十期顺利开讲
11 月 11 日　三院联合运动会
11 月 11 日　“亲吻自然，心系广动”志愿者服务活动
11 月 12 日　物理与电子工程学院 2017 年“新辰”迎新晚会隆重举办
11 月 12 日　法学院红十字会社区宣讲急救大赛
11 月 14 日　干培丨成长路上，我们携手同行
11 月 14 日　人文学院中文 171 班“读书之道”读书分享会暨领导、教授联系班级活动顺利开展
11 月 14 日　人文学院中文 176 班诗词班会暨领导、教授联系班级活动顺利开展
11 月 14 日　“启智天使情暖秋季”志愿活动
11 月 14 日　教育学院举办“礼敬中华优秀传统文化”多媒体课件制作大赛
11 月 15 日　人文学院中文 173 班“读书之道”读书分享会暨领导、教授联系班级活动顺利开展

11 月 16 日　旅游学院举办主题团日活动策划竞赛
11 月 17 日　土木工程学院举办第十三届雅室大赛
11 月 18 日　马克思主义学院研究生参加湖南省研究生创新论坛并获得佳绩
11 月 18 日　三院联合运动会健儿们竞风采
11 月 19 日　扬体育精神　展青春风采
11 月 19 日　新生杯新闻稿
11 月 20 日　人文学院中文 175 班“读书之道”读书分享会暨领导、教授联系班级活动顺利开展
11 月 20 日　旅游学院暑期寻访校友足迹活动成果丰硕
11 月 20 日　音舞、环境、美设三院联合运动会
11 月 20 日　2017 年暑期“寻访校友足迹活动总结表彰会”圆满结束
11 月 21 日　物理与电子工程学院开展“爱心起航，筑梦飞翔”资助育人活动
11 月 21 日　新闻与传播学院开展“读原著、学经典、作表率”学生党员先锋活动
11 月 21 日　义教丨让我们走进小朋友的五彩世界
11 月 21 日　广州大学第九届四院联合模拟招聘会决赛
11 月 23 日　人文学院“文学创作”系列讲座第二讲顺利开讲
11 月 23 日　与节能结伴，与自然协行——记未来工程师讲坛第六期
11 月 26 日　2017 年人文学院团委、学生会干部培训大会成功举行
11 月 28 日　人文学院“文学创作”系列讲座第三讲顺利开讲
11 月 28 日　化学化工学院开展“志愿在康园，温暖在流花”志愿服务活动
11 月 28 日　生命科学学院举行“绿馨阁”文明宿舍风采大赛
11 月 28 日　【喜讯】乍暖还寒结硕果，创新大赛传捷报
11 月 29 日　人文学院“文学创作系列讲座”第四讲顺利开讲
11 月 30 日　物理与电子工程学院团日活动评比大赛顺利举行

**12 月**

12 月 1 日　音乐舞蹈学院“院团结合”音乐舞蹈人才培养模式创新实验区第七届“艺术实践”课程展演
12 月 1 日　第十四届校运会暨体育节
12 月 1 日　机械与电气工程学院在第十四届校运会中取得优异成绩
12 月 2 日　广州大学第十四届田径运动会完美落幕

12 月 2 日　音乐舞蹈学院参加第十四届校运会
12 月 2 日　音乐舞蹈学院本科生党支部开展“学懂，弄通，做实——学习宣传贯彻党的十九大”主题组织生活会
12 月 2 日　土木健儿在广州大学第十四届田径运动会上取得佳绩
12 月 3 日　教育学院获得第四届男女混合排球比赛亚军
12 月 4 日　人文学院入党积极分子党课调研汇报会顺利开展
12 月 4 日　本科旅管党支部召开预备党员转正会与党支部民主评议会议
12 月 5 日　旅游学院地中海俱乐部实验班正式开课
12 月 5 日　法学院普法刑侦月
12 月 5 日　外国语学院“青马工程”第一期培训班开班
12 月 5 日　2017 财富论坛珠江夜游企业高层交流活动
12 月 5 日　未雨绸缪　砥砺前行——记 2016 级年级大会
12 月 5 日　致我们心情驿站的小美好
12 月 5 日　新闻与传播学院举办 2017 级新生班风展示大赛
12 月 6 日　【独家揭秘】广州《财富》论坛里有这样一群小仙女
12 月 6 日　物理与电子工程学院举行学风考风教育主题会议
12 月 7 日　物理与电子工程学院百企就业调研行圆满完成
12 月 9 日　生命科学学院生科学生党支部开展党课学习活动
12 月 9 日　音乐舞蹈学院素拓部志愿者文化节摆摊活动
12 月 9 日　千千工程 | 学习十九大　传承发扬革命精神——美术学 172 班
12 月 11 日　数学与信息科学学院学生党支部举办学习十九大知识竞赛
12 月 12 日　广州大学第十三届学术科技节暨第六届节能减排理念设计大赛圆满结束
12 月 12 日　学术讲座——《摄影中的绘画与绘画中的摄影》
12 月 12 日　广州大学第八届化学实验技能大赛暨第二届实验安全竞赛顺利举办
12 月 13 日　留美这半年
12 月 14 日　新闻与传播学院举行干培活动
12 月 14 日　体育学院本科生党支部党员宣誓大会
12 月 14 日　音乐舞蹈学院第十三期入党积极分子培训班开讲
12 月 19 日　打造个人品牌库　谱写人生求职路
12 月 19 日　新闻与传播学院开展“不忘初心，共筑中国梦”专题组织生活会

12 月 19 日　人文学院“斯人遇佳节”人文节主题游园会
12 月 19 日　“广州一建”杯高校 BIM 技能大赛终审答辩顺利完成
12 月 20 日　与英语同行
12 月 21 日　弘扬中华文化，领略经典风俗
12 月 21 日　管弦温情　载歌展望
12 月 21 日　环境科学与工程学院开展“情暖冬至，师生同乐”包饺子活动
12 月 21 日　土木 164 班、交工 161 班荣获广州大学 2016—2017 学年度“易班优秀班集体”称号
12 月 21 日　人文学院 2017 年入党积极分子培训会顺利召开
12 月 22 日　人文学院“不闷团课”总结暨第七届党团知识竞赛圆满结束
12 月 22 日　“迎冬至，送温暖”|包饺子大赛圆满结束
12 月 24 日　人文学院寻梦园勤工助学中心召开总结大会
12 月 25 日　长洲|“越唱越精彩”活动
12 月 31 日　美术与设计学院学生获得碧桂园“仲明杯”一等奖
12 月 31 日　第二届交通科技创意大赛活动总结